법과 현대사회

양재택 · 정진항

박영사

머리말

    사람은 태어나면서부터 그리고 사회생활을 하면서 법과 제도를 외면한 채 살 수 있는 일은 거의 없다고 해도 과언이 아니다.

    저자는 오랫동안 대학에서 법학강의를 하면서 "법학개론" 과 "생활법률" 그리고 "법과 사회" 등 법학 관련 교양과목을 법학도가 아닌 타 대학 타 학과 비전공자들을 상대로 강의한다는 것이 결코 쉬운 일은 아니라는 사실을 잘 알고 있다.

    수강하는 학생들의 전공이 다양할 뿐 아니라, 어느 때는 1학년부터 4학년까지 교양으로 선택하다 보니 애정을 가지고 가르치려 하고 있지만 법학에 관한 기본지식이 전혀 생소한 학생들에게 생생한 강의를 진행하기란 쉽지 않았다.

    저자의 질문을 받고 답하는 학생들의 대답에도 한계가 있음을 느끼면서, 상식적인 것도 해보지 않으면 모르듯이 실생활에서 가장 많이 제기되는 문제들, 그리고 강의도중 학생들의 질문이 가장 많았던 분야들을 중심으로 일상생활 속에서 가장 많이 접하고 법학도나, 비 법학 학생들도 상식적으로 법률에 대하여 최소한 알아야 될 사항에 대하여 함께 알아보고 생각하며 도움을 주고자 **[법과 현대사회]**라는 이름으로 새로운 교양법학서적을 간행하게 되었다.

    서울 법대를 졸업, 서울중앙지검 및 대검찰청, 서울남부지청 차장검사로 형사사건의 전문가이고 현 KBS자문 변호사로 있는 양재택 변호사의 형사편 및 부동산편을 새로이 작성하여 제1장 법과 제도, 제2장 헌법, 제3장 물권과 채권의 관계법, 제4장 부동산거래 법률문제와 임대차, 제5장 범죄와 사회질서, 제6장 상행위와 기업경영, 제7장 가족관계에 관한 법률문제로 구성했다.

특히 "부동산거래" "가족과 친족관계" 그리고 형법의 "각종 범죄와 소송절차"는 혼자서 책을 읽어도 이해할 수 있도록 쉽게 구성하였다.

아무쪼록 부족하지만 이 책을 통하여 "법"을 딱딱하고 어렵게 느꼈던 사람들에게 다소나마 도움이 된다면 저자로서는 큰 기쁨이라고 생각한다.

시간이 촉박한 상황에서 집필하다 보니 부족한 부분이 있겠지만, 판을 거듭하면서 보완해갈 예정이니 독자여러분의 넓은 이해를 구하고자 한다.

끝으로 한권의 책을 꾸미기 위하여 격려해주시고 도움을 주신 여러 선배님 그리고 박영사 임재무 이사님과 편집부 선생님들께 감사드리며, 독자여러분의 앞날에 하나님의 은총과 행운이 함께하시길 진심으로 기도 드립니다.

2018년 7월
정진항 씀

차 례

제1장 법과 제도

제2장 헌 법

제3장 물권과 채권의 관계법

제4장 부동산거래 법률문제와 임대차

제5장 범죄와 사회질서

제6장 상행위와 기업경영

제7장 가족관계에 관한 법률제도

법과 제도

제1장

법과 제도

Ⅰ. 법과 사회관계

사회가 점점 복잡해지고 다양한 분야가 새로 탄생하면서 생겨나는 다양한 현상에 대응하기 위하여 현대 사회의 규율대상은 점점 늘어나고, 그러한 우리의 현실을 깊게 관찰하여 규율을 만드는 것만큼 중요한 작업이 법이라 하겠다.

이와 같이 법은 일반적으로 다양한 이해관계를 조정하여 사회의 결속을 유지, 발전시켜 나가기 위한 규범이라고 할 수 있다.

그러므로 사회가 있는 곳에는 법이 존재함이 당연하다 하겠다.

1. 법의 개념

법(法)이란 물과 같이 공평하게 정의가 실현되는 것을 의미한다.

즉 형평·정의·강제성을 가진 하나의 현실로서 올바른 가치관의 정립을 통하여 인간의 공동생활을 규율하는 것이다.

그러므로 법은 정의사회 구현을 추구하며, 이 같은 법의 정의 추구는 모든 사람에게 평등하게 규정되고 적용된다 하겠다.

1) 법의 개념적 특징

(1) 사회규범으로서의 법

법이란 인간의 사회생활과 관계되는 규범이다. 이처럼 법은 질서를 유지하고 정의를 실현함을 직접 목적으로 하는 "사회규범"을 말한다.

또한 법은 사회규범으로서 자연법칙과 구별된다, 즉 법은 사회규범의 하나로서 마땅히 해야 할 또는 해서는 안 될 당위규범이다.

"사회규범"은 사회가 유지되기 위하여 사회 일반에게 적용되기 위한 규범이며 법은 개인규범이 아닌 "사회규범"이다.

(2) 강제규범으로서의 법

법은 정치적으로 조직된 사회, 즉 국가 속에서 스스로를 관철시키기 위하여 강제라는 수단을 뒷받침으로 갖고 있는 규범이며, 법은 자기를 거부하는 자에게 반드시 제재를 가한다는 점에서 다른 사회규범, 즉 도덕·종교·관습 등과 구별된다.

그러나 법은 국가권력에 의하여 승인되고, 그 위법행위에 대하여 일정한 제재를 가하여 집행된다.

(3) 문화규범으로서의 법

법은 인간이 창출해 낸 문화적 산물의 하나이며, 정의를 지향하지만 정의 그 자체는 아니라는 것이다. 현실의 법에는 정의로운 법만 있는 것이 아니라 부정의로운 악법도 있고 불법도 있다. 그러나 악법도 법인 것은 정의 그 자체는 아니지만 정의를 향하여 노력해야 한다는 점에서 법은 정의라는 법이념을 향한 하나의 문화개념으로서 "문화규범"이라고 할 수 있다. 그러므로 법은 인간이 각 시대의 정의를 실현하기 위해 끊임없이 노력한 정신적 산물의 하나로 고정불변의 자연법칙이나, 종교적 의미의 절대적 교리 등과 구별된다고 하겠다.

2) 법의 기능

인간은 혼자서는 살 수 없다. 법은 개인이나 집단 간의 이해관계의 대립을 조정하고, 사회 구성원을 통제하여 사회질서를 유지하며, 국민의 인권을 보장하는 기능을 수행 특정 집단이나 개인의 이익이 아니라 국민 다수의 행복과 이익을 추구하며, 사람들의 분쟁방지에 노력함은 물론, 또한 다른 사람들과 더불어 사회를 이루어 살아가는데 있어 구성원들 간의 충돌을 방지, 타인의 권리를 침해하거나 사회질서를 어지럽힌 사람은 제재, 각자가 질서유지와 공익추구, 분쟁해결과 정의와 인권 수호를 통한 자신의 정당한 몫을 받는 정의로운 사회를 이루는 것이 법의 기능이라 하겠다.

(1) 질서유지

법은 사회의 평화와 질서를 유지하는 기능을 한다.

넓은 의미에서 보면 이는 법의 분쟁해결 기능과도 관련이 있다. 선량한 풍속은 사회의 일반적 도덕관념, 즉 모든 국민에게 지킬 것이 요구되는 최소한도의 도덕률을 말한다. 선량한 풍속과 사회질서에 있어 선량한 풍속은 사회질서에 내포되는 개념으로 사회질서의 주된 내용이라 할 수 있다.

헌법은 헌정질서를 유지하는 등 질서유지는 법의 기본적인 기능중의 하나이며, 형법은 일차적으로 범죄 행위로 인한 사회질서가 흔들리는 것을 막을 뿐만 아니라 국가가 형벌권을 독점함으로써 범죄 피해자가 사적으로 보복하려고 할 때에 발생할 수 있는 혼란과 무질서도 방지해 준다.

(2) 공익의 추구

법은 공익과 공공복리를 추구한다. 법치주의원리의 내용이 시대와 국가에 따라서 그 내용이 변할 수 있는 것이라 할지라도 결코 포기할 수 없는 법치주의의 기본 내용은 국가권력을 법에 구속시켜 국가권력을 완화하고 이를 통해 개인의 자유와 권리를 보호하는 것 이라 할 수 있다.

역사적으로도 권력자가 공적인 힘을 남용해서 자신의 개인적인 이익만을 추구하거나 국민의 뜻과는 다른 국가 정책을 펴서 큰 혼란을 불러일으킨 사례도 적지 않다.

(3) 법의 분쟁해결 기능

분쟁의 해결이란 당사자 간의 합의로 사법상의 분쟁을 법원의 재판에 의하여 또는 중재에 의하여 해결하는 절차를 말하며, 법은 분쟁을 해결하는 재도라고 할 수 있다. 따라서 법적 분쟁의 처리 기준은 객관적이고 공정해야 한다.

또한 다수의 구성원이 함께 살아가는 사회에서 구성원의 갈등이 발생하는 것은 필연적인 현상이라 할 것이다. 이러한 갈등이 원만하게 해결되지 않는 경우 전쟁과 같은 분쟁으로 확대되고, 결국은 사회전체가 붕괴되는 결과를 가져올 수 있다. 법은 이러한 갈등을 원만하게 해결하고 이를 통하여 사회의 안정적 유지를 위한 분쟁 해결적기능을 담당하고 있다.

(4) 정의와 인권의 수호

민주주의사회에서 정의와 인권은 경제성이나 효율성보다 우월한 가치이다. 정의와 인권영역에서는 적당히 침해해도 무방하다는 타 여지가 있을 수 없다.

법은 정의와 인권을 수호하는 기능을 한다. 특히 법이 정하고 있는 각종 재판 제도와 청원 제도 등은 정의와 인권의 수호를 위한 공식적인 절차라고 할 수 있다.

공권력에 의한 중대한 인권 침해에서부터 일상적인 거래 관계에서 발생할 수 있는 부당한 금전적 손해에 이르기까지, 시민들은 이러한 공식적 절차에 따라 국가 등의 권력기구로부터 정의와 인권을 보장받을 수 있다

3) 법의 이념

법은 맹목적으로 존재하는 것이 아니다 그것을 통하여 어떠한 가치를 실현코자 존재한다. 즉 법의 존재근거 로서의 이념을 실현하고자 법이 존재하는 것이다.

법은 사회 속에서 인간들이 지켜야할 최소 한도를 정하고 그 강제성에 의하여 사회와 사회구성원의 공영에 이바지 하는 것을 목적으로 한다. 이러한 인간의 존엄과 가치는 자유와 평등의 보장을 통하여 구현된다.

구스타브 라드부르흐(G. Radbruch)는 법의이념을 정의, 합목적성, 법적안정성의 3가지로 설명하고 있다.

(1) 정의(正義)

모든 법에 공통되는 목적은 정의이다. 법이 추구하는 궁극적인 이념으로 같은 것은 같게, 다른 것은 다르게 합리적인 차별에 따라 나타나기도 하며, 상대성에 따라 법이 추구하는 정의는 시대와 지역에 따라 다르게 나타난다. 오늘날 정의는 국가의 권력관계가 무시할 수 없는 비중을 차지하게 되므로 정의론의 표현도 변화가 있다.

정의의 개념을 처음 체계적으로 이론화한 사람은 아리스토텔레스이다. 아리스토텔레스는 정의의 본질을 평등으로 보았으며, 평등을 다시 교환적 정의와 배분적 정의로 구별하였다. 교환적 정의는 매매계약에서와 같이 서로 대등한 당사자 사이에 적용되는 정의이며, 배분 정의는 "같은 것은 같게", 다른 것은 "서로 다르게"라는 말과 같이 일정한 가치를 한 공동체 내의 구성원들에게 어떻게 분배할 것인가와 관계되는 정의이다. 정의의 개념은 아리스토텔레스 이래로 평등으로 이해하는 것이 일반적이나, 오늘날에는 세계 인권선언 등에서 볼 수 있는 바와 같이 인권존중을 덧붙이기도 한다. 이와 같이 정의는 평등과 밀접하게 관계를 가지는 것이 보통이다.

(2) 합목적성

목적에 맞추어 방향을 결정하는 원리라는 뜻으로 법학적 의미로는 어느 국가의 법질서가 어떠한 표준과 가치관에 의하여 구체적으로 제정 실시되는 원리라는 뜻이다. 따라서 법은 그 목적에 맞추어 제정되고 운영 될 것이 요구된다. 이것이 법의 합목적성의 이념이다. 합목적성은 국가의 목적을 정하는 원리이다.

이 원리는 국가의 법질서를 어떠한 표준과 가치관에 의하여 구체적으로 제정, 시행할 것인가를 정하는 것이다. 법의 합목적성의 이념은 국가와 사회가 처해 있는 상황 속에서 지향해야 할 문제이다.

라드브루흐는 정의의 내용은 법의 목적에 따라 정해진다고 하면서 법이 실현해야 할 가치를 개인주의, 단체주의, 문화주의로 구분하고 있다.

첫째 : 개인주의는 인간의 개인적 가치가 궁극적 목적으로 지향되어 개인의 자유와 행복이 최대한 보장되도록 하는데 있다. 따라서 국가나 단체는 개인보다 하위 가치에 서게 되고, 모든 개인이 평등하게 존중되도록 평균적 정의가 강조 된다.

둘째 : 단체주의는 단체를 최고의 가치로 보고 개인의 인격을 단체의 일부분이라 하여 단체의 가치를 실현하는 범위 안에서 인정되고 존중된다. 또한 국가를 가장 중시하는 초개인주의적 지도 원리는 국가와 민족의 힘과 위력을 증대하는 것이 목적이므로 개인은 국가를 위해 존재하고, 개인은 국가의 번영보다 하위에 위치하고, 개인의 행복은 국가적 번영보다 하위에 존재한다.

셋째 : 문화이념이다. 공동사회의 주된 목적을 예술과 학문의 융성과 문화적 업적의 창조에 두는 이념이다. 이 문화이념에 의하면 인격 가치 및 단체 가치는 작품 가치에 봉사하고, 국가 및 법은 문화에 봉사하는 것으로 규정된다.

법의 목적은 이러한 개인의 자유와 권리를 보장하는 것이라고 한다.

(3) 법적 안정성

법적 안정성의 이념은 법의 준수와 관련되어 있다. 일단 여러가지 합목적적 원리들 가운데 법의 목적으로 설정된 것을 실현하기 위하여 법이 제정된다고 했을 때, 그 법은 그 내용의 만족 여부를 떠나서 모든 사람들에 의해서 준수되지 않으면 안 된다고 하는 것을 의미한다. 즉 법적 안정성은 법의 기본적 가치이며 목적이다.

법은 행위규범인 동시에 재판규범 이므로 법이 자주 변경되면 국민이 행동지침을 잃게 되고 사회도 안정될 수 없다. 법적 안정성을 유지하기 위해서는 다음과 같은 요건이 있다.

첫째 : 법은 명확해야 한다(명확성).

국민이 불명확한 법에 의해 처벌을 받게 되거나 단속되는 경우가 있다면 국민은 항상 불안에 떨게 될 것이다.

둘째 : 법은 실재로 집행되어야 한다(실현 타당성).

법이 존재하면서도 법을 어긴 자에게 제재를 가하지 않는다면 법은 유명무실하게 되어 질서유지가 어려울 것이므로 사회는 안정을 잃게 될 것이다. 형법은 개인적 법익이나 사회적 · 국가적 법익을 침해하는 행위를 처벌하며, 민 · 상법은 사유재산 보호와 가족생활의 유지 및 거래 안전 등을 위하여 경우에 따라서는 강제집행과 같은 강제력을 동원함으로서 사회 질서를 유지한다.

셋째 : 법은 함부로 변경되어서는 안 된다(곤란성).

법이 제정, 시행되면 일정한 기간 동안 존재함으로써 법적 안정성을 꾀할 수 있다.

이러한 법적 안정성은 법적으로 보장된 사회질서의 안정성이라기보다는 법 그 자체의 안정성을 뜻한다. 법의 안정성이 보장 되어야 사회질서의 안정성도 보장되기 때문이다. 이처럼 법적 안정성을 보장하기 위한 법원칙으로 사법상의 점유의 보호, 법률불소급의 원칙, 시효제도(공소시효 포함), 신뢰보호의 원칙, 입증책임 등이 있다.

넷째 : 법은 국민의 의식에 합치되어야 한다(법의식).

법이 너무 존엄 하다든지 이상적이어서 국민의 법의식과 동떨어진 경우에는 그 법은 사회를 규율할 수 없으며, 법으로서의 목적을 달성할 수 없다. 따라서 법의 안정을 위하여 법 자체로서도 일정한 제도를 두고 있다는 점이다.

예) 민법상의 소멸시효제도, 점유보호제도, 선의취득, 형사소송법상의 공소시효 등이다.

2. 법과 다른 사회규범

인간은 혼자서는 살 수 없기 때문에 사회를 이루어 다른 사람들과 더불어 살아간다. 사회 규범이란 사회 질서를 유지하기 위해 정해 놓은 태도나 행동의 기준을 말한다. 우리가 흔히 이야기하는 사회 규범에는 관습, 종교 규범, 도덕, 법 등이 있다.

관습은 한 사회에서 오랜 세월 동안 반복해서 지켜져 내려온 행동 양식이고, 종교 규범은 일정한 종교를 믿고 있는 사람들 사이에서 지키도록 정해 놓은 계율이나 의식을 말한다.

1) 법과 도덕의 구별

법과 도덕은 사회에 대한 규범이라는 점에서는 동일하지만 법은 다른 사회 규범으로부터 분리된 2차적 규범으로서 차이가 있다.

그러므로 법과 도덕의 관계를 어떻게 파악할 것인가는 항상 뜨겁게 제기되는 어려운 문제의 하나이며, 도덕은 법과 가장 가까운 사회규범이며, 법과 도덕은 강제성 여부에 의하여 구별된다.

법은 외부의 강요에 의하여 규율 되는 타율성을 띠는 반면, 도덕은 스스로의 자각에 의하여 실천되는 자율성을 띤다. 토마지우스가 "사색은 누구도 벌을 가할 수 없다"고 한 것처럼 법은 외부에 나타난 행동만을 규율하고 마음속의 생각을 규제할 수는 없다. 그러나 도덕은 마음속의 생각도 통제의 대상으로 본다. 예) 마음속으로 행한 "간음"도 도덕적으로는 부정한 행위로 판단을 하게 된다. 그러나 법의 경우도 고의나 선의와 같이 인간의 내면적 상황을 고려하는 경우가 많으며, 도덕도 인간의 외부적 행위를 어느 정도 규제한다는 점에서 이러한 구별이 절대적인 방법은 되지 못한다.

도덕은 인간에게 내제 하는 선에 대한 의지에 의하여 형성되며, 외부적 강제와 관계없이 자신의 자율적인 판단에 따르는 것을 의미한다는 점에서 차이가 있다.

마지막으로 법은 항상 권리와 의무라는 양면성을 갖는 것에 반해 도덕은 개인에 대한 지시만을 의미하므로 일면성을 갖는다. 즉 도덕은 자율적으로 부담하는 의무이므로 권리는 없고, 의무만 있는 경우가 대부분이다.

2) 법과 도덕의 관계

　법과 도덕이 구별된다고 하여도 양자가 완전히 별개로 존재하는 것은 아니다. 법과 도덕은 형식은 다를지언정 내용은 같은 것이라는 동일성과, 법의 합법성과 도덕의 도덕성이라는 이질성을 강조하는 입장이 있다.

　법과 도덕이 완전히 동일하다는 경우는 예를 들어 "살인하지 말라", "타인의 물건을 훔치지 말라"는 규범은 도덕이면서 곧 법이 되는 것이다. 법과 도덕이 모두 사회규범에 해당되므로 일치하는 경우가 생기는 것은 당연하다. 다만 법은 강제력이 부과된다는 면에서 모든 도덕을 법으로 정할 수는 없다. 따라서 도덕 중에 반드시 지켜야할 최소한을 법으로 정하게 된다. 이러한 가운데 옐리네크(G. Jellinek)는 "법은 도덕의 최소한"이라고 하였다. 또한 도덕은 법의 타당성을 인정할 수 있는 근거이자 법의 목적과 이상으로서 작용하기도 한다. 법이 도덕에 반하는 경우에는 국민의 저항에 부딪히게 되며 법의 효력이 상실될 수도 있다.

3) 법과 종교의 관계

　법과 종교는 사회규범이라는 점에서는 동일하지만 내용에서는 차이가 있다.

　종교는 개인적인 내심적 신앙을 기초로 절대자에게 귀의하기 위하여 종교에서 정하고 있는 일정한 규범의 준수를 요구하게 된다. 이러한 과정에서 성립된 종교적 규범은 국가권력에 의하여 일정한 절차를 거쳐 제정되는 법과는 근본적인 차이점이 있다.

　즉 법은 국가권력에 의해 강제되는 타율적 규범인 것에 반해, 종교는 개인적 신앙에 따른 자율적 규범이라고 할 수 있다.

　법과 종교와의 구별은 법이 강제성이 있는 반면에 종교는 도덕과 같이 비강제성이 있다는 점이다. 종교와 정치가 분리된 국가사회에서는 법규범이 국가권력에 의하여 지지되고 보장되는 만큼, 종교 규범의 실천은 강제되지 아니한다는 점이다.

또한 종교와 법은 분리되어 있는 것이 원칙이고 모순되기도 한다. 신앙이 있는 자에게는 종교도 역시 준수해야 할 규범이지만 이것은 본래 개인적인 문제이다. "하늘에 계신 너희 아버지의 온전 하심과 같이 너희도 온전 하라."고 요구하는 것은 개인에 대한 종교의 요구이지 법의 요구는 아니다. 또 살인범에 대하여 "네 원수를 사랑하라", "사람을 심판하지 말라"고 한 그리스도의 가르침은 법과 긴장관계에 서기도 한다. 이와 같이 법과 종교는 때로는 이율배반적이요 긴장하면서도 어쩔 수 없이 서로 협력하여 평화를 추구해야 할 피할 수 없는 관계에 있다고 할 수 있다. 따라서 종교는 도덕에 대하여 이중적 관계에 설 수도 있으며, 한편으로는 도덕규범의 원천으로 나타나고, 종교규범에 따라 도덕을 완성시키는 추진력이 되기도 한다.

4) 법과 관습과의 관계

관습이 사회생활을 질서 지우는 기능은 법이나 도덕에 못지않은 중요성을 가진다고 하겠다. 관습은 현실생활에서 동일한 행위가 장기간 반복 수행됨에 따라 무의식적으로 형성되는 사회생활의 준칙으로서, 사람들이 그것을 준수하는 것이 타당하다고 생각하는 것을 말한다.

법은 만들어지는 것인데 반하여 관습은 자연발생적으로 생성되는 것이라는 점에서 차이가 있으나 양자의 구별은 쉽지 않다. 그러나 관습은 법과 도덕을 준비하고 그것을 가능케 한 후에 법과 도덕에 흡수되는 운명을 가지고 있다. 즉 관습이 양자에 각각 흡수된다고 하여 관습의 사회적 기능이 소멸되는 것은 아니다.

법과 관습의 차이는 법은 강제성이 있는 반면 관습은 사회적 비난을 받게 될 뿐 강제성이 없다는 점이고, 법은 국가사회의 규범임에 반하여 관습은 특정 사회의 관행으로 성립된 한정적 사회규범이라는 점이다.

이러한 관습법은 사실상 법과 동일한 효력이 인정되는 경우가 있다는 것이다. 예를 들어 우리 상법 제1조는 "상사에 관하여 본법에 규정이 없으면 상 관습법에 의하고 상 관습법이 없으면 민법의 규정에 의한다," 고 정하고 있다. 관습법이 제정법인 민법보다 우선 적용되는 경우이다. 이러한 가운데 오랜 시간을 걸쳐 형성된 관습 중 법으로 발전한 경우를 찾을 수 있다. 예를 들어 민법상 "전세제도"이다. 전세제도 는 우리의 독특한 가옥임대방식인 "전세"를 법으로 수렴한 것이다. 또한 사실혼 관계에 대해서도 법적으로 부부관계를 인정하는 경우도 볼 수 있다.

반면 법과 관습이 충돌하는 경우도 적지 않다. 예) 점포를 임차하는 경우 받는 "권리금"의 경우 법적 권리는 아니지만 관습적으로 인정된다. 이에 따라서 권리금을 주장하는 자와 법에 근거가 없다는 이유로 권리금을 부정하는 당사자 간의 다툼이 발생하는 경우도 있다. 그럼에도 법과 관습은 다 같이 사회질서를 유지하는 기능을 하고 있으며, 상호협력하면서 때로는 법규범화하가도 하는 것이다.

II. 법의 존재형식

1. 법원(法源)의 개념

여기서 말하는 법원이란 법의 존재 모습을 말하는 것으로 법의 연원(連原)을 의미하기도 한다. 즉 법원이란 의미는 법을 형성하는 원동력, 또는 법의 타당성 근거 및 법의 연구자료 등 여러가지로 사용하고 있다.

이러한 법의 존재형식으로는 크게 성문법(成文法)과 불문법(不文法)으로 나누어진다. 그러한 가운데 우리나라의 법질서는 대륙법계에 속하며 주된 법원은 성문법과 불문법으로 성문법은 일정한 형식 및 절차에 따라 제정되어 문자로 표시되는 법으로 제정법이라고 하며, 성문법 이외의 법을 불문법이라고 하며 관습법(慣習法), 판례(判例), 조리(條理) 등이 있다.

1) 성문법(成文法)

성문법은 문자로 표현되고, 문서의 형식을 갖춘 법으로 일정한 형식 및 절차에 따라서 제정되는 법이다.

입법작용에 의하여 성문화되고 제정되므로 제정법이라고도 한다. 성문법은 합리적인 법의 구체화에 적합하고 여러가지 제도를 급속히 개혁하는 데 편리하며, 법의 존재와 그 내용이 명백하여 법 생활의 안정성을 확보할 수 있다는 장점이 있다.

한 나라의 법이 대부분 성문법으로 이루어져 있는 경우에 그 나라를 성문법 주의 국가라 하고, 그렇지 않은 국가를 불문법 주의 국가라고 한다. 우리나라는 대륙법계의 나라로 독일, 프랑스, 일본, 중국과 함께 성문법 주의를 취하고 있으며, 영국, 미국, 캐나다, 호주 등은 불문법을 취하고 있다.

성문법을 중심으로 하는 이른바 "성문법"주의가 오늘날 지배적이며, 불문법 주의에 입각한 영미법에서도 관습법으로 규율할 수 없는 사회현상이 급증함에 따라 성문법이 점차 많아지고 있다. 즉 불문법은 성문법을 보충하는데 불과하다 하겠다.

통상 법전에 있는 헌법, 민법, 상법, 민사소송법, 형사소송법등을 성문법이라 한다.

우리나라 헌법 및 법전에 있는 모든 법들이 일종의 성문법이며 세계최초의 성문법전은 함부라비 법전(기원전 1800년경 함무라비 왕에 의해 편찬되었는데 8피트 높이의 딱딱한 돌기둥에 새겨져 공포)이다. 이에 성문법에 속하는 법원으로는 헌법·법률·명령·조약·자치법규·조례·규칙 등이 있다.

(1) 헌법(憲法)

헌법(constitution)은 국가통치의 조직과 작용의 원리를 정하고 국민의 기본권을 보장하는 근본이다. 모든 법의 제정은 헌법에 그 근거를 두고 있으며, 헌법을 만드는 힘은 오직 국민만이 갖는다. 헌법은 국가에 있어서 최고의 규범이며, 하위법인 법률·명령·규칙 등은 헌법에 저촉되어서는 아니 된다. 또한 국가기관의 행위가 헌법에 위반될 경우에는 무효가 된다.

우리 헌법의 개정은 국회의원 재적 과반수 또는 대통령의 발의로 제안하고 이를 공포한 후 국회제적의원 2/3이상의 찬성을 얻어 국회의 의결을 거친 헌법개정안은 다시 국회의원 선거권자 과반수의 투표와 투표자 과반수의 찬성을 얻어야 확정된다.

우리나라의 헌법은 1948년 7월12일 제정되어 같은 해 7월17일에 공포·시행되어 오늘에 이르고 있으며, 우리 헌법은 헌법재판소에 의한 위헌법률심사 규정을 두어 법률의 헌법 합치성을 보장하고 있다.

(2) 법률(法律)

법률은 성문법 중에서 가장 중요한 법원으로서 법률안의 제출, 국회의 의결, 및 공포의 절차를 거친 법을 말한다. 법률은 헌법을 제외하면 가장 큰 효력을 가지므로 법률의 규정에 저촉되는 명령은 무효이다.

법률은 국회의 의결을 거쳐 의결된 법률안은 정부에 이송되어 15일 이내에 대통령이 이를 공포하며, 법률에 특별한 규정이 없는 한 공포한 날로부터 20일이 경과함으로서 효력이 발생한다(헌53조). 이러한 법률에는 실질적 의미의 법률과 형식적 의미의 법률이 있는데, 실질적 의미의 법률이라 함은 이른바 "law, droit, Recht"에 해당하는 것으로 실정법을 포함한 법 일반을 의미하며, 법률지식, 법률가, 법률철학, 법률해석 이라고 할 때의 법률이 바로 이러한 실질적 의미의 법률로서 이 경우는 정확히 말하면 법률이 아니라, 법을 의미하는 것이다.

형식적 의미의 법률이라 함은 "statuie, Gesetz, loi"에 해당하는 것으로 법률안의 제출, 국회의 의결을 거쳐 대통령이 서명, 공포한 국법 형식의 법률이다. 일반적으로 법률이라고 함은 이러한 형식적 의미의 법률을 말하며, 국법 질서에 있어서 헌법에 대하여는 하위이며, 명령이나 규칙에 대하여는 상위에 위치하는 국법이다.

(3) 명령(命令)

명령은 입법기관인 국회의 의결을 거치지 않고 행정기관이 정하는 것으로 법률의 하위에 있게 되며, 따라서 법률에 위배되는 내용은 당연히 무효가 된다.

명령이라 함은 이미 공포된 법률에 근거하여 법률에 따라 행정기관이 단독으로 제정하는 성문법이다. 국회의 의결을 거치지 아니한다는 의미에서 협의의 법률과 다르다. 그리고 명령은 법률에 근거를 두고 있다는 의미에서 법률에 위반된 명령은 당연히 무효이다. 따라서 명령은 법률의 하위에 있기 때문에 명령으로 법률을 개폐 할 수 없다. 그러나 우리 헌법 제76조에 있어서와 같은 대통령의 긴급명령은 예외적으로, 위기 상태의 극복이라는 국가적 요구에 의한 통치행위라는 의미에서 법률적 효력을 가진다고 할 수 있다. 그러나 대통령이 긴급명령이나 긴급재정·경제명령을 한 때에는 지체 없이 국회에 보고하여 그 승인을 얻어야 한다. 승인을 얻지 못한 때에는 그 명령은 그때부터 효력을 상실하고 명령에 의하여 개정 또는 폐지되었던 법률은 그 명령이 승인을 얻지 못한 때부터 당연히 효력을 회복한다.

명령을 법률과의 관계에서 실질적으로 분류하면 긴급명령, 긴급재정, 경제명령, 집행명령, 위임명령으로 나눌 수 있고, 제정 권자를 표준으로 형식적으로 분류하면 대통령령·총리령·부령으로 나눌 수 있다.

(4) 자치법규, 규칙(規則)

규칙은 헌법에서 행정부 이외에 특별한 독립적 국가기관에 의하여 제정한 명령으로서의 성격을 띠는 성문법이다. 예)국회규칙, 대법원규칙, 중앙선거관리위원회규칙 이러한 규칙은 대개 법률의 하위에 있으므로 법률에 위반할 수는 없지만 '명령'과는 동등한 효력이 있다.

또한 규칙은 행정기관의 내부 질서를 유지하거나 또는 공법상의 특별권력관계를 규율하기 위하여 제정하는 행정규칙을 의미한다.

자치법규는 그 자치단체의 지역 안에서만 효력을 갖는다. 조례와 규칙과의 관계는 법률과 명령과의 관계와 같이 상하 관계에 있으므로 조례에 위반하는 규칙을 제정할 수 없다.

(5) 조약(條約)

조약은 문서에 의한 국가와 국가 간의 국제법률관계형성을 목적으로 하는 문서에 의한 명시적인 합의를 말한다.

국제간의 문서에 의한 합의에는 조약 이외에도 협약, 협정, 선언, 의정서, 교환공문 등 각종의 형식이 있으나, 법률상의 효력은 동일하다. 우리 헌법에 의하면 조약의 체결권은 대통령에게 있으며, 대통령은 국무회의의 심의를 거쳐 조약을 체결하고 비준한다(헌89조). 우리 헌법은 제6조1항에서 "헌법에 의하여 체결 공포된 조약과 일반적으로 승인된 국제법규는 국내법과 같은 효력이 있다"고 하여 국제평화주의를 취하고 있다.

2) 불문법(不文法)

불문법은 문자, 문장으로 표시되어 있지 않은 법을 말한다.

적법한 입법기관에 의해 일정한 절차에 따라 제정되지 않은 법을 말한다. 오늘날 널리 성문법주의가 요구되고 있지만, 유동하는 생활관계와 고정된 성문법규 사이에는 필연적으로 간극이 생기기 마련이기 때문에 불문법의 필요성은 항상 상존한다.

대륙법계와 달리 영미법계에서는 이 불문법이 법원의 근간을 이룬다. 이 불문법에는 관습법, 판례법, 조리 등이 있다.

(1) 관습법(慣習法)

관습법은 사회에 있어서의 가장 직접적이고 또한 근원적인 법의 발현형식이다. 불문법주의의 사회에서는 물론이거니와 성문법 주의를 취하는 곳에 있어서도 아무리 성문법을 완비하더라도 관습법의 생성은 막지 못한다.

관습법(customary law)이라 함은 사회에서 스스로 발생하는 관행(관습)이 단순한 예의적 또는 도덕적인 규범으로서 지켜질 뿐만 아니라, 특정사회의 衣·食·住 생활에서 그 구성원들의 행동양상이 오랜 세월 동안 모방되고 반복됨으로서 행위규범으로 고착화 된 규범. 다시 말하면 관습법은 국가 기타의 입법기관의 법 정립행위를 기다리지 아니하고 사회생활 속에서 관행적으로 행하여지고 있는 법을 말하는 것으로 사회생활 속에서 관습이 반복하여져서 일반인이 법적 확신을 가짐으로써 법적 가치를 가지는 불문 형식의 법을 말한다.

관습법이 성립하려면, 관습이 존재하여야 하고 또한 그 관습이 법 규범이라고 인식될 정도로 일반인에게 법적 확신 내지 법적 인식이 있어야 하며, 그 관습이 성량한 풍속 기타 사회질서, 즉 공서 양속에 합치하여야 한다는 것이다.

(2) 판례법(判例法)

판례법(case law)은 사법기관인 법원의 판결로 존재하는 법으로 일정한 관행의 계속적 반복적으로 사실상 법원을 구속하게 된 규범을 말한다. 판례법은 관습법의 특수한 형태로 볼 수 있으나 법원에서 형성되는 점에서 일반 관습법과 다르다.

일정한 법률문제에 관하여 같은 취지의 판결이 되풀이 되어 판례의 방향이 대체로 확정된 경우에 그 판례 내용은 법이 된다는 것이다.

원래 법원의 판결은 당해 사건에 대해서만 구속력을 갖는데 불과하지만 장례 등 일정한 사건의 재판에 이것이 선례가 되어 동일한 판결이 반복될 것이기 때문에 판결은 동종사건에 대하여 사실상 법적 구속력을 갖게 된다.

판례법은 영미법의 근간을 이루는 보통법(common law)과 형평법(Equity law)에서 비롯된 것으로 최고 법원의 판례는 모든 다른 법원을 구속한다. 즉 상급법원의 판례는 하급법원을 구속하게 되는데 이를 "선례구속성의 원칙"이라고 한다.

우리나라와 같은 대륙법계 국가에서는 법관은 양심에 따라 독립적으로 심판을 할 수 있기 때문에 동급 또는 상급법원의 판결에 구속받지 않는 것이 원칙이다.

(3) 조리(條理)

조리라 함은 인간의 도리, 사물의 당연한 이치. 자연계의 일반원칙, 사회의 통념의 규범으로 일반사회에서 인정되고 있는 합리적인 원리로서 사회정의에 입각하여 합리적 타당성을 기초로 하는 사물의 본질적 법칙, 또는 사물의 도리를 말한다.

민법 제1조는 "민사에 관하여 법률에 규정이 없으면 관습에 의하고 관습이 없으면 조리에 의한다." 고 규정하고 있다. 이것은 민사재판에 있어서 법의 흠결이 있는 경우에 조리에 의할 것을 규정한 것이다.

민사나 행정사건(行政事件)의 경우, 법의 흠결(欠缺)(법류, 관습법, 판례법에 의해서도 재판의 근거를 찾을 수 없을 때)을 이유로 법관이 재판을 거절 할 수 없으므로 조리를 적용하여 판결할 수밖에 없음을 알 수 있다. 영미법계 국가에서는 판례가 존중되며, 대륙법계 국가에서는 학설이 중시되고 있다.

(4) 선례구속성

어떤 사건에 대한 판례가 그 뒤의 동종, 또는 유사한 사건에 대한 판결을 구속하는 성질을 말하는 것으로 이 원칙은 어떠한 사건에 대하여 내린 상급법원의 판결은 그 이후의 그와 동일, 또는 유사한 사건에 대하여 구속력을 가진다는 것으로서 영미법의 두드러진 특징의 하나이다. 이 원칙에 의하여 영미법계의 국가는 판례법이 가장 중요한 법원(法源)으로 존재하게 된다.

Ⅲ. 법과 관련된 기관

1. 입법작용의 기관=국회(國會)

입법을 담당하는 국가기관을 말한다. 입법기관이란 원칙적으로는 국회를 말하며 입법부, 또는 의회라고도 한다.

입법은 국가의 통치권에 의하여 국가와 국민, 그리고 국민상호간의 관계에 관한 법률을 제정하는 곳이다. 입법의 '법'을 형식적 의미의 법률로 볼 때에는 오직 국회만이 입법기관이 되겠으나, '법'을 광의로 볼 때에는 사법부(법원규칙제정권) · 행정부(집행명령 · 위임명령, 예외로 대통령의 긴급조치 등) 또는 지방자치단체(조례제정권)도 입법기관의 성격을 갖는다고 할 수 있다.

국회는 국가 입법권을 담당하는 국민의 대표로 구성한 기관으로, 민의(民意)를 받들어 법치 정치의 기초인 법률을 제정하며 행정부와 사법부를 감시하고 그 책임을 추구하는 등의 여러가지 국가의 중요 사항을 의결하는 권한을 가진다.

헌법은 법을 제정하는 입법권이 국회에 있음을 밝히고 있다. 국회가 입법권을 가지는 것은 국민의 재산과 자유에 관한 기본적인 사항은 민주적 정당성이 있는 국민의 대표기관인 국회에서 하는 것이 일반적이다. 하지만 오늘날 사회는 복잡하고 빠르게 변화하며 전문성을 요구하기 때문에 국회에서 제정하는 법률만으로는 이러한 사회적 요구를 충족하기 어렵다는 것이다. 그렇기 때문에 위에서 본 바와 같이 국회의 입법권 외에 행정부 및 기타 헌법기관, 그리고 지방자치단체도 헌법과 법률이 인정하는 범위 내에서 법규를 정할 수 있다. 국회도 특정 소관 분야를 담당하는 다양한 위원회를 중심으로 운영되면서 전문성의 제고를 꾀하고 있다.

헌법은 국회의원과 정부에게 모두 법률안 제출권을 부여하고 있으며(헌법 52조) 의원입법에 대해서는 의원 20인 이상의 찬성으로 의안을 발의할 수 있도록 되었다(국회법79조1항). 한편, 의원입법의 특수한 형태로 국회의 상임위원회나 특별위원회도 그 소관사항에 관하여 법률안을 제출할 수 있다. 이 경우에 제출자는 당해 위원회의 위원장이 된다.

법률안의 공포는 법률안이 국회에서 정부로 이송되어 국무회의의 심의를 거쳐 대통령의 재가를 받거나, 대통령령 안이 국무회의의 심의를 거쳐 대통령의 재가를 받은 경우에는 그 법률안 및 대통령령 안은 법제처에서 공포번호를 부여한 후 안전행정부에 공포를 위한 관보게재의뢰를 하여 공포하게 된다.

2. 사법작용의 기관=법원(法院)

사전적 정의에 의하면 사법기관이란 사법권의 행사를 담당하는 독립된 국가기관을 의미한다. 협의(狹義)로는 법관으로 구성된 법원만을 의미하나, 광의(廣義)로는 사법 행정사무를 담당하는 기관 전체를 이루는 용어로서 법원이나 검찰 등을 지칭한다고 볼 수 있다. 사법작용은 구체적 분쟁해결 절차에서 법관이 법적인 내용을 선언하는 것을 말한다. 즉 현실적으로 사법작용은 재판을 의미하고, 재판을 담당하는 기관은 법원이다. 법원의 재판과정에는 판사, 검사, 변호사 등이 관여하는데 이들을 흔히 "법조삼륜"(法曹三輪)이라고 한다.

　법원의 조직은 1심의 가정법원, 지방법원, 행정법원이 있으며, 2심(항소)으로는 고등법원, 특허법원, 그리고 3심의 대법원이 있다.

　재판과정에 있어 판사는 재판의 모든 절차를 주재하며, 최종적으로 사건에 관한 법적 판단을 내리는 역할을 한다. 판사는 분쟁, 또는 이해의 대립을 법률적으로 해결하는 판단을 내리는 권한을 가진 자로 헌법·법원조직법 등에 의해 임명되는 공무원, 대법원장, 대법관, 판사가 있으며, 헌법재판관도 광의의 법관에 속한다고 볼 수 있다.

　고등법원·지방법원·가정법원 등 각급 법원에 배치할 판사의 수는 대법원규칙으로 정한다. 판사는 대법관 회의의 동의를 얻어 대법원장이 임명하며(제41조 3항). 임기는 10년이고 연임할 수 있으며, 고등법원장 및 사법연수원장인 판사의 정년은 63세이고 그 이외의 판사의 정년은 60세이다(제45조).

　변호사는 소송 당사자들의 의뢰를 받아 변론 등의 소송 과정을 당사자 대신 진행한다. 그리고 검사는 범죄 혐의자를 수사한 뒤 그를 기소함으로서 형사 재판절차가 시작되도록 이끌고, 소송을 직접 수행하며, 재판이 끝나면 판결을 집행한다.

　이와 같이 사건 당사자 등의 의뢰 또는 관공서의 위촉을 받아 민사소송사건, 조정사건, 비송사건, 행정소송사건 등의 대리인으로서 소송, 소원 등의 제기와 취하, 조정, 이의 등을 신청하고 일반 법률사무를 수행한다.

　검사가 속해있는 검찰청은 검찰권을 행사하는 단독관청이다. 수사기관이고 소추기관인 동시에 형의 집행기관이며 준사법기관이다. 국가가 재판의 당사자가 될 경우에는 국가를 대표하여 소송을 수행하며, 기타 인권을 보호하고 공익을 대표하는 역할을 수행한다.

　검사는 행정부에 소속한 행정공무원이지만 일반 공무원과는 달리 개개의 검사가 검찰권을 행사하는 국가기관(단독제의 관청)으로, 총장·검사장, 또는 지청장의 보조기관이 아니다. 검사는 사법시험에 합격한 뒤 연수과정을 거친 사람 중 대통령이 임명한다. 준사법기관인 검찰청에 소속되어 있다.

　그 밖에 사법작용과 관련하여 관심을 가져야 할 법 기관으로는 헌법재판소는 대법원을 정점으로 하는 법원 조직과는 별개의 기관으로서 헌법 제6장에 의하여 헌법재판권한을 행사함으로써 헌법질서를 수호하고, 국민의 기본적 자유와 권리를 보호하고 있다. 특히 최근에 와서는 헌법재판소가 국민의 기본권을 보호하기 위한 여러가지 의미 있는 결정을 내리면서 더욱 세간의 주목을 받고 있다.(법무부 2015, 김현철 참고)

3. 행정작용의 기관=행정부(行政府)

행정작용이란 국회에서 제정한 법률에 근거하여 직접 국민들에게 이를 집행하는 국가의 활동을 말한다. 헌법은 "행정부는 대통령을 수반으로 하는 정부에 속한다"(제66조 4항)라고 규정하고 있다.

여기서 '정부'는 입법부와 사법부에 대립하는 행정부(좁은 의미의 정부)를 의미한다. 즉 행정부는 대통령을 정점으로 국무총리, 국무위원, 행정각부 및 감사원으로 조직되며, 그밖에 행정에 관한 주요정책을 심의하기 위해 대통령·국무총리·국무위원으로 구성되는 국무회의를 두고 있다. 국무회의의 심의에 앞서 대통령의 자문에 응하기 위한 기관으로는 국가과학기술자문회의·국가안전보장회의·민주평화통일자문회의가 있다.

또한 행정작용을 하는 기관에는 경찰, 군인, 세무공무원, 주민자치센터에서 근무하는 공무원, 중앙 행정 기관의 공무원 등 다양하며, 우리는 일상생활에서 이러한 행정작용을 하는 기관을 가장 많이 접하게 된다.

행정부는 여러가지 정책을 의논하고 심의하는 기관으로 국무회의를 두고 있다. 대통령이 의장, 국무총리가 부의장, 행정 각 부처 장관을 비롯한 국무위원(15~30명)으로 구성된다. 또한 행정부에는 각 부와 처가 있어 각각 고유한 나라의 일에 관한 역할을 나누어 맡아 집행한다.

행정부는 국민들이 편안한 삶을 살도록 하기 위해 다양한 일을 맡아 하고 있다. 이와 같이 행정부는 국가의 미래를 위한 교육 정책, 복지 정책, 어려운 경제 위기 극복을 위한 정책, 과학기술 발전을 위한 계획 등 무수히 많은 계획이 세워지고 정책이 추진된다. 이처럼 사회가 다양화되고 복잡해지면서 행정부가

해야 할 일은 점점 더 많아지고 있다.

IV. 법의 분류

법은 다양한 기준으로 분류할 수 있으며 주체에 따라 국제법과 국내법, 법의 규율 대상인 생활관계의 실체에 따라 공법과 사법, 효력 적용범위에 따라 일반 법과 특별법, 법전의 규정 내용에 따라 실체법과 절차법, 형의 법률에 따라 민사법과 형사법, 그리고 가족법과 재산법등으로 분류되어 있다.

1. 자연법과 실정법

1) 자연법(自然法)

자연의 질서, 또는 인간의 이성에 바탕한, 보편적이고 항구적인 법이 자연법이다. 자연법은 실정법을 통해서 그 이념과 정신을 구체화시키고 있다, 또한 자연법은 실정법을 제정하는 기준이 되는 동시에, 부당한 실정법을 개정하는 기준이 되기도 한다. 따라서 실정법의 가치나 이념 등은 자연법에 근거를 두고 설정된다고 한다.

그런데 자연법과 실정법은 상호 대립 관계에 있는 것이 아니라, 상호 보완 관계에 있다. 자연법은 실정법을 통해서 그 이념과 정신을 구체화시키고, 실정법의 내용은 자연법에 근거하여 그 타당성을 인정받을 수 있기 때문이다.

자연법은 자연히 존재하기에 어디서나 유효하다는 법이다, 또한 자연법은 인간의 본성과 이성, 그리고 자연의 법칙에 의해 당연히 귀결되는 당위를 자연법이라고 말할 수 있다. 자연법의 예로 우리나라 헌법의 기본권편이 자연권(법)의 예가 될 수 있다. 인간의 행복추구권, 인격권 등은 꼭 실정법으로 정해야 보호되는 것이 아니라 인간으로서 당연히 갖는 자연적인 권리이다. 이를 다른 말로 하면 천부 인권이라고도 한다.

일반적으로 자연법이라고 하면 인간의 본성 내지 사물의 본성에 근거하여 시대와 민족, 국가의 사회를 초월하여 보편타당하게 적용되는 객관적 질서로 보고 있다.

2) 실정법(實定法)

실정법이란 특정한 시대와 특정한 장소에서 효력을 가지는 법 규범을 말한다. 즉 현실적으로 적용되고 시행되는 법을 말한다. 실정법에는 성문법의 국가 기관에서 제정하는 헌법, 법률, 명령, 규칙 등 이 있지만 예외적으로 관습법, 판례법, 등과 같이 경험적인 사실에 기하여 성립되고 현실로 행하여지고 있는 불문법도 있다.

실정법은 국가에 의하여 강제적으로 관철되며, 여기에 저촉될 때에는 강제적 수단이 동원되게 된다. 실정법은 국내법과 국제법으로 분류, 한 사회의 규제를 위해 권위 있는 기관이 제정하거나 채택한 구체적인 법이라는 협의의 의미로도 사용 된다.

2. 국내법과 국제법

법은 효력이 미치는 지리적 범위를 기준으로 국내법과 국제법으로 나눌 수 있다. 한나라의 주권이 미치는 범위 내에서 적용되며, 국가와 국민 사이, 또는 국민 상호 간의 권리·의무관계를 규율하는 법이 국내법이며, 다수 국가들 사이에서 적용되는 법으로 국가 상호 간의 관계, 또는 국제 조직 등에 대하여 규율하는 법이 국제법이다.

1) 국내법(國內法)

국내법은 한 나라의 주권이 미치는 범위 안에서 적용되는 법으로, 권위를 가진 입법부에 의해 제정되고, 행정부와 사법부에 의해 집행되고 적용되므로 강제성을 띤다. 따라서 국내법 적용에 대한 면제와 특권을 가진 일부 외국인을 제외하고는 국가 내의 모든 개인에게 효력이 미치고, 위법 행위에 대해서 일정한 제재도 할 수 있다. 그러므로 국내법은 국가의 대내문제를 다루는 국가사회단체의 법이라고 할 수 있다.

2) 국제법(國際法)

국제법은 다수 국가 사이에 적용되는 법으로, 국가 상호 간의 관계, 또는 국제 조직 등을 규율한다. 당사국 간의 합의에 따라 형성되므로 개별 국가의 의사를 무시하고 강제될 수는 없으며, 어떤 경우에는 도리어 개별 국가에 의해 무시되는 일도 있다. 즉, 국내법과는 달리 국제법은 강제적으로 집행할 기구가 없다는 특징이 있다.

또한 헌법 제6조에 보면, '헌법에 의하여 체결, 공포된 조약과 일반적으로 승인된 국제법규(국제 관습법)는 국내법(형식적 의미의 법인 법률을 뜻함)의 효력을 가진다.' 라고 되어있다. 이와 같이, 국제법은 조약과 국제관습법으로 나누어지며 국내법의 법률과 같은 효력을 지닌다.

3. 공법과 사법

법의 규율대상인 생활의 실체를 기준으로 할 때 공법과 사법으로 구별할 수 있다. 오래전부터 법은 공법과 사법으로 구별하는 것은 상식으로 여겨왔으나 그 구별표준에 대하여 많은 학설이 대립되고 있다. 공법·사법은 모두 국가질서를 이루는 법체계로서 국가의 법제정절차를 거쳐서 성립되는 점도 같다.

공법 체계와 사법체계에는 각기 다른 법원리가 적용되므로, 구체적인 법률관계를 규율하는 명문규정이 없는 경우에 어느 법체계의 원리를 적용할 것인지를 결정하기 위해 공법과 사법을 구별할 필요가 있다. 원칙적으로 공법은 강행성을 띠고, 사법은 사적 자치의 원칙에 입각하여 임의성을 띤다.

1) 공법(公法)

공법이란 국가와 국가, 국가와 지방자치단체(특별시, 광역시, 특별자치 시, 도, 특별자치도, 시, 군, 구 등), 지방자치단체 상호간의 관계, 혹은 국가ㆍ지방자치단체와 개인 간의 관계를 정하는 법, 및 국가 또는 지방자치단체의 조직ㆍ활동을 정하는 법을 말한다.

국가적 공익적, 윤리적, 타율적, 권력적, 비대등적 관계를 규율하는 법으로 사법에 산대되는 개념으로 헌법ㆍ행정법ㆍ형법ㆍ형사소송법ㆍ민사소송법ㆍ국제법 등을 공법이라고 하며, 공법은 대부분 강행법이다.

2) 사법(私法)

개인적, 사익적, 경제적, 자율적, 비권력적, 대등적 관계를 규율하는 법으로 공법에 상대되는 개념이다. 국가, 또는 지방자치단체가 사인과 같은 자격으로 사인과 여러가지 관계에 서게 되는 때에는 이를 규율하는 법은 사법이다. 예를 들면, 시영버스사업은 개인운영 버스사업과 성질이 동일하므로 시내버스와 승객과의 관계는 사법상의 관계이다, 사법이라 함은 개인 상호간의 관계를 정하는 법으로 민법ㆍ상법ㆍ국제사법을 사법이라고 한다. 사법에 있어서는 당사자의 합의를 원칙적으로 유효한 것으로 인정한다.

4. 일반법과 특별법

법의 효력이 미치는 범위를 표준으로 한 구별로, 법의 효력이 특별한 제한없이 일반적으로 적용되는 법을 일반법, 일정한 장소ㆍ사항ㆍ사람에게 국한하여 적용되는 법을 특별법이라고 한다.

1) 일반법(一般法)

일반법은 모든 사람ㆍ장소ㆍ시간사항에 미치는 법을 말하며, 일반적으로 넓은 효력을 갖는 법으로 누구에게나 차별 없이 전체적으로 다 적용되는 법을 말한다.

일반법은 사람에 대하여 말하면 국민 전체에 대하여 적용되는 「형법」 및 「형사소송법」을 일반법이라고 하며, 장소에 대하여 말하면 우리나라 전국에 적용되는 「지방자치법」등과 같은 모두에게 적용되는 법을 일반법이라고 한다.

일반적 사항을 규율하는 법으로 예컨대 일반적 사생활을 규율하는 민법을 일반법이라고 한다.

2) 특별법(特別法)

특별법은 특수한 사항이나 특정한 사람에게 적용되는 법을 말하는 것인데, 이러한 특별법은 일반법에 비하여 적용 영역이 한정되어 있는 법이다.

특별법은 입법 목적이 특수한 사항을 규율하는데 있으므로, 특수한 사정이 발생하였을 때에는 특별법이 우선적으로 적용되어야 한다.

특별법은 수없이 많이 존재하는데 대표적으로 상법이나 주택임대차보호법 등은 민법에 대한 특별법이고, 군형법, 국가보안법, 특정범죄가중처벌에 관한 법률은 형법에 대한 특별법이다. 사항을 표준으로 하는 구별에 있어 민법은 민사에 관한 일반법이고, 상법은 민사 중 특히 상사에 관한 특별법이다. 그러나 이 구별은 상대적인 것이며, 절대적인 것이 아님을 주의하여야 한다.

예를 들면 상법은 민법에 대하여서는 특별법이지만, 은행법·보험업법 등에 대하여서는 오히려 일반법 으로서의 지위를 차지하고 있고, 각조의 은행법·보험업법등은 상법에 대하여 특별법의 지위에 있는 것이다. 일반법과 특별법을 구별하는 실익은 「특별법은 일반법에 우선 한다」는 원칙의 적용에 있다.

5. 실체법과 절차법

실체법과 절차법의 구별은 법규정위 내용을 표준으로 한 것이다. 실체법은 권리·의무의 실체를 규율하는 법이고, 절차법은 권리·의무를 법원, 또는 공공기관에 의하여 실현하는 절차를 규율하는 법이다.

1) 실체법(實體法)

실체법은 국민의 권리와 의무의 내용 발생·변경·소멸·성질·내용 및 범위 등을 대상으로 하는 법으로 헌법·민법·형법·상법 등이 이에 포함된다. 그러나 민사소송법·형사소송법은 그에 대한 절차법이다.

실체법과 절차법은 서로 다른 독립된 법 사이에서만 구별되는 것이 아니라 동일한 법의 규정과 규정 사이에서도 구별될 수 있다. 민법은 실체법이지만 그 가운데 법인의 설립에 관한 규정은 절차법이며, 부동산등기법은 절차법이지만 그 가운데 등기한 권리의 순위에 관한 규정(부동산등기법 제5조, 제6조)은 실체법이다.

실체법은 절차법이 있음으로써 실효성을 갖게 된다. 그리고 실체법과 절차법이 충돌하는 경우에는 실체법이 우선한다.

2) 절차법(節次法)

권리의 실질적 내용을 실현하기 위하여 취해야 할 방법을 규율하는 법을 절차법이라고 한다. 실체법에 대립되는 개념이며, 보통 소송 또는 재판절차를 규율하는 법(형사소송법·민사소송법·행정소송법 등)을 실체법(민법·상법·형법 등)에 대하여 절차법이라고 말한다. 예컨대 돈을 빌린 사람은 그것을 갚을 의무가 있다고 한 민법규정은 실체법이며, 돈을 갚지 않았을 때 강제로 받아내는 절차를 규정한 민사소송법은 절차법이다. 민법·상법·형법 등은 실체법에 속하지만 경우에 따라서는 실체법 중에도 절차에 관한 규정이 있을 수도 있으며, 또 절차법 중에도 실체에 관한 규정이 삽입되는 경우가 있다.

6. 민사법과 형사법

법은 민사법과 형사법으로 민사법에 대응하는 법이 형사법이라 할 수 있다.

민사법은 개인과 개인 사이의 일을 다루는 법을 말한다. 민법, 상법 등으로,

이런 민사법을 토대로 해서 우리가 구체적으로 할 수 있는 소송의 예를 들면 기본권 침해행위 금지청구, 손해배상청구 등이 있다.

형사법은 사람의 생명, 신체, 재산 등을 침해하는 일정한 경우를 예상하여 미리 만들어 둔 처벌규정을 말한다. 형사법을 위반한 경우 국가가 형벌권을 행사하여 위반자에게 징역형이나 벌금형 등 형사처벌을 하게 된다.

1) 민사법(民事法)

민사법은 평등(平等) 및 대등(對等)의 입장에서 국민을 규율하는 법률의 한 영역이다. 즉 사법의 실체와 그 운영에 관한 법을 통틀어서 일컫는 말로서 여기에는 민·상법·기타의 특별사법·민사소송법과 기타의 절차법을 포함한다.

이때의 민사법은 사법과 부합하는 개념이 아니라 "민사특별법"이라는 용어는 "상사특별법"에 대응하는 개념으로 상사에 관한 법령을 제외하여 사용하는 것이 보통이다.

이런 민사법을 토대로 해서 우리가 구체적으로 할 수 있는 소송의 예를 들면 기본권 침해행위 금지청구, 손해배상청구 등이 있다. 즉 내 기본권을 침해하지 말라고 요청하는 것이 전자이고, 너로 인해 내가 입은 손해가 이만저만하니 그만큼을 보상하라고 요구하는 것이 후자이다.

2) 형사법(刑事法)

형사법이라 함은 국가의 형벌권의 행사를 규율하는 법으로서 여기에는 형벌 기타의 실체법과 형사소송법·행정법 등을 총칭한다. 형사법에는 국가권력이 가장 강하게 나타나는 분야인만큼 인권보장의 요청이 다른 법 분야에 비하여 훨씬 강하게 나타난다. 그러나 민사법과 형사법은 그 성질이 다르므로 같은 사건으로 형사처벌을 받았다 하더라도 민사상 손해배상을 면할 수 없고, 민사상 배상을 하였더라도 형사상 처벌을 면할 수 없는 경우가 많다.

7. 가족법과 재산법

가족법과 재산법은 모두 민법으로서 인류의 생활관계를 규율하는 의미에서 동일한 성질을 가지고 있다. 민법이 규율의 대상으로 하고 있는 인간의 사회생활은 재화의 생산·재생산의 생활인 '경제생활의 면'과 종족의 생산·재생산의 생활인 가족적·친족적 '공동생활의 면'이라는 두 가지 면으로 나누어 볼 수 있다.

1) 가족법(家族法)

가족법은 혼인관계·친자관계·친족관계를 규율 대상으로 한다.

오늘날 서구 사회에서는 혼인관계와 친자관계를 제외한 친족관계는 거의 규율 대상이 되지 않고 있다. 그러나 우리나라에서는 아직도 친족관계에 대한 의식이 많이 남아 있다. 우리 민법이 광범위한 친족범위를 법률적으로 인정하고, 가족의 범위를 규정하고 있는 것은 이 때문이라 할 수 있다.

가족법에서 혼인관계·친자관계·친족관계·상속관계 등에 대해 광범위한 영향을 미치던 호주제가 2005년 2월 3일 헌법재판소에 의해 양성평등과 개인의 존엄을 규정한 「헌법」에 위반된다는 헌법불합치 결정을 받았다. 이후 호주제 폐지를 주요 내용으로 하는 '민법 일부개정법률'(2005년 3월 31일 법률 제7427호)이 2008년 1월 1일부터 시행되었다. 가족법은 경제적 이해의 타산을 초월하여 종족보존의 본능에 기초한 헌신적·이타적·숙명적 관계로 되어 있다.

2) 재산법(財産法)

재산권은 경제적으로 가치 있는 이익의 향수를 목적으로 하는, 따라서 금전으로 평가될 수 있는 권리의 총칭으로서, 물권(物權)·채권(債權)·무체재산권(無體財産權) 등이 이에 속한다. 재산법은 민법의 범위를 넘어 상법을 포함하며, 저작권에 관한 법과 같은 지적 소유권의 영역까지 걸쳐 있다.

그런데 이와 같이 재산권을 인간의 물건에 대한 권리로서 정의하는 데는 약간의 난점이 있다. 법은 권리·특권·권한 및 그 상호·적대 관계 등을 추상적으로 다루는 것이 아니다. 법은 사람들 사이의 관계를 다룬다. 다른 법과 마찬가지로 재산법 역시 분쟁을 해결하고 또 분쟁을 미리 회피하여 거래를 체결하기 위한 원리·정책·규범 들을 천명하는 것을 목표로 한다.

V. 권리의 주체

권리의 주체란 권리를 향유할 수 있는 자격을 갖춘 자를 말한다. 이러한 권리의 주체가 될 수 있는 자격을 권리 능력이라 하며 의무 능력까지 포함한다. 즉, 권리를 가질 수 있고, 의무를 부담할 수 있는 자격을 말한다. 권리의 주체는 크게 자연인과 법인이 있다.

자연인이란 실제로 살아있는 사람을 말한다. 민법 제3조는 사람은 생존한 동안 권리와 의무의 주체가 된다고 규정하고 있다. 즉, 출생의 시기부터 권리 능력을 취득하고 사망하는 시점에서 권리 능력이 소멸된다고 본다.

법인이란 법으로 정한 사람이라는 뜻으로 자연인에 의해서는 목적을 달성하기 어려운 사업을 수행할 수 있게 하기 위하여 사람의 결합이나 특정한 재산에 대하여 자연인과 마찬가지로 법률관계의 주체로서의 지위를 인정한 것이다.

1. 자연인의 권리능력

1) 권리능력의 시기

사람은 생존하는 동안 권리와 의무의 주체가 된다. 즉, 사람은 출생하면서부터 권리능력을 취득한다.

출생의 시기와 관련하여 어느 때를 출생한 것으로 볼 것이냐 하는 문제가 있다. 현재 통설은 태아가 모체로부터 전부 노출된 시기를 출생으로 본다(전부노출설). 따라서 이때를 권리능력취득의 시기라고 할 것이다. 사람이 출생하여 잠시라도 살아 있으면 성별, 생존능력 유무, 쌍생아·기형 여부 등을 가리지 않고 권리능력을 취득한다.

사람이 출생하면, 가족관계 등록 등에 관한 법률 소정의 절차에 따라 1개월 이내에 출생신고를 하여야 한다(동법 제44조 이하). 그런데 출생신고는 보고적 신고이며, 권리능력이 출생이라는 사실에 의하여 취득되는 것이지 그 신고 또는 등록부의 기재로 비로소 취득되는 것은 아니다. 즉 등록부에 기재된 사실은 진실에 부합하는 것으로 추정될 뿐이다.

2) 태아의 권리능력

태아란 임신 후 모체에서 출생에 의하여 전부 노출되지 않은 생명체를 말한다. 즉 모가 수태 시부터 출생 시까지의 생명체를 말한다.

태아의 권리능력의 시기는 출생이므로 아직 출생하지 않은 태아는 권리능력을 취득하지 못하는 것이 원칙이다. 그러나 이 원칙을 관철한다면 태아도 형성 중에 있는 사람으로서 장래 태아가 출생하는 것이 예정되어 있는 이상 이를 전적으로 배제하는 경우에 태아에게 불합리할 뿐만 아니라 사회의 법 감정에도 맞지 않는 경우가 발생할 수 있다. 이에 대한 태아의 보호에 관한 입법주의로 일반적 보호주의는 태아의 이익의 문제되는 경우 모든 법률관계에 있어서 이미 출생한 것으로 보는 것이다.

이는 로마법의 원칙으로서 스위스 민법이 이를 따르고 있다. 그러나 이 경우는 태아의 모든 이익을 총체적으로 보호한다는 장점도 있으나, 구체적으로 어떤 경우에 출생한 것으로 볼 것인가에 대한 정립이 어렵다는 단점이 있다.

민법은 개별적 보호주의를 취하고, 태아의 이익이 문제되는 경우에 특히 중요한 법률관계에 대해서만 이미 출생한 것으로 보는 것으로, 이 경우는 보호의 적용범위가 명확하다는 장점이 있으나 태아 보호에 총체적이지 못하다는 단점도 있다.

3) 태아의 보호규정

(1) 불법행위의 손해배상청구권

민법 제762조는 '태아는 손해배상의 청구에 관하여 이미 출행한 것으로 본다.'라고 규정 하여, 태아에게도 불법행위로 기한 손해배상청구권의 권리능력이 있음을 인정하고 있다. 따라서 태아로 있는 동안에 직계존속인 부(父)가 교통사고로 인하여 사망한 경우에 태아 자신도 가해자에게 자신이 입은 재산적 손해와 이로 인한 정신적 손해에 대한 위자료청구권을 행사할 수 있다(제752조).

대법원도, 태아도 손해배상청구권에 관하여는 이미 출생한 것으로 보는바, 부(父)가 교통사고로 상해를 입을 당시 태아가 출생하지 아니하였다고 하더라도 그 뒤에 출생한 이상 부(父)의 부상으로 인하여 입게 될 정신적 고통에 대한 위자료를 청구할 수 있다고 한다.

(2) 상속 · 대습상속

민법 제1000조 제3항은 '태아는 상속순위에 있어서 이미 출생한 것으로 본다.'라고 규정하여 태아에게도 대습상속권(제1001조), 유류분권(제1118조, 1001조)의 권리능력이 있음을 인정하고 있다.

또한 원칙적으로 상속인은 상속개시 시에 생존하고 있어야 한다는 '동시존재의 원칙'을 엄격하게 적용한다면 상속이 개시된 때에 태아인 경우라면 당연히 상속권이 없어야 한다. 그러나 이를 그대로 적용하면 후에 태아가 자연인으로 태어날 경우에 이는 태아에게 너무나 불리하다. 따라서 민법은 제1000조 제3항에 특칙을 두어 상속에 있어서 태아를 이미 출생 한 것으로 보고 있다.

(3) 유 증

유언자가 사망한 때에 그 효력이 생긴다(제1073조 1항). 따라서 유증의 효력이 발생할 때에 자연인이 아닌 태아의 경우는 원칙적으로 수증능력이 없다. 그러나 이 경우도 상기의 상속의 경우와 같이 태아에게 너무나 불리하게 되므로 민법은 제1064조에 의한 1000조 제3항의 준용에 의하여 유언자가 사망할 때에 태아였던 子도 '유증'을 받을 수 있도록 하고 있다.

(4) 사인증여

증여자의 사망으로 인하여 효력이 발생하는 것으로서 생전에 미리 계약을 맺었으나 그 효력발생은 증여자의 사망을 법적요건으로 하는 증여이다. 사인증여의 경우에도 제562조가 유증에 관한 규정을 준용한다는 점을 근거로 타아의 권리능력을 인정하는 것이 다수설이다. 그러나 유증과 사인증여의 법적 성질이 다르다는 점, 제562조에 의하여 준용되는 것은 유증의 효력에 관한 규정에 한한다는 것이 다수설과 판례의 입장이라는 점, 생전증여와 균형을 고려하여야 한다는 점 등을 고려할 때 이를 부정하는 것이 옳다는 견해도 있다.

(5) 인지(認知)

인지란 혼인외의 자에 대해 생부 또는 생모가 그 자를 자기의 자로써 승인하여 법률상 친자관계로 생기게 하는 단독행위이다(제855조 제1항). 그런데 부는 포태 중에 있는 자에 대하여도 이를 인지할 수 있다(제858조).

법에 명문규정이 없는 태아의 인지청구권에 관해서 유증에 관한 규정을 유추적용하자는 견해가 있으나, 부는 태아를 인지할 수 있지만, 태아에게는 인지청구권을 인정하지 않은 것이 옳으며, 다수설이다. 따라서 태아 쪽에서 적극적으로 태아의 성장에 필요한 비용을 부에게 청구할 수 없다.

4) 태아의 법률상 지위

민법은 태아에게 '개별적 사항'에 대해서만 권리능력을 인정하고 있다. 그러나 민법의 규정이 개별적, 구체적 규정에 대해서만 '...이미 출생한 것으로 본다'고 규정하고 있을 뿐이므로 정작 언제부터 권리능력을 갖는 것으로 볼 것인가의 문제가 발생한다. 따라서 이러한 법률적 성질에 관하여 정지조건설과 해제조건설의 견해가 대립하고 있다.

(1) 정지조건설

정지조건설에 의하면 태아인 동안에는 권리능력을 취득하지 못하나 후에 살아서 출생한 경우에 권리능력취득의 효과가 문제의 사건이 발생한 시기까지 소급하여 생긴다는 설이다.

이 설에 의하면 태아인 동안에는 법정대리인이 있을 수 없고 태아로 있는 동안에 이미 상속이 개시되었다면 후에 살아서 출생한 경우에 한해서 상속회복을 청구할 수 있을 뿐이다. 이는 상대방이나 제3자 보호, 즉 거래의 안전에 치중한 소수설과 판례의 견해이다.

(2) 해제조건설

해제조건설은 태아인 동안에도 권리능력을 취득하며 후에 살아서 출생하지 못한 경우에 권리능력이 취득에 따른 효과가 문제의 사건시까지 소급하여 소멸한다는 설이다. 이 설에 의하면 태아인 동안에도 법정대리인이 있게 되고 다른 생존하고 있는 자의 공동상속인이 된다. 이는 다수설로서 태아보호에 중점을 두고 있는 견해이다.

5) 권리능력의 종기

(1) 사 망

자연인의 권리능력은 사망과 동시에 종료한다.

권리능력의 소멸사유는 사망뿐이며 현행법에서는 형벌 등에 의해 인격을 박탈하는 제도는 인정하지 않는다. 사망으로 보는 실종선고제도는 실종지를 중심으로 한 법률관계를 종료할 뿐 권리능력을 소멸시키지는 않는다.

사망으로 상속이 개시되고 고인의 권리·의무는 상속인에게 생기고 이전하며(제1005조로)유언의 효력이 발생한다.(1074조) 보험금 수취권, 연금청구권이 생기고 고인의 권리 의무는 상속인에게 이전하며(제1005조) 유언의 효력이 발생한다(제1073조) 보험금수취권·염금청구권이 생기고 생존배우자는 재혼이 가능하게 된다.

사망의 기준은 민법규정에 나와있지 않다. 종래에는 심장 정지설을 채택하고 있으나 의학의 발달로 인해 근래에는 뇌사설을 채택한다. 그러나 사망의 시점은 법률관계의 명확함을 위해 여러 가능한 것 중 가장 늦은 것을 택하는 것이 타당하다.

사망의 사실과 시기를 증명하는 것은 호적의 사망신고에 첨부되는 사망진단서와 시체검안서에 의해 확인되지만 이는 확정적이 아니라 추정에 지나지 않는다. 위난에 의한 사망과 인정사망의 경우에도 추정력이 발생할 뿐이다. 이 때문에 민법은 사망으로 보는 실종선고제도를 두고, 동시사망의 추정규정을 신설했다.

(2) 인정사망

민법에는 규정이 없고 가족관계등록 등에 관한 법률에 규정되어 있는 '인정사망'의 제도가 있다.(동법 제87조) 사망의 확증은 없지만 사망한 것이 거의 확실한 경우에는, 그것을 조사한 관공서의 사망보고에 기하여 가족관계등록부의 기재가 있게 된다.

그러나 이에 대해서 다른 시기에 사망한 확증이 있으면, 인정사망은 그 효력을 잃는다. 사망신고는 진단서 또는 검안서가 첨부된 신고서에 의하여야 한다(동법 제84조 제1항). 그런데 사망의 확증은 없으나 사망이 확실시되는 경우에도 그러한 요건을 구하는 것은 적절치 못하다. 그래서 시체의 발견 등 사망의 확증은 없으나 수난, 화재 기타 사변으로 인하여 사망이 확실시되는 경우에는 관공서의 보고에 의하여 가족관계등록부에 사망의 기재를 하여 사망으로 추정하는 제도이다.

(3) 동시사망의 추정

2인 이상의 동일한 위난으로 사망한 경우 누가 먼저 사망하고 나중에 사망하였느냐에 따라 상속분에 중대한 영향을 주고 상속순위에도 변동이 생긴다. 그러나 입증에 어려워 민법 제 30조는 2인 이상이 동일한 위난으로 사망한 경우에 동시사망의 추정규정을 둔다. 수인이 다른 위난으로 사망한 경우에도 이를 유추 적용할 수 있다.

동시사망의 경우 추정에 그치므로 반증을 들어 추정을 깨뜨릴 수 있으나 반증은 사망시기의 입증보다는 사망의 선후를 정한다. 판례는 동시사망에서 대습 상속권을 인정한다.

2. 권리능력 · 의사능력 · 행위능력 · 책임능력

1) 권리능력

권리능력이란 권리와 의무의 주체가 될 수 있는 지위내지 자격을 말한다. 권리능력을 가지는 자를 권리능력자라고 하는데 민법상 권리능력자로는 자연인과 법인의 두 가지가 있다.

권리의 주체가 될 수 있는 자연인은 생존하는 동안 권리와 의무의 주체가 되며, 즉 출생에서 생존하는 동안 권리능력이 있는 것으로 본다. 그러나 외국인의 경우 원칙적으로 내국인과 동일한 권리능력을 갖지만 제안이 따른다.(토지구매제한, 선박 및 항공기 소유 금지 등) 자연인의 경우 전부노출 설에 의하여 민법은 권리능력을 인정하고 있으며, 법인은 설립등기 완료시에 권리능력이 있는 것으로 본다.

자연인이 아닌 동물이나 사망한자는 권리의 주체 권리능력이 없다. 즉 법인이 아닌 단체, 예컨대 민법상 조합은 권리능력이 없다, 이처럼 권리능력이 없다는 것은, 그 법률행위는 무효이다.

예) 갑이 자기 건물을 사망한 사람이나, 자신의 애완견, 또는 민법상의 조합에 증여(법률행위)를 했다면 그 법률행위는 무효이다. 그들에게는 권리능력이 없기 때문이다.

2) 의사능력

의사능력이란 자기행위의 의미를 인식하고 그 결과를 예측하여 정상적으로 의사를 결정할 수 있는 정신적 능력을 말한다.

유아, 정신병자, 만취자, 심신상실자 등은 이러한 능력이 결려되어 있는데, 이러한 자들을 의사무능력자라 한다. 의사능력의 유무는 구체적인 행위에 대해서 개별적으로 판단한다. 법률행위의 당사자가 의사능력이 없다면 의사에 기한 법률관계의 형성은 무의미하다. 따라서 민법에 명문의 규정은 없지만 의사무능력자의 단독으로 행한 법률 행위는 원칙적으로 무효이다.

예) 지방에서 규모는 작지만 건실한 회사를 경영하는 갑은 친구 아들의 결혼식에 참석하려고 서울에 갔고, 오랜만에 만난 친구들과 헤어지기 아쉬워 결혼식 후 뒤풀이 술자리를 갖게 되었다. 그런데 흥에 겨워 술을 많이 마시던 갑은, 예전에 매우 친했던 을이 집도 없이 어렵게 산다는 이야기를 들었고, 자신과 가족이 사는 집을 을에게 헐값에 파는 계약을 만취 상태에서 덜컥 체결하고 말았다. 다음날 잠에서 깬 갑은 자신의 손에 쥐어진 계약서를 읽고 놀라지 않을 수 없었다.

▶ 어떤 법률 행위가 법적 효과를 가지려면 그 행위를 한 주체에게 의사 능력이 있어야 한다. 즉, 행위 주체가 그 행위를 할 당시 자신이 하는 행위의 의미와 결과를 합리적으로 판단하여 정상적인 의사 결정을 할 수 있는 정신 상태여야 한다는 것이다. 우리 민법은 사례의 갑처럼 술에 만취한 사람을 젖먹이, 정신병자와 더불어 대표적인 의사 무능력자로 본다. 하지만 갑이 실제로 만취하여 의사 무능력 상태에까지 이르렀고, 그 상태에서 계약을 체결했는지에 대한 판단은 구체적, 개별적으로 이루어진다. 따라서 의사 무능력자의 법률 행위는 무효라는 원칙과는 별도로, 사례의 갑이 계약의 무효를 주장하려면 계약 당시 자신이 정상적인 의사 결정 능력을 잃었을 정도로 만취 상태였음을 증명하여야 한다.

3) 행위능력

단독으로 유효한 법률 행위를 할 수 있는 능력으로, 무능력자에 해당하지 않는 성인은 원칙적으로 행위 능력이 인정된다 하겠다. 그러나 능력이 없는 자를 행위무능력자라고 하며, 행위무능력자(제한능력자)는 미성년자·피한정후견인·피성년후견인이 있다. 민법은 행위 무능력자가 단독으로 행한 법률 행위를 취소할 수 있게 함으로써 일차적으로 행위 무능력자 본인을 보호하고, 이차적으로 거래 상대방의 이익을 보호하고 있다.

(1) 행위무능력자의 법률행위의 효과

행위무능력자가 계약과 같은 법률행위를 한 것에 대하여 "이행위(예: 매매계약)는 효력이 없다(무효이다)"라고 효력을 부여하는 것이 과연 행위무능력자에게 유리할까? 반드시 그렇지만은 않다. 오히려 행위무능력자의 법률행위라 하여도 일단 유효인 것으로 하되 행위무능력자에게 불리한 경우 이를 무효로 할 수 있는 여지를 남겨두는 입법이 더 행위무능력자에게 유리할 수 있다. 따라서 행위무능력의 법률행위의 효력에 관하여 "일단 유효이나, 행위무능력자, 또는 그의 법정대리인이 일정한 의사로 이를 무효로 돌릴 수 있다"라는 의미에서 "취소할 수 있다"라고 규정한다.

(2) 제한능력자

민법은 제한능력자를 미성년자(만19세미만)·피한정후견인·피성년후견인으로 정하고 있다. 미성년자는 만19세 미만자로 재산법상의 법률행위에 있어서 원칙적으로 법정대리인의 동의를 얻어야하며, 피한정 후견인은 정신적 제약으로 사무를 처리할 능력이 부족하여 본인 또는 배우자의 청구로 가정법원의 심판을 받은 사람으로 단독으로 유효한 법률행위는 가능하나, 정해진 법률행위는 후견인의 동의가 필요하다.

피성년 후견인은 정신적 제약으로 사무처리 능력이 지속적으로 결려되어 본인 또는 배우자의 청구로 가정법원의 심판을 받은 자를 말하며, 단독으로 유효한 법률행위가 불가능하여 후견인의 대리가 필요하다. 일상품의 구매 등, 정해지거나 과하지 않은 법률행위는 본인 스스로 가능하다.

4) 책임능력

어떤 행위에 잘못된 결과가 나타나 행위자 이외의 상대방 등에게 일정한 손해가 발생하여 그 책임을 지는 경우 겉으로 나타난 결과만으로 판단한다면 불가항력적 불행과 구별하기 어려운 일이 발생할 뿐만 아니라 공정하지 못할 수 있다.

그러므로 적어도 어떤 행위의 결과에 대하여 책임을 지기 위해서는 그 행위자가 자신의 행위 결과에 대하여 인식할 수 있는 판단력이 있어야 한다. 바로 여기서 "책임능력"이라는 개념이 도출되는바, "책임능력"이란 불법행위가 있는 경우 그 행위에 대한 결과를 분별하고 판단할 수 있는 "정신능력"이라 정의할 수 있다. 이러한 책임능력은 "민사상 책임능력"과 "형사상 책임능력"이 다르다는 것을 알 수 있다.

민법은 미성년자라도 심신상실의 상태에서 가해행위를 한 경우에는 민법 제754조가 적용된다. 심신상실의 상태를 본인이 고의, 또는 과실로 초래한 경우에는 책임은 면하지 못한다(민 754 단서). 책임능력에 대한 입증책임은 불법행위자에게 있고, 가해자 측에서 책임을 면하려면 책임무능력의 사실을 입증하여야 한다. 이는 형법상 법규범에 따라 행위 할 수 있는 능력을 말한다. 형법은 책임능력의 의미에 대하여서는 아무런 규정을 두지 아니하고 단지 제9조(형사미성년자), 제10조(심신장애자), 제11조(농아자)에 걸쳐 책임능력 결함자에 관한 규정만 두고 있을 뿐이다.

3. 민법상의 제한능력자

권리나 의무를 가지기 위한 행위를 혼자서 완전히 할 수 있는 능력을 행위능력이라 하고, 이러한 행위능력을 가질 수 없는 자를 제한능력자라고 한다.

민법이 규정하는 제한능력자에는 미성년자 · 피성년후견인 · 피한정후견인 · 피특정후견인 · 피임의후견인이 있다. 제한능력자의 행위는 보호자의 동의를 받아서 하든가, 보호자가 대리해서 하지 않으면 취소할 수 있어서 무효가 될 우려가 있다.

1) 미성년자

민법 제4조에 의하면 만19세로 성년이 된다. 만19세에 달하지 아니한 자가 미성년자이다. 성년기에 달하지 않은 사람을 「미성년자」라고 한다.

사람의 능력은 점진적으로 발달하는 것이고 개인마다 차이가 있어서 어느 한 시기로 확정하여 성년자만큼의 정신능력을 가졌다고 보기는 어렵다. 따라서 민법은 만19세라는 기준을 설정하여 일률적으로 그에 미달하는 자는 미성년자라고 한다. 이는 한정치산자 · 금치산자와 함께 행위무능력자라 하며, 이들의 법률행위는 원칙적으로 취소할 수 있도록 함으로써 이들을 특별히 보호하고 있다.

(1) 행위무능력의 원칙

미성년자는 독자적으로 유효하게 법률행위를 할 수 없고, 법률행위를 하려면 원칙적으로 법정대리인의 동의를 얻어야 하며(제5조 제1항 본문), 법정대리인의 동의를 얻지 않고 단독으로 법률행위를 하면, 그 법률행위는 무능력을 이유로 미성년자나 그 법정대리인이 취소할 수 있다(동조 제2항). 법정대리인의 동의에 대한 증명책임은 동의가 있었음을 이유로 법률행위의 유효를 주장하는 자, 즉 상대방에게 있다. 그런데 미성년자가 법정대리인 동의 없이 행한 법률행위인가 아닌가는 명의를 기준으로 형식적으로 판단할 것이 아니라 실질적으로 판단하여야 한다.

(2) 행위무능력의 예외

미성년자는 원칙적으로 법정대리인의 동의가 있어야 유효한 법률행위를 할 수 있다. 그렇지 않고 미성년자가 법률행위를 했을 경우에는 본인이나 법정대리인이 이를 취소할 수 있다.

다만 민법은 일정한 경우에는 법정대리인의 동의 없이 미성년자가 단독으로 유효한 행위를 할 수 있다고 규정하였다. 또한 단순히 권리만을 취득하거나 의무만을 면하는 행위(제5조 제1항 단서), 법정대리인이 범위를 정해서 처분을 허락한 재산의 처분행위(제6조), 법정대리인으로부터 특정의 영업을 허락받은 경우의 영업에 관한 행위(제8조 제1항), 혼인을 하여 민법 제826조의2에 의하여 성년이 의제된 경우의 행위(법률혼에 한한다는 견해와 이를 사실혼도 가능하다는 견해가 있다), 대리행위(제117조), 유언행위(제1061조), 법정대리인의 허락을 얻어 회사의 무한책임사원이 된 미성년자가 그 사원자격에 기하여 행하는 행위(상법 제7조), 근로계약의 체결과 임금의 청구(근로기준법 제65조, 제66조) 등의 경우에는 단독으로 유효한 법률행위를 할 수 있다.

또한 미성년자 소유의 토지가 미성년자 명의의 토지문서에 의하여 타인에 이전등기가 완료되는 경우에 그 등기는 적법하게 경료된 것으로 추정된다.

(3) 법정대리인

미성년자는 1차적으로 친권자가 법정대리인으로 된다(제911조). 누가 친권자로 되는지와 친권의 행사방법을 제909조가 규정한다. 미성년자에게 부모가 없거나 부모가 친권을 행사할 수 없는 경우에 2차적으로 후견인이 법정대리인으로 된다. 후견인은 지정후견인(제931조), 법정후견인(제932조, 제935조), 선임후견인(제936조)의 순으로 지정된다.

법정대리인은 미성년자가 법률행위를 하는데 대하여 동의 등을 줄 수 있는 권한과 미성년자를 대리하여 재산상의 법률행위를 할 수 있는 권한, 및 미성년자가 독자적으로 한 법률행위를 취소할 수 있는 권한을 가진다.

법정대리인은 미성년자가 법률행위를 함에 대한 동의, 또는 처분이나 영업의 허락을 줄 수 있다(제5조 제1항, 제6조, 제8조 제1항). 동의나 허락이 있더라도 무능력자가 의사능력을 가지고 있어야 그 법률행위가 유효함을 물론이다. 그리고 법정대리인은 예견할 수 있는 범위 내에서 개괄적으로 동의, 또는 허락할 수 있다.

법정대리인은 취소권을 가진다(제5조 제2항). 그런데 친권의 행사는 부모가 공동으로 하여야 하지만(제909조 제2항), 친권자 각자는 단독으로 취소할 수 있다.

2) 피성년후견인

피성년후견인은 질병·장애·노령 그 밖의 사유로 인한 정신적 제약으로 사무를 처리할 능력이 지속적으로 결여된 사람으로서 일정한 자의 청구에 의하여 가정법원으로부터 성년후견개시의 심판을 받은 자를 피성년후견인이라 부른다.

성년후견개시의 심판절차는 가사소송법과 가사소송규칙의 규정에 따르며, 실질적·형식적 요건이 갖춰지면 가정법원은 반드시 성년후견개시의 심판을 하여야 하고, 지체 없이 가족관계등록사무 및 후견등기사무처리 담당자로 하여금 가족관계등록부에 기록할 것과 후견등기부에 등기하여야 한다.

피성년후견인은 민법상 독립하여 법률행위를 할 수 없는 행위무능력자로, 후견인은 피성년후견인의 법률행위를 취소할 수 있다.(민법 제10조제1항) 다만, 가정법원은 취소할 수 없는 피성년후견인의 법률행위의 범위를 정할 수 있고, 일용품의 구입 등 일상생활에 필요하고 대가가 과도하지 아니한 법률행위는 후견인이 취소할 수 없다.(민법 제10조제2항~제4항)

(1) 피성년후견인의 행위능력

피성년후견인의 법률행위는 법정대리인(성년후견인)의 동의 유무에 관계없이 언제나 취소할 수 있다.

그러나 다음의 경우에는 피성년후견인은 단독으로 유효한 법률행위를 할 수 있다. ① 가정법원이 취소할 수 없는 피성년후견인의 법률행위의 범위를 정한 경우이다. 따라서 가정법원은 일정한 자의 청구에 의하여 그 범위를 변경할 수도 있다.

② 일용품의 구입 등 일상생활에 필요하고 그 대가가 과도하지 아니한 법률행위는 성년후견인이 취소할 수 없다.

③ 피성년후견인의 신상에 관해서는 그의 상태가 허용되는 범위에서 피성년후견인이 단독으로 결정할 수 있다.

이는 피성년후견인의 복리·치료행위·주거의 자유 등에 관한 신상보호제도를 도입한 것으로서 피성년후견인의 신상에 관한 결정권은 자신에게 있다는 원칙을 반영한 것이다.

(2) 친족법상의 행위능력

만 17세 이상의 자로서 의사능력이 회복된 경우, 유언은 단독으로 할 수 있을 뿐만 아니라 피성년후견인은 약혼·혼인·협의이혼·인지·입양·협의파양 등의 순수 신분행위는 성년후견인의 동의를 얻어 단독으로 유효하게 할 수 있다.

(3) 법정대리인

피성년후견인의 법정대리인(능력보충기관)에는 성년후견인이 있다.성년후견인은 성년후견개시의 심판을 할 때 가정법원의 직권으로 선임한다.

또한 성년후견인의 수는 복수이어도 되고 법인도 될 수 있다. 가정법원은 성년후견인의 법정대리권의 범위와 피성년후견인의 신상에 관하여 결정할 수 있는 권한의 범위를 제한할 수 있다.

성년후견인은 피성년후견인의 재산행위에 대한 동의권을 원칙적으로 갖지 못한다. 성년후견인은 피성년후견인의 재산을 관리하고 그 재산에 관한 법률행위에 대한 대리권을 갖는다. 또한 일정한 행위에 대한 대리권 행사의 경우, 후견 감독인이 있는 경우에는 사전에 그의 동의를 받아야 한다(제940조의6 제3항).

성년후견감독인 가정법원은 필요하다고 인정하면 직권으로 또는 피성년후견인의 친족·성년후견인·검사·지방자치단체의 장의 청구에 의하여 성년후견감독인을 선임할 수 있으며, 이로 인하여 성년후견감독인은 폐지된 친족회에 부여되었던 권한을 행사하게 된다.

(4) 성년후견의 종료

성년후견개시의 원인이 소멸한 경우, 가정법원은 본인·배우자·4촌 이내의 친족·성년후견인·검사·지방자치단체의 장의 청구에 의하여 성년후견종료의 심판을 하여야 한다(제11조). 성년후견심판의 효력은 소급효가 없고 심판확정시부터 장래에 향하여 완전한 능력자로 인정된다.

3) 피한정후견인

질병·장애·노령·그 밖의 사유로 인한 정신적 제약으로 사무를 처리할 능력이 부족한 사람으로서 일정한 자의 청구에 의하여 가정법원으로부터 한정후견개시의 심판을 받은 자를 피한정후견인이라 한다(제12조 제1항).

이는 사건본인의 정신적 제약으로 인하여 사무를 처리할 능력이 부족한 자이어야 하지만, 사무처리의 능력부족 여부는 의사의 감정을 토대로 하지만 판단은 가정법원이 한다. 요건이 갖추어지면 가정법원은 반드시 한정후견개시의 심판을 하여야 하고 가족관계등록부에 기록할 것과 후견등기부에 등기할 것을 사무처리 담당자에게 촉탁하여야 한다.

(1) 피한정후견인의 행위능력

피한정후견인의 재산행위능력은 원칙적으로 제한되지 않지만, 예외로

① 한정후견인의 동의를 받아야 하는 피한정후견인의 행위의 범위를 가정법원이 정한 경우에는 그 범위 내에서 피한정후견인의 행위능력은 제한이 된다.

② 한정후견인의 동의유보는 어떻게 정하여야 하는지는, 피한정후견인의 사무처리 능력을 참작하여 그의 이익에 부합된다고 판단되는 범위에서 가정법원이 직권으로 결정하게 되며, 가정법원은 일정한 자의 청구에 의하여 그 동의유보의 범위를 변경할 수 있다.

③ 일용품의 구입 등 일상생활에 필요하고 그 대가가 과도하지 않은 법률행위는 한정후견인의 동의 없이 한 경우에도 취소대상이 아니다.

(2) 가족법상의 행위능력

피한정후견인은 가족법상의 법률행위의 경우 완전한 능력자인지 여부가 문제가 된다. 개정민법은 약혼·혼인·협의이혼·입양·협의파양 등의 경우, 미성년자와 피성년후견인에 대한 특별규정만 두고 있을 뿐, 피한정후견인에 대한 규정은 없다. 그러나 피한정후견인은 순수 신분 행위에 관한 한 단독으로 유효하게 법률행위를 할 수 있다고 하여야 한다.

(3) 법정대리인

　피한정후견인에게는 보호자로 한정후견인을 두어야 한다. 그런데 한정후견인의 당연히 피한정후견인의 법정대리인의 되는 것은 아니며, 한정후견인의 가정법원으로부터 그 범위를 정한 대리권수여의 심판을 받은 경우에 한하여 그 범위 내에서 법정대리권을 행사하게 된다.

　한정후견인은 가정법원이 정한 동의권 유보의 경우가 아닌 한, 피한정후견인의 법률행위에 대한 동의권·취소권을 행사하지 못한다.

(4) 한정후견인의 종료

　한정후견개시의 원인이 소멸한 경우, 가정법원은 본인·배우자·4촌 이내의 친족·한정후견인·한정후견감독인·검사 또는 지방자치단체의 장의 청구에 의하여 한정후견종료의 심판을 하여야 한다.

　한정후견종료의 심판의 효력은 소급효가 없으며, 심판확정시부터 장래에 대한 완전한 능력자로 인정된다.

4) 피특정후견인

　질병·장애·노령·그 밖의 사유로 인한 정신적 제약으로 일시적 후원, 또는 특정한 사무에 관한 후원이 필요한 사람으로서 일정한 자의 청구에 의하여 가정법원으로부터 특정후견의 심판을 받은 자를 피특정후견인이라 한다(제14조의2 제1항). 이처럼 실질적 요건을 갖추기 위해서는 사건 본인에게 질병·장애·노령·그 밖의 사유로 인한 정신적 제약이 있어야 한다.

　가정법원은 특정후견인의 심판을 할 때 본인의 의사에 반하여 할 수 없으며(제14조의2 제2항), 가정법원이 특정후견인의 심판을 하는 경우에는 그 기간, 또는 사무의 범위를 정하여야 한다(제14조의2 제3항).

　가정법원은 피특정후견인의 후원을 위하여 필요한 처분을 명할 수 있는데, 그 처분은 피특정후견인의 재산관리·신상보호 등을 들 수 있으나, 그 구체적인 내용은 가정법원의 심판으로 정해진다.

(1) 특정후견인

특정후견인은 가정법원에 의하여 정해진 특정후견사무의 기간과 범위 내에서만 피특정후견인의 법정대리인이 된다(제959조의11 제1항). 특정후견인은 피특정후견인을 보좌하고 후원하는 임무를 수행하며, 그의 복리를 배려하고 의사를 존중할 의무를 진다. 또한 피특정후견인의 행위를 목적으로 하는 채무를 부담하는 법률행위를 대리하는 경우에는 본인의 동의를 얻어야 한다.

특정후견인의 선임된 경우에도 가정법원은 필요하다고 인정하는 경우, 직권으로 또는 일정한 자의 청구에 의하여 특정후견감독인을 선임할 수 있으며, 그의 선임과 권한은 성년후견감독인에 준한다.

(2) 특정후견인의 종료

특정후견의 기간의 도래, 또는 사무처리의 종결로 특정후견은 당연히 종료되지만, 가정법원이 피특정후견인에 대하여 성년후견개시 또는 한정후견개시의 심판을 할 때에도 종전의 특정후견의 종료심판을 하여야 한다. 그러나 특정후견종료심판의 효력은 소급효가 없다.

5) 제한능력자의 상대방의 보호

제한능력자의 법률행위는 취소할 수 있고 그 취소권은 제한능력자 측만 갖는다. 따라서 제한능력자의 법률행위의 법적 운명은 제한 능력자 측의 의사에 의해 좌우되므로, 거래의 상대방은 불안한 지위에 놓이게 된다. 나아가 그 취소의 효과는 선의의 제3자에게도 미치게 되어 거래의 안전을 해치게 된다.

민법은 이러한 취소할 수 있는 법률행위의 불확정상태를 조속히 매듭짓기 위한 일반적 태도를 두고 있으나, 그 실효를 기대하기 어렵다. 그런데 제한능력자와 거래한 상대방이 제한능력제도의 목적에 의해 그냥 희생이 된다면, 이는 공명에 어긋난 처사로서 바람직하지 않다. 그리하여 민법은 상대방의 보호를 위하여 상대방의 확답 촉구권상대방의 최고권(제15조), 철회권(제16조 제1항), 거절권(제16조 제2항), 제한능력자 측의 취소권의 배제(제17조) 등의 제도를 두고 있다.

(1) 최고권

제한능력자측에게 취소할 수 있는 행위를 추인할 것인지 묻고, 이에 대한 답변이 없으면 취소나 추인의 효과를 발생하게 하는 권리이다(민법 제15조).

(2) 철회권

제한능력자와 계약을 체결한 상대방이 제한능력자측의 추인이 있기 전까지 계약의 의사표시를 철회하는 권리이다(민법 제16조1항). 이때 상대방이 계약 당시 제한능력자임을 알았을 때에는 철회하지 못한다.

(3) 거절권

제한능력자의 상대방 있는 단독행위에 대하여 상대방이 제한능력자의 의사표시를 거절하는 권리이다(민법 제16조2항). 이때 상대방이 제한능력자임을 알았는지 여부는 문제되지 않는다.

(4) 취소권 배제

제한능력자가 법률행위를 하면서 자신이 능력자라고 거짓말하거나 법정대리인의 동의가 있었다고 거짓말한 경우, 상대방이 제한능력자의 취소권을 박탈하는 권리이다(민법 제17조).

헌 법

제2장

헌 법

Ⅰ. 헌법의 개념

헌법은 국가의 최고 규범으로서 국가의 질서를 다지고 국민의 자유와 권리를 보호한다. 헌법이 추구하는 가치는 인간의 존엄성·자유·평등 등이며, 이러한 가치를 구현하기 위하여 국민의 기본권을 보장한다.

또한 헌법은 우리나라 국가형태와 국가조직·국가질서·국민의 권리와 의무를 큰 틀에서 정하고 있으며, 헌법 제10조에서는 인간의 존엄과 가치 보장을 국가의 최우선적 의무로 하고 국민이 가지는 자유와 권리는 최대한 보장할 것으로 선언하고 있다.

헌법을 현실을 규제하고 정치생활과 국민생활의 참다운 모습을 실현하기 위한 법규범으로서 파악하는 것을 법학적 개념이라고 하며, 켈젠(Kelsen)·캐기(Kagi) 등의 학자가 이에 속한다.

헌법의 개념을 역사적 발전 과정에서 보면 고유 의미의 헌법과 근대적·입헌 주의적 의미의 헌법, 현대적·복지 주의적 의미의 헌법으로 나눌 수 있다. 고유의 의미의 헌법은 헌법을 국가의 통치조직을 구성하고 그 권한과 상호관계를 규정하는 기본법을 말한다.

고유 의미의 헌법은 어느 시대의 어떠한 국가에나 존재한다. 근대적·입헌 주의적 의미의 헌법은 고유 의미의 헌법에서 나아가 국민의 자유와 권리를 보장하고, 국가권력에 대한 제한이 이루어지고 있는 헌법을 말한다.

프랑스의 인권선언이 권리의 보장이 확보되지 않고, 권력분립이 규정되어 있지 않은 사회는 헌법을 가진 것이라고 할 수 없다(프랑스 인권선언 제16조)고 선언함으로써 근대적·입헌주의적 의미의 헌법이 대두되었다. 근대적·입헌주의적 헌법은 국민주권의 원리와 기본권보장의 원리, 권력분립의 원리, 성문헌법의 원리, 경성헌법의 원리 등을 기본원리로 한다.

> 최초의 현대 복지국가 헌법은 1919년 바이마르 헌법이다.

1. 헌법의 의의

형식적 의미의 헌법은 규정되어 있는 내용과 관계없이 헌법이라는 이름을 가진 규범으로서 곧 성문헌법을 말한다. 그러므로 불문헌법 국가에는 형식적 의미의 헌법이 존재하지 않으며, '영국에는 헌법이 없다'는 표현은 이를 나타낸다.

우리나라의 헌법은 1948년 7월 17일에 제정되었고, 9차례 개정하였으며, 전문과 총강(總綱), 국민의 권리와의무·국회·정부·법원·헌법재판소·선거관리·지방자치·경제·헌법개정의 10장으로 나누어진 전문 130조와 부칙으로 되어 있다.

실질적 의미의 헌법은 규범의 형식과 관계없이 국가의 통치조직·작용의 기본원칙에 관한 규범을 총칭한다. 실질적 의미의 헌법에는 형식적 의미의 헌법뿐 아니라 정부조직법·국회법·법원조직법·정당법·선거법 등의 법률과 관련 명령·규칙, 헌법적 관습 등 명칭과 존재 형식에 불구하고 국가의 통치조직과 작용에 관한 기본원칙을 규율하는 모든 규범이 포함된다.

1) 정치적 의의

헌법의 내용과 목적이 국가의 창설이라는 정치적인 성격을 뚜렷하게 지니고 있으며, 또한 정치 생활을 주도하는가 하면, 사회 통합을 실현하고 있다.

사례를 살펴보면 헌법재판을 통해서 우리의 헌법 정신에 어긋나는 불합리한 제도와 정책들이 폐지되거나 개선되어 온 경우를 생각해 볼 수 있다. '호주제'에 대한 헌법 불합치 결정은 양성평등 문제에 대한 다양한 논의를 이끌어 냈고, 성차별과 양성평등에 대한 헌법적 기준을 수립하는 데 이바지하였다. 이처럼 헌법은 사회적 갈등을 해결할 수 있는 척도로서 기능한다.

그뿐만 아니라 헌법은 정치적인 갈등과 대립이 심각할 때 합의점에 이르는 길을 제시하기도 한다. 과거 수도 이전에 대한 "헌법 소원 심판", "대통령 탄핵 심판" 사례는 극단적인 정치적 대립이나 긴장을 헌법이라는 판단 기준을 통해 해결하고자 한 경우라고 볼 수 있다.

2) 법적 의의

우선 헌법은 최고 규범으로서 모든 법령의 제정 근거인 동시에, 법령의 정당성을 평가하는 기준이 된다. 즉, 헌법에 어긋나는 법률이나 국가 권력의 작용 등은 그 효력을 인정받기 어렵다.

이에 우리나라는 헌법재판소를 설치하여 위헌 법률 심판, 헌법 소원 심판, 권한 쟁의 심판, 정당 해산 심판, 탄핵 심판 등을 통해 위헌 관련 문제들을 해결해 나가고 있다. 이는 결국 국민의 기본권 수호와 연결된다.

또한, 헌법은 조직 수권 규범으로서의 의의도 가지고 있다. 이는 헌법이 국가 통치 조직에 일정한 권한을 부여한다는 의미로, 국가 권력의 조직과 권력의 정당성 등이 헌법에서 출발하고 있음을 보여 준다. 그래서 헌법은 국가 권력을 분립시키고 상호 견제하게 하여 국민의 실질적인 기본권을 보장하는 권력 제한 규범으로서의 의의도 가진다.

2. 헌법의 유형

헌법은 성문화 여부에 따라 성문헌법과 불문헌법으로 구별한다. 성문헌법은 법전의 형식을 갖춘 헌법이며, 대부분의 국가는 성문헌법을 가지고 있다. 불문헌법은 법전의 형식을 갖추지 않고 헌법 사항에 대한 관습에 의하여 확립된 헌법이며, 영국·뉴질랜드 등을 대표적 국가로 들 수 있다.

헌법은 개정 절차의 난이에 따라 경성헌법과 연성헌법으로 구별한다. 경성헌법은 헌법의 개정 절차가 일반 법률의 개정절차보다 엄격한 헌법이고, 연성헌법은 헌법의 개정 절차가 일반 법률의 개정절차보다 엄격하지 않은 헌법이다. 불문헌법은 모두 연성헌법이지만, 성문헌법이 모두 경성헌법은 아니다.

헌법은 제정주체에 따라 흠정헌법·협약헌법·민정헌법·국약헌법으로 구별한다. 흠정헌법은 군주에 의하여 제정된 헌법이며, 프랑스의 루이 18세의 헌법과 일본의 명치헌법 등이 이에 속한다. 협약헌법은 군주와 국민의 합의에 의하여 제정된 헌법이며, 프랑스의 1830년의 헌법 등이 이에 속한다.

민정헌법은 국민에 의하여 제정된 헌법이며, 오늘날 민주국가의 헌법은 모두 이에 속한다. 국약 헌법은 여러 국가의 합의에 의하여 제정된 헌법이며, 독일의 1871년의 제국헌법과 미국의 1787년의 헌법 등이 이에 속한다.

◆ 국민이 국민투표에 의하여 직접 제정하거나 국민의 대표로 구성된 제헌의회가 제정한 헌법을 말한다. 경성헌법은 일반 법률의 개정과는 상이하거나 그것보다 까다로운 방법으로 개정하는 헌법을 말한다.
◆ **국약헌법**이란 여러 국가가 통합하여 하나의 연방국가 또는 복합국가를 이룰 때에 종래의 여러 국가 상호간에 협약으로 제정한 헌법을 말한다.
   따라서 국약헌법을 조약헌법이라고도 하는데 1787년의 미합중국 헌법이나 1841년 스위스연방 헌법은 국약헌법의 대표적인 예다.
◆ 우리나라 헌법은 **경성헌법**이며, **민정헌법**이다.

---

3. 대한민국의 구성요소

대한민국의 구성요소는 헌법 제1조 제1항에서 "대한민국은 민주공화국이다"라고 규정으로 군주제의 불채택을 이야기 하고 있으며, 제2조에서는 대한민국의 주권은 국민에게 있고, 모든 권력은 국민으로부터 나온다. 천명하고 있으며, 또한 제2조 ① 대한민국의 국민이 되는 요건은 법률로 정한다. 하고 있는가 하면 ②항에서는 국가는 법률이 정하는 바에 의하여 재외국민을 보호할 의무와, 헌법 제3조는 대한민국의 영토는 한반도와 그 부속도서로 한다, 라고 규정하고 있다.

이처럼 헌법은 국가 3요소설에 입각하여 제1조, 제2항에서 국민주권에 의한 국가권력을, 제2조에서 국민을, 제3조에서 영역을 규정하고 있다.

1) 주 권

헌법 제1조 제2항의 "대한민국의 주권은 국민에게 있고, 모든 권력은 국민으로부터 나온다." 이 헌법 제1조 제2항 전단의 "대한민국의 주권은 국민에게 있고"에서의 주권은 본래적 의미의 주권이고, 후단의 "모든 권력은 국민으로부터 나온다."에서 넓은 의미에서 주권에 의한 국가권력이라 함은 주권과 통치권을 말한다. 그러므로 주권은 일반적으로 국내에 있어서는 최고의 권력, 국외에 대하여는 독립의 권력을 의미한다.

그러한 가운데 국가의 통치권은 그 실질적 내용에 따라 영토고권·대인고권·자주조직권으로, 그 발동형태에 따라 입법권·행정권·사법권이라는 국가제권력의 기초가 되는 지배력을 의미하기도 한다.

이처럼 국가의 최고의사·국가정치의 형태를 최종적으로 결정하는 권력, 군주주의, 또는 국민주권이라고 일컫는 경우의 주권을 말하기도 한다. 여기서 주권은 총체적 의미로서의 국가권력 또는 단일의 근원적·고유적·불가항적·불가분적인 국가권력을 의미한다. 영토주권은 물론이고, 국민주권, 또는 군주주권이라고 할 때의 주권도 이 뜻으로 해석된다.

2) 국 민

대한민국 국민의 요건은 헌법 제2조 제1항에서 "국민이 되는 요건은 법률로 정한다."고 규정하여 국적법정주의를 채택. 헌법은 국적취득요건을 정하는 것을 입법자에게 위임하고 있으므로 입법자는 누가, 어떠한 요건 하에서 대한민국 국민이 될 수 있는지를 정할 수 있다.

즉, 이혼으로 인하여 국적이 상실 되는 것은 아니다. 일본인 여자가 한국인 남자와의 혼인으로 인하여 한국의 국적을 취득하는 동시에 일본의 국적을 상실한 뒤 이혼한 경우, 당연히 한국의 국적을 상실하는 것은 아니고, 동녀가 일본국에 복적할 때까지는 여전히 한국의 국적을 그대로 유지 한다.(대판 1973.4.23, 73마1051)

영주권의 취득은 국적 상실의 사유가 아니다. 대한민국 국민이 일본국에서 영주권을 취득하였다 하여 우리 국적을 상실하지 아니하며, 영주권을 가진 재일교포를 준 외국인으로 보아 외국인토지법을 준용하여야 하는 것도 아니다. (대판 1981.10.13, 80다1235).

(1) 국적의 취득

부모양계혈통주의 : 새로 태어나는 사람에게 국적(citizenship/nationality)을 부여하는 기준은 나라마다 다르다. 부모의 국적에 따라 출생자의 국적을 결정하는 '혈통주의(jus sanguinis)'와 출생지에 따라 국적을 결정하는 '출생지주의(jus soli)'로 대변할 수 있다. 각각 '속인주의', '속지주의'라고도 한다. 둘 중 하나를 원칙으로 하고 다른 하나를 보충원리로 사용하는 혼합적 방식이 일반적으로 사용된다.

여기에서 국적법은 혈통주의를 원칙으로 하고 출생지주의를 보충원리로 채택하고 있다. 혈통의 근거에 관하여는 부모양계 혈통주의를 취한다. 전에는 부계혈통주의를 취하였으나, 1997년 12월에 개정되었다. 그 후 헌법재판소는 부계혈통주의가 남녀평등에 반한다고 한 바 있다(헌재 2000.8.31. 97헌가12).

출생에 의한 국적취득 : 출생 당시에 부, 또는 모가 대한민국 국민인 자는 출생과 동시에 대한민국의 국적을 취득한다(국적법 제2조1항 1호). 출생하기 전에 부가 사망한 경우에는 그 사망한 당시에 부가 대한민국의 국민이었던 자도 출생과 동시에 대한민국의 국적을 취득한다(국적법 제21항 2호).

부모가 모두 분명하지 않은 경우나 국적이 없는 경우 대한민국에서 출생한 자는 출생과 동시에 대한민국의 국적을 취득한다(국적법 제2조1항 3호). 대한민국에서 발견된 기아(棄兒, 버려진 아이)는 대한민국에서 출생한 것으로 추정한다(국적법 제2조2항).

인지에 의한 국적취득 : 외국인으로서 대한민국의 국민인 부, 또는 모에 의하여 인지된 자가 다음 두 가지 요건을 모두 갖추면 법무부장관에게 신고함으로써 대한민국 국적을 취득할 수 있다

첫째 : 대한민국 민법상 미성년자일 것,

둘째 : 출생 당시에 부, 또는 모가 대한민국의 국민이었을 것(국적법 제2조1항). '인지(認知)'란 혼인 외의 출생자를 부, 또는 모가 자신의 친생자라고 인정하여 신고하는 것을 말한다(민법 제855조, 제859조).

(2) 국적의 상실

대한민국 국민으로서 자진하여 외국국적을 취득하면 대한민국의 국적을 상실한다(국적법 제15조1항). 다만, 혼인·입양 등 가족법상의 사유로 외국국적을 취득한 경우에는 그 외국국적을 취득한 때부터 6개월 내에 법무부장관에게 대한민국 국적을 보유할 의사가 있다는 뜻을 신고할 수 있다. 이 경우 6개월 내에 그 뜻을 신고하지 않으면 외국 국적을 취득한 때로 소급하여 대한민국 국적을 상실한 것으로 본다(국적법 제15조 2항).

외국인이 대한민국 국적을 취득하게 된 때에는 그 때로부터 1년 내에 그 외국국적을 포기해야 한다(국적법 제10조1항). 다만 일정한 경우에는, 외국국적을 포기하는 대신 대한민국에서 외국국적을 행사하지 않겠다는 뜻을 법무부장관에게 서약할 수 있다(국적법 제10조2항). 1년 내에 이 두 가지 중 하나를 이행하지 않으면 대한민국 국적을 상실한다(국적법 제10조3항).

4. 영 역

국가의 법이 적용되는 공간적 범위로서 영토·영해·영공으로 구성된다. 이처럼 영토는 국가의 통치권이 미치는 영역을 말한다. 넓은 의미의 영토는 지표면(=좁은 의미의 영토)뿐 아니라 위에서 보는 바와 같이 영해와 영공을 포함한다. 영공은 영토와 영해의 수직상공을 말한다.

(1) 영 토

헌법 제3조는 "대한민국의 영토는 한반도와 그 부속도서로 한다."고 규정 따라서 우리헌법상 북한은 대한민국의 영토이며, 대한민국의 헌법 기타 법령은 모두 북한에도 효력을 미친다고 하겠다(대법 1990.9.28. 89누6396). 이 조항은 평화통일 조항과 관련하여 많은 문제들을 야기하고 있다.

(2) 영 해

우리나라는 해안접경국가이므로, 국제법원칙에 따라 영해(territorial waters)에까지 영토가 확장된다.

영해는 해저 면을 포함한다. 유엔해양법협약은 영해를 '기선'(基線, baseline: 영해의 폭을 측정하기 위한 기준선)으로부터 12해리의 범위 내에서 각국이 정하도록 하고 있는데, 우리나라는 「영해 및 접속 수역법」에서 영해의 범위를 12해리로 규정하고 있다(배타적경제수역법제1조). 다만, 대한해협을 구성하는 수역에서는 일본과의 관계를 고려해 3해리로 하고 있다(국제법 시행령 제3조). 기선으로부터 육지 쪽에 있는 수역은 이른바 '내수'(內水, internal waters)로서 영토에 포함된다(배타적경제수역법제3조).

(3) 영토권의 문제

헌법재판소 판례 중에 영토권을 기본권으로 인정할 수 있으나 영토조항(배타적경재수역법제3조)만을 근거로 하여 헌법소원을 청구할 수는 없다고 한 것이 있다. 이 판례는 다음과 같이 판시한다. "영토조항만을 근거로 하여 독자적으로는 헌법소원을 청구할 수 없다 할지라도……영토에 관한 권리를 '영토권'이라 구성하여, 이를 헌법소원의 대상인 기본권의 하나로 간주하는 것은 가능한 것으로 판단된다."(헌재 2001.3.21. 99헌마139).

II. 헌법의 제정과 개정

헌법제정권력에 의한 규범만 헌법으로서의 정치적 통일체인 국가의 최고규범이 된다. 헌법제정권력은 헌법을 만들겠다는 국민의 정치적 의지이며 헌법에 정당성을 부여하는 권위이고 근대국민국가 주권의 핵심이 된다.

헌법개정은 헌법개정절차에 따라서 성문헌법의 개별 조항, 문언이나 관습헌법을 수정, 삭제, 증보하여 그 효력과 내용을 확정적으로 변경하는 규범적 행위다.

우리 헌법의 개정은 법률의 개정에 비하여 가중된 절차를 요구하는, 이른바 경성헌법이다.

1. 헌법의 제정

1) 헌법제정의 의미

헌법제정이란 실질적으로는 "정치적 통일체의 종류와 형태에 관하여 헌법제정권자가 내린 근본적인 결단을 규범화하는 것을" 말하고, 형식적으로는 "헌법사항을 성문법으로 법전화" 하는 것을 말한다. 또한 헌법제정권력이란 국가권력을 행사하는데 있어서 준수하여야 할 최고규범인 헌법을 제정할 힘으로 '물리력'으로서의 성격과 '권위'로서의 성격, '사실성'과 '규범성'을 양면적으로 구비한 권력을 의미하가도 한다.

2) 헌법제정권력의 특성

(1) 시원성 : 헌법제정권력은 모든 것에 우선하고 있다.
(2) 무재약성 : 국가생활의 모든 것을 창조할 수 있다는 것이다.
(3) 자기정당성과 자율성 : 무엇에 의해서도 정당화될 필요가 없으며, 자기 스스로를 규율할 수 있다는 것이다.

(4) 불가양성과 불가분성 : 행사주체인 국민의 권력으로서 다른 주체에게 양
도될 수 없으며, 일부분으로 나눌 수도 없는 것이 헌법제정의 특성이다.
그러므로 헌법제정권력의 행사방법을 구속하는 절차는 존재하지 않으
며, 행사방법을 미리 규정할 수 도 없다.

3) 헌법제정의 의의

헌법의 제정은 정치적 공동체의 형태와 기본적 가치질서에 관한 국민적 합
의를 법규범체계로 정립, 그 사회의 공감대적 가치에 입각하여 구성원의 기본
적 법적 지위와 통치구조의 조직과 작용에 관한 법적 기본질서를 정립하는 작
용으로. 즉 사회공동체를 정치적인 일원체(국가)로 조직하기 위하여 필요한 법
적 기본질서를 마련, 헌법을 창조하는 힘을 말한다.

우리나라 헌법은 1948년 제정, 제헌 헌법 이래 9차례 개헌되었다. 비극적인
현대 정치사의 영향으로 인해, 대한민국의 헌법은 개정 절차가 까다로운 편이
다. 현행 헌법은 6월 항쟁의 영향으로 인해 개헌된 제10호 헌법이며, 유일하게
10년 이상 유지된 헌법임과 동시에, 역대 최장수 헌법이다. 현행 헌법의 의의
라면, 독재정권을 타도하고, 민주정권 시대를 엶으로써, 그간 훼손되었던 헌법
의 참된 기능을 회복한 것이라 할 수 있다.

4) 헌법제정의 구체적 한계

(1) 자연법적 한계

[이데올로기적 한계 헌법제정당시의 정치적인 시대사상, 정치이념] 인간의
존엄과 가치 인정 - 자유와 평등 등의 기본적 인권보장
　① 국민의 참여와 동의에 의한 통치 - 자유민주주의, 참정권(선거권, 피선거
권, 공무담임권, 국민투표권) 보장
　② 권력통제 - 권력분립, 법치주의

(2) **법원리적 한계**(법정립기능에 고유한 한계) : 법적 안정성(명확성, 일반성, 자의금지, 평등, 법조문 상호간의 모순금지)

(3) **국제법적 한계**

식민지국가가 스스로 해방되지 못하고 침략국의 양해로 독립하여 헌법을 제정하는 경우, 패전으로 인하여 새로운 헌법을 제정하는 경우

5) 헌법제정권력의 한계

헌법제정권력이 시원적(창조적)권력이라 할지라도 무제한의 절대적 권력은 아니고 그 행사에 한계가 있다고 본다. 시에예스, 칼 슈미트는 헌법제정권력의 한계를 인정하지 않았으나, 오늘날에는 일반적으로 이 한계를 존재한다고 생각한다.

헌법제정권력에 한계를 두지 않는다면, 특정 대표자에 의해서 주도적으로 헌법제정이 이루어지고, 오히려 입헌주의에 위험을 준다. 대표적으로 칼 슈미츠가 한계가 없음을 주장한 것에 힘입어 히틀러 정권은 폭력적 지배를 정당화했다.

(1) **국민적 합의에 의한 한계**

국민적 합의나, 보편적으로 공유하는 가치질서를 위배할 수 없다는 것이다.

(2) **보편적 헌법원리에 의한 한계**

민주주의·국제평화주의·정의 등 명백한 보편성을 가진 헌법원리를 위배할 수 없다.

(3) **초국가적 자연법원리에 의한 한계**

헌법에 의한 어느 누구도 기본권을 침해할 수 없다.

(4) 국제법적 한계

국가가 놓인 국제법적 상황에 의해서 제약을 받을 수 있다.

6) 헌법제정권력 행사방법

헌법제정권의 행사방법을 묻는 문제는, "헌법을 처음에 어떻게 제정할 것인가"라는 문제와 동일하다.

직접민주주의의 방식을 따를 경우에는 국민투표를 통할 것이고, 간접민주주의를 통할 경우에는 국민의 대표자를 선출하고 대표자들이 헌법안을 채택하게 될 것이다.

또한 간접민주주의를 통하는 경우도 두 가지 방법으로 나누어서 생각할 수 있다. 이는 헌법제정을 위한 다른 기관을 이용하는지 아닌지에 따라서 구분된다.

첫 번째는 헌법제정회의라는 특별한 대표기관을 선정하여 헌법제정만을 목표로 하는 것이다.

두 번째는 입법부 내에 헌법제정의 임무를 맡은 특별기구인 헌법제정위원회를 두는 것이다. 이 둘 중 어떤 방식을 택하던, 가중 다수결을 취할 수 있고, 최종적으로 국민투표를 두는 등의 엄격한 절차를 가미할 수 있다.

7) 헌법의 제정절차

(1) 국민 – (헌법제정을 위한) 1948년5월10일 선거를 통한 198명의 국회의원 선출(제헌의원 선출) – 제헌의회 구성 – 헌법안에 대한 1948년7월12일 제헌의회의 의결로 헌법확정(A. Sieyés 방식, 이때의 제헌의회는 '헌법제정국민회의'의 성격을 가짐)

(2) 국민 – (헌법제정을 위한) 1948년5월10일 198명 제헌의원 선출 – 제헌의회 구성 – 헌법안에 대한 제헌의회의 의결 – 국민투표로 헌법확정(Rousseau 방식, 이때의 제헌의회는 '제헌위원회'의 성격을 가짐)

(3) 1948년5월10일 선거를 통하여 198명의 국회의원 선출 - 1948년7월12일 헌법제정을 통하여 1948년7월17일 헌법공포

이처럼 국민의 헌법제정권력은 결국 제헌의원에 대한 국민의 선거권 내지 헌법안에 대한 국민 투표권으로 실현된다는 점에서 국민의 헌법제정권력론도 궁극적으로 국민의 기본권으로 나타난다고 할 것이다.

2. 헌법의 개정

헌법의 개정은 "헌법이 정하는 바에 따라서 그 통일성을 유지하며 명시적으로 고치는 것"이라 할 수 있다. 이것은 시대상에 따라서 외형적 변화 없이 암묵적으로 해석이 변화하는 헌법변천[8]과는 다른 개념이다. 개정방법은 크게 개정식(revision)과 증보식(amendment)의 2가지로 나뉘는데, 대한민국 헌법은 전자를, 미국 헌법은 후자를 채택하고 있다. 그래서 우리나라는 개정할 조항을 갈아 끼우는 반면, 미국은 개정할 조항을 그 말미에 계속해서 덧붙인다.

1) 헌법개정의 의미

헌법개정이라는 것은 결국 헌법규범과 헌법현실의 일치화 노력이라고 정의할 수 있다. "현실의 역동성(Dynamik der Realität)"은 헌법 안에 들어가야 하며 그것을 수용하고 그것을 통해서 시대적 당위명제(Sollensätze)가 변하게 된다.

헌법과 현실은 이를 통하여 역동적으로, 변증법적으로 계속 발전되는 상호 의존의 관계에 이른다. 헌법이 현실로부터 뒤떨어지게 되면 변화하는 현실에 접근하도록, 또 현재와 미래를 지도하는 당위질서를 확립하기 위해서 현실에 맞게 해석된다.

결국 헌법개정은 헌법이 가지는 정치규범성 또는 생활규범성과 불가분의 관계에 있다. 헌법의 정치적 타협의 결과 제정된 것으로 공존을 위한 중요한 기본적 사항만을 규정하고 있어 시대의 변천에 따라 불충분한 사항이 발생할 수

밖에 없고, 또 시대의 변천에 따라 생활규범으로서의 기능도 약화될 뿐만 아니라 동시에 헌법을 실현하는데도 어려움이 따른다. 이를 극복하기 위해서는 헌법개정이 불가피하다.

따라서 헌법개정은 헌법규범과 헌법현실의 괴리를 막는다는 측면이 있는 반면 지나친 헌법개정은 오히려 바람직하지 않다. 그렇다면 언제 헌법을 개정할 것인가? 그것은 결국 그 사회 구성원들이 개헌을 통하여 헌법의 규범력을 유지 또는 향상시켜야겠다는 합의가 이루어진 상황이다. 물론 그러한 합의가 이루어지는 과정에서는 정치권이나 학자들의 문제제기가 있어야 할 것이지만 그것은 개헌의 필요조건일 뿐 충분조건은 아니다.

2) 헌법개정의 필요성

헌법을 왜 개정해야 하는가? 개정해야 한다면 언제 개정할 것인가? 헌법을 크게 기본권 분야와 국가조직의 두 부분으로 나눌 때 기본권 분야에 많은 문제점이 있지만 이는 학문적인 관심사일 가능성이 많고 직접 헌법의 집행에 있어서 야기되는 문제는 적다. 이는 규범의 구조상 기본권은 국가조직보다 더욱 추상적·포괄적으로 규정되어 있어서 헌법재판소나 법원의 판례를 통하여 어느 정도 그 문제점을 보완할 수 있기 때문이다. 이에 비해 국가조직 부분은 비교적 상세하게 규정되어 있기 때문에 운용의 묘를 살린다고 해서 문제점이 해결되기 어렵다. 자칫 위헌적 관행이 생길 수 있는 것이다.

최근 현행헌법의 문제점으로 지적되고 있는 것은 대통령제이면서도 국회의 동의를 받아야 하는 인사문제·정책결정의 문제로 인해서 대통령이 소신껏 국정에 전념할 수 없다거나, 국회의원과의 임기가 맞지 않아서 선거가 일정한 주기에 따라 진행되지 않거나, 또는 중간에 대통령을 바꾸고 싶어도 바꾸기 어려운 점 등이다.

3) 헌법개정의 한계

헌법의 개정이란 헌법에 규정된 개정절차에 따라(형식적 요건)기존헌법과 기본적 동일성을 유지하면서(실질적 요건)헌법의 특정조항을 의식적으로 수정 또는 삭제하거나 새로운 조항을 추가함으로써, 헌법의 형식이나 내용의 변경을 가하는 행위를 말한다.

그러나 헌법의 개정 조항에 따른다면 어떠한 조항도 모두 개정할 수 있는가?, 아니면 개정조항에 따른다 하더라도 개정할 수 없는 규정이나 내용이 있는가 하는 문제가 논란의 대상이 되고 있다.

(1) 개정한계설(한계긍정설)

헌법에 규정된 개정절차에 다라 경우에도 특정한 조항이나 일정한 사항은 개정할 수 없다고 한다.(독일, 우리나라의 통설)

개정한계론 에는 자연법론 과 C.Schmitt의 결단주의 헌법관의 한계주의, 헌법규범의 위계질서에 의한 한계를 들 수 있다.

① 자연법론 : 자연법에 위반되는 헌법개정은 있을 수 없다.
② C.Schmitt의 결단주의 헌법관 : 헌법개정권은 헌법에 의해 조직되고 제도화된 권력이기 때문에 헌법의 기본조항은 변경할 수 없다.
③ 위계질서론 : 민주주의 헌법의 기본적인 원칙을 벗어나는 조항은 제정 불가능한 것이다. 즉 상위규범은 개정할 수 없고 하위규범만 개정할 수 있다.

이와 같이 개정한계론은 형식적 합법성만 갖춰서는 안 된다는 입장으로 실질적 정당성을 담은 민주주의 정신이 도외시 될 수 있다는 것을 우려하였다. 그리고 또한 법실증주의의 모순을 지적하였는데 실정법상 개정 한계조항도 바꿀 수 있다면 절차조항이 가장 합법적 조항이 되는 결과를 초래할 수 있다고 하였다.

(2) 한계부정설(개정무한계설)

개정무한계론 으로는 법실증주의 이론을 들 수 있다. 이는 헌법에 규정된 개정절차를 밟기만 하면 어떠한 조항이든 내용이든 모든 개정가능하다고 보는 입장이다. 그러나 아무리 형식적으로 정당한 절차를 밟았다 하더라도 실질적 합리성이나 정당성이 외면당할 수 있으며 1972년 유신헌법을 그 대표적 예로 들 수 있다.

① 헌법제정·개정 권력의 구별부인 : 헌법개정권과 법적으로 구별되는 헌법제정권의 관념을 인정 할 수 없으며, 헌법의 운명을 결정하는 최고의 법적 권력은 헌법개정권 이외에는 존재하지 않는 다는 것이다.

② 헌법규범의 위계질서의 부인 : 헌법규범 중에서 개정할 수 있는 것과 없는 것의 상·하위 규범의 구별은 불가능하며, 오히려 주관적 판단의 독단이 우려된다.

③ 헌법규범의 현실적응성 요청 : 헌법규범과 헌법현실 사이에 틈을 해소할 수 있는 유일한 방법은 헌법개정을 무제한 허용하고 그것을 완성된 사실(fait accompli)이론으로 정당화 시키고자 한다.

④ 무효선언기관의 부재 : 성문헌법규정에 근거한 절차에 따라 헌법을 개정한 경우 무효를 선언할 수 있는 기관이 없으며, 개정한계를 넘은 헌법을 소여의 법으로서 받아들일 수밖에 없다.

⑤ 장래세대 구속은 부당 : 현재의 규범이나 가치에 의하여 장래의 세대를 구속하는 것은 부당하다는 것이다.

(3) 개정의 한계를 무시한 헌법개정의 효력

정상적인 헌법개정작용이 아니므로 법적으로 무효이며, 일종의 혁명에 해당될 것이다. 또한 무효이지만 실제로 적용되고 있는 경우에는 헌법개정론의 영역을 벗어난 경우로서 결국 헌법보장이나 저항권 행사의 문제로 다루어 져야 한다.

(4) 개정한계의 구체적 기준

우선 신·구 헌법의 기본적 동일성이 유지되어야 한다. 개정의 주체로는 국민, 근본적 결단은 기본권 존중의 원칙을 밑바탕으로 해야 한다는 것이다.

그리고 개정 절차조항의 개정은 경성헌법의 원칙을 지키는 한도 내 가능하다는 것이다. 즉 연성헌법에서 경성헌법으로의 개정은 가능하나 그 반대는 불가능하며 이는 법적안정성을 위한 것이라 할 수 있다. 실정법상 개정한계조항의 예를 들자면 헌법 제 70조와 제128조 제2항을 들 수 있다. 제 70조는 개정 가능 하나 제 128조 제2항으로 인해 그 개정당시 대통령에게는 효력이 없게 된다.

> **헌법 제128조** ① 헌법개정은 국회재적의원 과반수 또는 대통령의 발의로 제안된다.
> ② 대통령의 임기연장 또는 중임변경을 위한 헌법개정은 그 헌법개정 제안 당시의 대통령에 대하여는 효력이 없다.

4) 헌법개정절차와 규정

헌법의 개정은 발의(제안)와 공고, 국회의 의결과 국민투표에 의하여 의결확정 후 공포와 발의에 의하여 개정된다,

그러므로 헌법개정에 의한 개헌은 크게 발의, 의결, 국민투표, 공포라는 절차를 거치게 된다.

(1) 제 안

헌법개정안의 발의 내지 제안을 할 수 있는 자는 국회의원과 대통령이다.

국민은 개정안을 제안 할 수 없다. 국회의원이 헌법개정을 발의함에는 재적의원 과반수의 찬성이 이어야한다.(헌128조1항)

대통령은 국무회의 심의를 거쳐 헌법개정안을 제안 할 수 있다.

(2) 공 고

제안된 헌법개정안은 대통령이 국민에게 주지시키기 위하여 20일 이상의 기간동안 이를 공고 하여야한다.(헌129조) 그러나 좀 더 장기간 공고하여 국민이 자유롭게 충분히 토론하도록 하는 여유가 필요하다고 본다.

(3) 의결 및 확정

국회는 헌법개정안이 공고된 날로부터 60일 이내에 의결하여야 하며, 헌법개정안에 대한 국회의 의결은 재적의원 3분의 2이상의 찬성을 얻어야 한다.
이때에 헌법개정안은 수정 의결 할 수 없다.

(4) 국민투표

헌법개정안은 국회가 의결한 후 30일 이내에 국민투표에 붙여 국회의원선거권자 과반수의 투표와 투표자 과반수의 찬성을 얻어야 한다. 헌법개정안이 국회의원선거권자 과반수의 투표와 투표자 과반수의 찬성을 얻은 때에는 헌법개정은 확정된다.

(5) 공포와 발효

헌법개정안이 확정되면 대통령은 즉시 이를 공포하여야 한다.(헌130조3항)
따라서 부칙에 다로 규정이 없는 한 공포한 날로부터 개헌의 효력이 발생한다.

> ※ 헌법개정의 효력발생 시기는 헌법부칙에서 정하는 것이 관례임. 즉시 효력을 발생할 수도 있고, 헌법부칙이 정하는 시기에 발생하기도 함.(이를 경과규정이라고 함)

Ⅲ. 헌법의 기본원칙과 보장

우리 헌법의 기본 원칙은 헌법전체를 지배하는 지도원리로서의 근본규범을 의미하며, 그 기능으로서는 헌법을 비롯한 모든 법령의 해석기준이 되며, 입법 정책결정의 방향을 제시하고, 국민과 구구가기관의 행동지침과 헌법개정의 한계가 된다고 할 것이다.

1. 헌법의 기본원리

1) 국민주권주의

우리의 헌법은 국민주권의 이념을 그 바탕으로 하고 있다.(헌제1조) 주체가 국민이며, 국가의사를 최종적으로 결정할 수 있는 최고의 권력인 주권이 국민에게 있음을 말하고 있다. 실현방안으로 참정권의 보장, 언론·출판 집회결사의 자유보장, 복수정당제, 선거제도, 지방자치제도 등을 들 수 있다.

2) 자유민주주의 원리

자유민주주의란 자유주의와 민주주의가 결합된 정치원리로서 자유주의란 타인의 간섭을 배제하고 개인의 자유와 자율을 존중해 줄 것을 요구하는 주의이다.

그러므로 개인의 자유와 권리를 존중하며, 국가권력의 성립과 행사에 있어서 국민적 합의를 중시하는 정치원리이다. 이처럼 헌법은 개인의 가치와 자유를 중요시하는 자유주의와 국가권력의 창출과 통치 권력의 정당성이 국민적 합의에 기반한다는 민주주의가 결합된 정치원리이다.

우리 헌법은 국민주권의 이념을 실현하기 위하여 자유민주주의 원리를 채택하고 여러가지 제도를 통하여 이를 구체화하고 있다. 자유민주주의의 가치의 핵심이며 실질적 내용이 되는 것은 자유·평등·및 정의라 할 수 있다. 이처럼 우리 헌법에서 기본권보장과, 권력분립, 책임정치의 실현, 법치주의, 정당활동의 자유보장, 사법권의 독립, 법치행정 등은 자유민주주의를 실현하기 위한 방법이며 수단이라고 한다.(헌법의 규정 : 헌법전문, 헌법 제4조, 헌법 제8조 제4항)

3) 복지국가의 원리

국가가 모든 국민의 인간다운 생활을 보장해야 한다는 원리이다. 복지국가란 모든 국민이 건강하고 문화적인 생활을 하는 것이 정부의 책임인 동시에 국민의 권리로서 인정된 국가를 의미한다.

복지국가는 자본주의 질서에 대한 수정을 의미하는 것으로서 국민의 빈곤을 해소하는 것을 목적으로 한다. 우리 헌법은 자유뿐만 아니라 생존권의 보장에도 중점을 두어 복지국가의 건설을 꾀하도록 하고 있다. 국민생활의 균등한 향상을 헌법전문에 선언하고 있으며, 국민의 인간다운 생활을 보장하며, 사회보장과 사회복지에 관한 국가의무를 규정하고 있다. 헌법 제34조와 제119조 제2항에 근거를 마련 사회보장, 최저임금제 시행, 여성의 모성보호·교육·의료·주거·환경의 복지향상 등을 위한 실현방법을 나타내고 있다.

4) 문화국가의 원리

헌법에 문화의 영역에 있어 각인의 기회를 균등히 하고(전문), 국가는 전통문화의 계승, 발전과 민족문화의 창달에 노력해야 한다고 명시하고 있다.(헌제9조)

국가로부터 문화의 자유가 보장되고 국가에 의하여 문화가 공급되어져야 한다는 정치원리이다. 대통령의 취임선서와 교육조항에서 민족문호 창달에 노력할 대통령의 책무와 평생교육을 진흥할 국가적 의무를 규정함으로써 국가의 문화책임을 강조하고 있다. 즉 우리 헌법은 건국헌법이래 문화국가의 원리를 채택하고 있다.

5) 국제평화주의 원리

우리 헌법은 명실상부하게 헌법 전문에 국제평화주의를 선언하고 있다. 구체적으로 침략전쟁의 부인, 국제법 존중주의, 외국인의 법적 지위의 보장을 규정하고 있다. 즉 국제 협조와 국제 평화의 지향을 그 이념적 기반으로 하는 국가건설을 목표로 삼고 있다. 대한민국은 국제 평화유지에 노력하고 침략적 전쟁을 부인한다.(헌제5조) 또한 전문에서 밖으로는 항구적인 세계 평화와 인류공영에 이바지함으로써...라고 표현 평화주의는 국제적인 차원에서뿐만 아니라 한반도문제에도 그대로 적용된다.

6) 기본권존중주의 원리

기본권존중주의는 헌법 제10조는 '모든 국민은 인간으로서의 존엄과 가치를 가지며, 행복을 추구할 권리를 가진다. 국가는 개인이 가지는 불가침의 기본적 인권을 확인하고 이를 보장할 의무를 가진다.'라고 함으로써 기본권 존중주의를 규정하고 있다. 이것은 근대적 헌법의 핵심이며, 헌법이 민주주의를 기본원리로 하고 민주주의가 '인간의 존엄과 가치'를 기본적인 가치내용으로 하는 한 기본권존중주의는 민주적 헌법질서 자체를 의미한다. 또한 제37조에서 기본권의 존중과 제한의 일반원칙을 선언하고 있다.

헌법은 또 이와 같은 기본권존중주의의 선언에만 그치지 아니하고 나아가 자유와 권리가 현실적으로 침해된 경우에 그 회복과 구제를 위한 상세한 절차까지 규정하고 있다. 청원권(헌26조), 재판청구권(헌27조), 형사보상청구권(헌28조), 국가배상청구권(헌29조) 등의 보상이 바로 그것이다.

7) 권력분립주의 원리

권력분립주의란 국가권력을 입법·사법·행정의 삼권으로 분립시켜 각각 별개의 국가기관으로 하여금 담당케 함으로써 상호 견제와 균형을 취하게 하여 국가권력의 행사에서 그 남용을 방지할 것을 국가권력 조직상의 원칙으로 한다는 것이다. 그러므로 입법권은 국회에게, 행정권은 정부에게, 그리고 사법권은 법원에게 각각 귀속시킴으로써 국가권력의 분리·분립을 미리 정하게 된다.

권력 분립은 이론상 당연히 민주주의로부터 도출(導出)되는 원리는 아니라고도 할 수 있지만, 국가권력의 과도한 집중과 그에 따라 야기되는 남용을 방지하고 그 반사적 효과로써 국민의 자유에 봉사하는 제도이므로 결국은 기본적 인권의 보장을 위한 불가결의 민주적 제도라고 할 수 있다.

1789년의 프랑스 인권선언도 권력분립을 민주적 정치조직의 원리로서 헌법의 필수적 내용의 하나가 된다고 주장하였다. 그리하여 권력분립주의는 근대 민주주의 국가의 정치조직에 관한 원리로서 기본권존중주의와 더불어 근대적 헌법의 필수적 내용으로 되고 있다.

8) 평화통일의 원리

헌법에서의 평화통일의 원리는 평화적인 방법으로 통일을 지향하고, 구체적인 정책으로 노력해야 한다는 원리이다. 우리 헌법의 전문의 평화통일의 사명에 입각, 제4조에 대한민국은 통일을 지향하며 자유 민주주의적 기본질서에 입각한 평화적 통일 정책을 수립하고 이를 추진한다.

그러므로 대통령은 조국의 평화적 통일을 위한 성실한 의무를 진다.(헌66조)

2. 헌법의 제도적 보장

헌법이 보장하는 국민의 권리인 기본권 조항 외에 제도적 보장이란 전통적으로 독립된 객관적 제도를 헌법에서 보장함으로써 당면해 있는 제도의 본질을 유지 하려는 것이다. 즉 헌법의 제도적 보장이란 헌법의 규범력이 헌법에 대한 위협침해로 변질·훼손되지 않도록, 헌법에 대한 위협침해 행위를 사전 예방하거나 사후적으로 배제하는 것을 말한다. 헌법의 보장제도는 헌법의 규범력과 기능이 훼손되지 않도록 보호함으로서 국미의 기본권을 보장하고 국가

권력의 정당성을 확보하며, 나아가 헌법이념을 구현하는데 그 존재이유가 있다. 우리헌법은 기본권과 제도적 보장을 구분하는 것이 다수설을 견해이며, 헌법재판소는 의무교육제도, 대학의 자율권, 직업공무원제도, 지방자치제도 등을 제도적 보장으로 보고 있다.

1) 정당제도

정당의 목적이나 활동이 민주적 기본질서에 위배될 때에는 정부는 헌법재판소에 그 해산을 재소할 수 있고, 정당은 헌법재판소의 심판에 의하여 해산 될 수 있다. 또한 정당법 제2조에 "정당이란 국민의 이익을 위하여 책임 있는 정치적 주장이나 정책을 추진하고, 공직선거의 후보자를 추천, 또는 지지함으로서 국민의 정치적 의사형성에 참여함을 목적으로 하는 국민의 자발적 조직"이라고 정의하고 있다. 이처럼 정당은 정당 조직에 있어서 국가로부터 자유롭고, 외부적 압력에서의 자유, 침해에 대한 구제 등, 정당은 국가의 보호를 받으며 특히 평등의 보장에 있다 하겠다. 또한 정당의 의무로는 국민의정치적 의사형성에 참여하는데 필요한 조직을 가지며, 목적과 조직 및 활동이 민주적이어야 하며, 재산 및 수입·지출에 관한 명세를 선거관리위원회에 보고 및 법에 정한 일정한 자, 또는 단체로부터 기부금을 받을 수 있으며, 민주적 기본질서를 준수할 의무와 국가를 긍정할 의무가 있음을 명시하고 있다.

그러한 가운데 "헌법 제8조 제2항은 정당은 그 목적 조직과 활동이 민주적이어야 하며, 국민의 정치적 의사형성에 참여하는데 필요한 조직을 가져야 한다."라고 규정하고 있으며 또한 헌법 제8조 제3항에 "정당은 법률이 정하는 바에 의하여 국가의 보호를 받으며, 국가는 법률이 정하는 바에 따라서 정당 운영에 필요한 자금을 보조 할 수 있다."고 규정 정당 제도를 헌법이 보장하고 있다 할 것이다.

2) 선거제도

선거란 "다수의 선거인에 의하여 공무원의 선임 행위를 말한다. 물론 선거를 통하여 주권행사의 기회를 가지게 된다.

선거제도는 대표를 선출하는 방식에 따라 다수 대표제, 소수 대표제, 비례 대표제로 나누어 볼 수 있다. 다수 대표제는 다수결의 원칙에 따라 한 선거구에서 유효 투표를 많이 얻은 후보자를 선출하는 방식이고, 소수 대표제는 한 선거구에서 2~3명의 후보자를 선출하는 방식이다. 또 비례 대표제는 여러 정당이 획득한 득표수에 비례하여 대표자를 뽑는 제도를 말한다.

선거 제도는 투표 방식에 따라 직접선거제도와 간접선거제도로 나눌 수 있다. 직접선거제도(直接選擧制度, 직선제)는 국민이 직접 후보자에 투표하는 제도이고, 간접선거제도(間接選擧制度, 간선제)는 일정 수의 선거인단이 구성되고 이들이 후보자에 투표하여 당선자를 결정하는 방식이다.

우리나라는 과거 독재 정권들이 간선제로 개헌하여 장기 집권을 도모하였던 역사가 있다. 이에 대항하여 국민들은 대통령을 직접 자신의 손으로 뽑아 민주주의를 바로 세우고자 민주화 운동을 일으켰고, 그 결과 1987년 직선제 개헌이 이루어져 지금까지 이어져 오고 있다.

3) 직업공무원제도

직업공무원제도는 정권의 교체에 흔들림 없이 행정의 독자성을 유지하며, 공무원의 신분이 보장되는 제도로서 엽관제에 빠지는 것을 방지하기 위한 헌법의 보장제도의하나이다.

우리헌법 제7조에 의하면 "공무원은 국민전체에 대한 봉사자이며, 국민에 대하여 책임을 진다. 공무원의 신분과 정치적 중립성은 법률이 정하는 바에 의하여 보장된다."고 규정되어 있다. 이는 공무원의 근로3권을 제한하고, 동법29조 제1항에는 공무원의 불법행위책임을, 동법65조에서는 위헌법률행위를 한 공무원에 대한 탄핵소추를 규정하고 있다. "공무원"이란 "직접, 또는 간접으로 국민에 의하여 선출 되며, 국가나 공공 단체의 공무를 담당하고 있는 자"를 말한다.

기타공직에 관한 헌법 규정에는 직업공무원제도에 포함되지 않는 특수기능의 공직자에 관한 규정으로 선거권(헌24조)과 공무담임권(헌25조)을 바탕으로 하는 각종 선거공직자(대통령, 국회의원 등)와 정무직 공직자(국무총리, 국무위원, 헌법재판소장, 감사위원, 중앙선관위원 등), 직업군인과 일반군인(헌5조,헌39조,헌89조제16호), 법관(헌101조, 동조103조~106조)에 관한 규정들이 있다.

특수신분관계에 의한 제한은 군인의 영내거주, 경찰의 제복착용, 공무원의 복무규정준수 등 특수신분관계의 목적을 달성하기 위하여 필요한 범위내에서 일반국민보다 더 많은 기본권의 제한을 받는다.

공무원의 권리의무에 있어서 권리는 봉급, 연금 기타 재산상의 권리와 직무상 각종의 권한을 가진다. 의무로서는 직무전념의무, 법령준수의무, 비밀엄수의무, 명령복종의무, 품위유지의무 등 각종 의무를 부담한다.

공무원이 엽관제도에 빠지는 것을 방지하기 위하여 결국 헌법은 제7조 제2항에 직업공무원제도에 관하여 제도적으로 보장하고 있다.

4) 지방자치제도

지방자치제라 함은 일정한 지역을 기초로 하는 단체나 일정한 지역의 주민이 지방적 사무를 자신의 책임 하에 자신이 선출한 기관을 통하여 처리하는 제도로 헌법 제117조 제1항에서 "지방자치단체는 주민 복리에 관한 사무를 처리하고 재산을 관리하며, 법령의 범위 안에서 자치에 관한 규정을 제정할 수 있다."고 하여 지방자치 단체가 자치행정권, 자치재정권, 자치입법권의 권한을 갖고 있음을 규정하고 있다.

지방자치단체의 장은 주민에게 과도한 부담을 주거나 중대한 영향을 미치는 지방자치단체의 주요사항에 대하여 주민투표에 부칠 수 있다.

국가는 지방자치제도가 제대로 실현대기 위해, 또는 오남용을 차단하기 위하여 일정한 통제를 가하고 있다. 중앙정부와 지방자치는 서로 행정기능과 행정책을 분담하여 중앙행정의 효율성과 지방행정의 자유성을 조화시켜 국민의 복리증진이라는 공동목표를 향하여 협력하는 협력관계에 있어야하므로 어느 정도의 국가적 감독, 통제가 필요하다. 이에 대한 것은 입법적 통제, 사법적 통제, 행정적 통제로 이루어진다.

5) 교육제도

헌법 제31조 제6항의 취지는 교육에 관한 기본정책, 또는 기본방침을 최소한 국회가 입법절차를 거처 제정한 법률(이른바 형성적 의미의 법률)로 규정함으로써 국민의 교육을 받을 권리가 행정관계에 의하여 자의적으로 무시되거나 침해당하지 않도록 하고, 교육의 자주성과 중립성도 유지하려는 것이나, 반면 교육제도에 관한 기본방침을 제외한 나머지 세부적인 사항까지 반드시 형성적 의미의 법률만으로 정하여야 하는 것은 아니다.

헌법이 요구하고 있는 것은 입법자가 학교제도의 핵심적 사항의 하나인 의무교육의 실시여부, 및 그 연한을 스스로 결정하여야 한다는 것일 뿐이다. 더욱이 오늘날 국회가 다루어야 할 입법사항이 복잡 다양하고 광범위하며 또 전문지식이 필요하고 다양한 계층의 수많은 요구를 수렴하여야 한다는 사정과 이로 인한 업무의 과중한 부담 및 교육에 관련된 조치의 신속 적절한 시행에 필요한 탄력성·유연성 등을 고려하면 국회가 의무교육의 즉각적 실시에 적합할 정도로 조목조목 상세하게 법률로 규정할 것을 기대하기는 어렵다 할 것이다. 그러므로, 교육법 제8조의 2는 교육법 제8조에 정한 의무교육으로서 3년의 중등교육의 순차적인 실시에 관하여만 대통령령이 정하도록 하였으므로 우선 제한된 범위에서라도 의무교육을 실시하되 순차로 그 대상을 확대하도록 되어 있음은 교육법의 각 규정상 명백하고, 다만 그 확대실시의 시기 및 방법만을 대통령령에 위임하여 합리적으로 정할 수 있도록 한 것이므로 포괄위임금지를 규정한 헌법 제75조에 위반되지 아니한다. 또한 헌법 제31조 제6항은 국민의 교육을 받을 기본적 권리를 보다 효과적으로 보장하기 위하여 교원의 보수 및 근로조건 등을 포함하는 개념인 "교원의 지위"에 관한 기본적인 사항을 법률로써 정하도록 한 것이므로 교원의 지위에 관련된 사항에 관한 한 위 헌법조항이 근로기본권에 관한 헌법 제33조 제1항에 우선하여 적용된다.

IV. 국민의 기본권

기본권은 반드시 보장받아야 하는 국민의 권리이다. 그러나 모든 경우에 기본권이 우선시될 수는 없으며 국가 안전 보장, 질서 유지, 공공복리를 위해서는 필요한 경우 최소한으로 개인의 기본권을 제한할 수도 있다. 그러나 대한민국 헌법에 명시되어 있는 기본권의 내용은 포괄적으로는 인간의 존엄성 보장과 행복 추구가 그 골자이며 자유권, 평등권, 참정권, 청구권, 사회권을 명시하고 있다.

1. 기본권의 개념

기본권이라 함은 헌법상 국민에게 인정되는 공권이며, 헌법이 보장하는 국민의 권리를 기본권 또는 기본적 인권이라고 한다. 기본권이라는 표현은 독일의 바이마르공화국과 기본법에서 쓰고 있는 용어가 우리나라에서 일반화 된 개념이다. 즉 기본권의 개념은 인권사상의 바탕으로부터 출발하여 제도화된 것이 기본권의 형태를 가지게 된 것이다. 그리고 헌법 제37조 제1항에서 국민의 자유와 권리는 헌법에 열거되지 아니한 이유로 경시되지 아니한다고 규정하고 있는데, 이 규정을 근거로 헌법에서 명문으로 규정하고 있는 기본권 외에 '헌법에 의하여 보장되는 기본권'은 더 있을 수 있다. 기본권은 국가로부터 자유로운 영역에 속하고 인간의 '천부적'이고 '선국가적'인 자유와 권리를 뜻하기 때문에 인위적으로 만들어진 국가가 침해할 수 있는 것이 아니다 라고 본다. 그리고 천부적인 인권을 했을 때는 방어권으로서의 기능을 가진다고 한다. 그리고 자유권적 기본권이 기본권의 주축을 이룬다.

또한 기본권과 기본적 인권이 같은 말인가 하는 점이 문제된다. 그리고 기본권은 본질상 지니고 있는 가치적 귀속성으로 인하여 매우 다양한 가치판단들이 개입해 있고, 그 결과 매우 분분하고 다양하게 전개되고 있다.

한편, 기본권의 개념과 본질에 대한 이해는 기본권이론에서 가장 기초를 이루는 것이고, 그것은 기본권의 해석과 밀접불가분의 관계를 가진다. 기본권의 개념과 본질에 대한 검토는 자연법과 실정법을 개념적으로 대립시키고 이 양자를 언제나 택일관계로 파악하는 것을 지양하는 자세에서 시작하여야 한다.

2. 국민의 권리와 의무

헌법에 국민의 정치적 권리와 인권을 규정하고 있다. 여기서 권리란 어떤 일을 하거나 누릴 수 있는 힘이나 자격을 말하는 것으로서, 국민의 권리를 헌법으로 보장하고 있는 것은 국가가 함부로 국민의 권리를 침해할 수 없도록 하기 위해서다. 모든 사람에게는 인간으로서 당연히 누려야 할 기본적인 권리가 있는데 이를 기본권이라고 하며, 우리나라 헌법은 제10조에서부터 국민의 기본권을 보장하고 있다.

이처럼 모든 인간은 평등하게 인간다운 생활을 할 권리와 자유롭게 살 권리와 명예와 인격을 존중받을 권리가 있기 때문에 이의 침해를 금지한다. 따라서 노예제도(인신매매), 고문·강제노역·집단학살·생체실험·국외추방·인종차별 등을 금지하고 있다. 이와 같이 헌법 제10조에는 국민의 기본권 보장을 밝히는 것으로 국민이 인간답게 살기 위해 누려야 할 기본적인 권리인 것이다.

1) 국민의 기본적인 권리

(1) 평등권

누구든지 성별이나, 종교, 직업, 장애, 또는 사회적 신분에 의하여 정치적·경제적·사회적·문화적 생활의 모든 영역에 있어서 차별받지 않을 권리이다,

(2) 자유권

자유권적 기본권은 국가 권력에서 자유로울 수 있는 국민의 권리, 즉 국민 각자가 그 자유로운 활동을 국가 권력에 의하여 제한 또는 간섭이나 침해를 받지 아니할 권리를 말한다. 즉 구속당하지 않는다고 하는 소극적인 권리이다.

국가로부터 간섭을 받지 않고 행동하고 생각할 수 있는 권리로 종교를 믿을

권리, 살고 싶은 곳에 살 권리, 말할 권리, 원하는 직업을 가질 권리, 신체의 자유, 통신의 비밀과 자유, 양심의 자유, 학문예술의 자유 등이 있다.

(3) 사회권

국민이 인간답게 살 수 있도록 국가에 요구할 수 있는 권리인데, 예를 들어 일할 기회를 요구할 권리, 교육을 받을 수 있는 권리, 깨끗한 환경에서 살 권리(환경권), 생계를 유지할 수 있도록 보호를 받을 권리(근로의 권리)등을 말한다.

(4) 청구권

국민이 국가에게 어떤 행위를 해 달라고 요구할 수 있는 권리이다. 청구권적 기본권은 국가에 대하여 일정한 행위나 보호를 구할 수 있는 국민의 주관적 공권을 의미한다. 여기에는 국민의 어려움을 국가 기관에 알려 국민의 뜻을 반영시킬 수 있는 청원권이나 재판을 받을 수 있는 권리인 재판 청구권 등이 있고, 또한 국가로부터 국민의 권리가 침해받았을 때 국가에게 배상 요구를 할 수 있는 국가 배상 청구권 등이 있다.

(5) 참정권

국민의 한 사람으로서 정치에 참여할 수 있는 권리로 선거에 참여할 권리로 선거권, 피선거권, 국민투표권 등이 있으며, 또한 공무원이 되어 공무를 할 수 있는 권리 도 있다. 이처럼 참정권은 국민이 국가 기관으로서 공무에 참여하는 권리로서 민주적·정치적 권리이며 능동적 공권이다.

이 참정권에 대해서는 민주 정치에서 필수 불가결의 권리라는 점을 강조하여 자연권적 기본권이라고 파악하는 견해도 없지 않으나, 참정권의 주체는 국가 기관으로서의 국민이기 때문에 이는 국가 내적 권리라고 보아야 할 것이다.

2) 국민의 기본적인 의무

국민이 국가에 대하여 져야하는 의무로서 헌법에 기본적 의무가 규정되어 있다.

일반적으로 "국민의 4대 의무"라 하면 국방의무, 교육의 의무, 근로의 의무, 납세의 의무를 말하며, 여기에 환경보전의 의무, 재산권 행사의 의무가 더해지면 "국민의 6대 의무"가 된다. 이중 국방의 의무, 납세의 의무를 제외하고는 권리인 동시에 의무에 해당 된다. 이처럼 1789년 프랑스 인권선언 및 1793년 헌법의 인권선언편, 1919년의 「바이마르헌법」등이 교육을 받게 할 의무, 근로의 의무 등을 규정함으로써 기본적 의무가 성문화되기에 이르렀다.

이처럼 국민의 의무에는 민주국가의 시민이면 누구나 당연히 이행하여야 할 민주적 시민의 일반적 의무와 헌법에 규정된 헌법상의 의무가 있다. 전국가적 인간의 의무라는 것은 존재하지 않지만, 헌법에 규정된 의무는 예시적인 것이지 열거적인 것이 아니므로, 헌법에 규정이 없는 것일지라도 자명한 것으로 생각되는 의무가 없지 않다.

이처럼 우리 헌법에는 국민이 반드시 지켜야 할 기본적 의무를 규정하여, 국민으로 하여금 성실히 이행할 것을 주문하고 있다. 우리나라 헌법에는 납세, 국방, 교육, 근로 등의 4대 기본 의무 외에도 환경 보전의 의무, 재산권 행사의 공공복리 적합의 의무가 명시되어 있다.

(1) 납세의 의무

헌법은 제38조에서 "모든 국민은 법률이 정하는 바에 의하여 납세의 의무를 진다."라고 하여 국민의 납세의무를 규정하고 있다.

납세의무는 국방의무와 함께 고전적 의무의 하나이며, 양자는 근대헌법 이래 국민의 2대 의무가 되고 있다. 납세의무의 주체인 납세의무자는 원칙적으로 국민이다. 여기서 말하는 국민은 자연인뿐만 아니라 법인도 포함된다.

납세의 의무는 국가의 통치 활동에 필요한 경비를 마련하기 위하여 국민이 조세를 내야 하는 의무를 말한다. 하지만 행정부가 마음대로 세금을 부과하여 국민의 재산권이 함부로 침해되는 일이 발생해서는 안 될 것이다. 따라서 반드시 국회가 제정한 법률에 따라서만 과세를 할 수 있도록 하였는데, 이를 "조세법률주의"라고 한다.

납세란 보상 없이 국가가 과하는 일체의 경제적 부담을 일컫는다. 그러므로 일정한 대가를 조건으로 하는 사용료나 수수료 등의 징수는 납세에 해당하지 않는다. 납세의 의무는 국민의 자력에 따라 공정하고 평등하게 조세 법률주의의 원칙에 의하여 이루어져야 한다.

(2) 국방의 의무

헌법은 제39조 제1항에서 "모든 국민은 법률이 정하는 바에 의하여 국방의 의무를 진다."라고 하여 국민의 국방의무를 규정하고 있다.

국가의 독립과 영토 보존을 위하여 국민이 부담해야 하는 국가 방위와 관련된 의무이다. 국방의 의무는 단순히 병역을 제공하는 것에 국한되는 것이 아니다. 전시에 근무하거나 평시에도 국방에 필요한 다양한 활동을 해야 하는 의무를 포괄하는 것이므로 남성뿐만 아니라 모든 국민이 부담해야 하는 의무이다.

국방의 의무도 납세의 의무와 마찬가지로 국가의 자의적이고 일방적인 징집으로부터 국민의 신체의 자유를 보장한다고 하는 소극적 성격과 더불어, 민주국가의 주권자로서 국민이 스스로 국가공동체를 외침으로부터 방위한다고 하는 적극적 성격을 띠고 있다. 그러나 국방의 의무는 납세의 의무와는 달리, 타인에 의한 그 의무의 대체적 이행이 불가능하다. 국방의 의무는 국민의 의무이고, 국가는 국민의 국가에 대한 무한한 충성심을 요구하기 때문에 국방의 의무의 주체는 자국민임을 원칙으로 한다.

따라서 우리 「헌법」상의 국방의 의무에는 「병역법」에 의한 군복무 의무뿐만 아니라 「향토예비군설치법」에 의한 예비군 복무의무, 「민방위기본법」에 의한 방공, 응급적인 방재 · 구조 · 복구 및 군사작전상 필요한 노력 동원 의무 등이 포함된다.

이와 같은 국방의 의무는 외적의 침입이 있는 경우(또는 예상되는 경우)의 병력형성을 의미하고, 침략전쟁을 위한 병력형성의무는 그 내용에 포함되지 않는다.

(3) 교육을 받게 할 의무

헌법은 제31조 제2항에서 "모든 국민은 그 보호하는 자녀에게 적어도 초등교육과 법률이 정하는 교육을 받게 할 의무를 진다."라고 하여 교육을 받게 할 의무를 규정하고 있다. 이처럼 의무의 대상이 되는 교육을 의무 교육이라고 하는데, 교육 기본법에 따라 초등학교 6년과 중학교 3년의 과정이 의무 교육에 해당한다고 볼 수 있다. 교육을 받게 할 의무라 함은 친권자 또는 후견인이 그 자녀로 하여금 초등교육과 법률이 정하는 교육을 받도록 할 의무를 말한다.

교육을 받게 할 의무는 제29조 제1항의 '교육을 받을 권리'를 실효성이 있는 것이 되게 하기 위한 것으로 윤리적 의무가 아니라 법적 의무이므로, "교육법" 제164조가 그 의무이행의 독촉을 받고 이를 이행하지 않는 자에 대하여 10만 원 이하의 벌금을 과할 수 있게 한 것은 정당하다.

교육을 받게 할 의무의 주체는 우리나라의 국민으로서 교육을 받아야 할 자녀, 즉 학령아동을 가진 친권자 또는 후견인이다.

(4) 근로의 의무

헌법은 제32조 제2항에서 "모든 국민은 근로의 의무를 진다. 국가는 근로의 의무의 내용과 조건을 민주주의원칙에 따라 법률로 정한다."라고 하여, 근로의 의무를 규정하고 있다. 여기서 말하는 근로는 노동이라는 말과 같다. 근로의 의무의 법적 성격에 관해서는 법적 의무설과 윤리적 의무설이 대립하고 있다.

우리 헌법의 경우에는 인간으로서의 '존엄과 가치'가 존중되고 강제노역이 금지되며, 사유재산제가 보장되고 있기 때문에 '일하지 않고서 먹는 것도 자유'라고 하지 않을 수 없다. 그러한 의미에서 "헌법" 상의 근로의 의무는 다만 '윤리적인 의무'에 지나지 않는다고 할 수 밖에 없다. 또, 그렇게 해석하는 것이 직업선택의 자유(무직업의 자유 포함)에 모순되지 아니한다. 다만, 근로의 의무의 내용과 조건을 법률로 정할 때에는 법적 의무가 된다.

(5) 재산권행사의 공공복리 의무

헌법은 제23조 제2항에서 "재산권의 행사는 공공복리에 적합하도록 하여야 한다."라고 하여, 재산권행사에 관하여 제한규정을 두고 있다. 이는 복지 국가의 이념에 따라 사회적 약자를 보호하고 모든 사람의 인간다운 생존을 보장하기 위해 강조되는 의무이다.

(6) 환경보전의 의무

헌법은 제35조 제1항에서 "모든 국민은 건강하고 쾌적한 환경에서 생활할 권리를 가지며 국가와 국민은 환경보전을 위해 노력하여야 한다."라고 함으로써, 개인에 대해서도 환경보전의 의무를 지우고 있다. 이에 따라 개인 또는 사기업이 공해나 환경파괴의 행위를 하는 경우에, 그로 말미암아 피해를 입은 사람은 그 원인행위의 배제를 청구하거나 손해배상을 청구할 수 있을 뿐 아니라 행정적 재제가 가해질 수 있다. 특히 환경 보전을 위한 노력은 전 인류가 함께 해야 한다는 점에서 이는 단순히 국민만이 갖는 의무를 넘어서는 것으로 볼 수 있다.

V. 정부의 형태

1. 의원내각제

의원내각제는 의회에 의하여 구성되고 의회에 대하여 정치적 책임을 지는 내각중심의 국정이 운영되는 정부형태를 말한다.

이 의원내각제의 사전적 정의는 "실질적인 행정권을 담당하는 내각이 다수당의 신임에 따라 존속하는 의회 중심주의의 권력 형태를 말한다." 영국에서 발달 했으며, 미국의 대통령 중심제와 함께 민주사회의 대표적인 정부형태중 하나이다.

의원내각제를 채택하는 나라는 대표적으로 일본, 영국, 독일 등이 있으며, 일본과 영국은 입헌군주제를 채택 내각을 책임지는 총리와 국가의 상징적인 역할을 하는 국왕이 따로 있다.

의원내각제에서는 내각의 수반이 의회에 의하여 선출되고 내각이 의회에 대하여 연대하여 정치적 책임을 지는 것과 같이 내각의 성립과 존속이 의회의 신임에 의존한다. 이에 대하여 내각은 의회 해산권을 가지고 의회의 내각 불신임권에 대항하여 의회를 견제할 수 있다. 우리나라도 1960년 4.19의거로 인하여 이승만대통령의 하야, 장면총리 중심의 내각책임제를 채택한 적이 있으나 1961년 5.16이후 다시 대통령 중심제를 채택 지금까지 이어오고 있다.

1) 의원내각제의 장점

의원내각제의 장점은 의회가 내각에 대하여 책임을 물을 수 있고 상호 협조가 가능하며, 또한 내각은 의회 해산권을 가지고, 의회는 내각 불신임권을 가지므로 서로 대립이 발생하여도 원만하게 해결 할 수 있고, 내각은 입법부의 신뢰를 얻기 위해 유능한 인재를 영입할 가능성이 높다.

2) 의원내각제의 단점

의원내각제의 단점으로는 군소정단이 난립하거나, 의회의 타협적 태도가 결여된 때에는 정국이 불안하고, 의회가 정권획득을 위한 정쟁의 장소가 될 수 있다.

즉 대통령제와 다르게 의원내각제라는 장관직을 다수당에서 맡게 되고, 서로간의 협의를 요구하는 절차적 융통을 지닌 강력한 정치를 추진할 수 없다. 그러다 보면 국가적 위기상황이 발생하였을 때 대통령제에 비하여 문제해결에 많은 시간이 소요된다.

또한 다수당에 대한 횡포가 우려되며, 소수정당이 난립할 경우 정국의 불안정을 초래할 수 있다.

완벽한 의원내각제가 성공하기 위해서는 안정된 복수정당제, 직업공무원제의 확립, 지방자치제의 정착, 언론과 정치적 자유의 보장, 국민의 시민의식이 하루빨리 수행되어야 한다고 본다.

2. 대통령제

대통령제라고 하면 엄격한 권력분립주의에 입각하여 행정부의 수반인 대통령이 국민에 의하여 선출되고, 임기동안 의회에 대하여 전혀 책임을 지지 않는 의회로부터 독립된 지위를 유지하는 정부형태를 말한다.

대통령제에서는 대통령의 임기가 보장되므로 의원 내각제보다 안정적이고 일관성 있는 정책 추진이 용이하다. 물론 대통령제에도 탄핵 제도가 있지만, 이는 상당한 예외에 해당하므로 의회의 내각 불신임으로 언제든 물러날 수 있는 의원 내각제하의 수상에 비하면 훨씬 강력한 국정 추진이 가능하다. 반면, 임기가 보장되기 때문에 국민의 정치적 요구에 대해 둔감할 수 있다는 지적도 있다.

미국의 대통령제를 그 중심의 본질 구조적원리로 보면 첫째, 대통령의 국민에 대한 직선제와 임기기제를 들 수 있다. 즉, 대통령은 의회에 대하여 책임을 지지 않는다.

둘째, 대통령은 행정부의 일원으로 국가원수인 동시에 행정부의 수반이 된다.

셋째, 입법부와 행정부를 상호 독립 국무위원의 국회의원겸직이 금지, 국무위원의 국회출석발언권과 행정부의 법률안제출권이 없으며, 대통령의 법률안 거부권이 인정, 대통령과 의회의 상호독립성을 요소로 하고 있다.

1) 대통령제의 장점

대통령제는 의회의 신임여부와 관계없이 재직하므로 정국이 안정되고 국가정책을 신속하고 강력하게 추진할 수 있다. 즉 대통령의 임기동안 의회의 눈치를 보지 않고 자신의 뜻대로 국정을 펼 수 있기 때문에 정책의 일관성과 국가

정책의 강력한 집행이 가능하다는 것이다.

2) 대통령제의 단점

대통령제는 독재의 수단으로 종종 사용되기도 한다. 특히 대통령의 권한은 비상시에 커지기 때문에 국가 비상사태를 빌미로 반민주적이고 반인권적인 법안이 대통령의 독단적 의사로 입안되어 시행될 때도 있다. 대통령은 국민의 대표인 의회와는 별도의 선거로 선출되기 때문에 행정부와 의회가 대립할 경우 정국이 마비사태에 빠지게 된다. 또한 각 부의 장관을 포함한 대통령이 임명하는 공무원은 국민이 아니라 인사권자인 대통령의 의사에 따라 움직이므로 행정부는 비민주적인 행태로 운영된다.

3. 국 회

국회는 국민의사를 표현하는 기관인 동시에 국가의사를 결정하는 기관이라고 할 수 있다. 우리나라의 국회는 1948년 8월 15일 대한민국 정부가 수립되고, 같은 해 7월 17일에 공포된 대한민국 「헌법」에 기초하여 국회가 개설되어 한민족사상 최초로 의회정치를 구현하게 되었다.

국회의 기능에 대하여는 「헌법」 제3장에서 국회에 관한 여러가지 조항을 규정하고 있다. 입법권은 국회에 있고, 그 구성은 국민의 보통·평등·직접·비밀선거에 의하여 선출된 의원으로 구성된다.

1) 국회의 구성

국회의 구성은 나라마다 다르지만 기본적으로 양원제와 단원제라는 2가지 형태를 갖고 있다. 양원제는 의회가 2개의 합의체, 상하 양원으로 구성된 것을 말한다. 양원제의 대표적인 국가는 미국·영국·프랑스·일본 등이다. 단원제는 대개 국민의 선거에 의하여 선출된 민선의원으로 구성되는 단일 합의체를 말한다. 대표적으로는 이스라엘·덴마크·스웨덴·한국 등이 이에 속한다.

우리나라의 경우는 단원제를 채택하고 있으며, 국민의 보통·평등·직접·비밀선거에 의해서 선출된 국회의원(지역구)과 비례대표제에 의해 선출된 국회의원(전국구)으로 구성된다.

2) 국회의 헌법상 지위

국회는 국민의 대표기관으로서 국민 주권적 의사의 대표기관으로의 지위를 갖는다.

헌법에서 국민주권의 원리를 선언하고 있으면서 다른 한편으로는 의회주의를 규정하고 있는 것은 대의제의 원리를 채택하고 있기 때문이다.

국회는 또한 입법기관으로서의 지위를 갖는다. 헌법 제40조에서 "입법권은 국회에 속한다."라고 규정하고 있다. 의회가 입법기관이라는 것은 실질적의미의 입법에 관한 권한은 헌법에 다른 규정이 없는 한 원칙적으로 국회가 행사한다는 것을 의미 한다.

국정통제기관으로서의 지위 국회가 국민의 대표기관으로서의 지위를 상대적으로 잃어가고 있지만 행정부와 사법부를 감시 비판견제 하는 국정통제기관으로서의 지위는 오히려 상대적으로 강화하고 있다.

한국은 대통령제를 채택하고 있기에 국회는 정부에 대한 견제기능을 어느 정도 수행하고 있으나 의원내각제처럼 강력한 견제권은 없는 형편이다.

3) 국회의 권한

국회의 권한은 헌법에서 "입법권은 국회에 속한다."고 규정하고 있다. 입법권이란 법률제정권, 또는 "법규범을 정하는 권한이면 모두 입법권"으로 보기도 한다.

이와 같이 국회의 권한에는 입법에 관한 권한과 재정에 관한 권한, 국가권력 견제권한 등이 있음을 알 수 있다.

입법에 관한 권한으로는 새로운 법을 제정하거나, 기존의 법을 고치는 개정은 가장 대표적이고 중요한 권한이라 하겠다. 또한 국가최고의 법인 헌법개정안을 제안 의결하는 권한과 대통령이 외국과 조약을 맺을 경우 이를 확인하고 동의하는 권한을 갖기도 한다.

제정에 관한 권한으로는 정부가 마련한 국가의 예산을 심의하고 확정하는 예산안 심의 확정권, 정부가 1년 동안 세금을 어디에, 어떻게 사용하였는지의 결산 심사권, 국가 권력 견제의 권한으로는 국가정책의 집행을 살피기 위해 정기국회 기간에 국정전반에 대한 국정감사권, 행정부의 감시와 통재를 위해 필요한 경우에 특정사안에 대하여 조사하는 국정조사권, 대통령을 비롯한 고위 공직자가 헌법이나 법률에 위반한 경우 파면을 요구하는 탄핵소추권 등이 국회의 권한이라고 할 수 있다.

◆ 법률제정 과정

우리나라에서 법률안은 국회의원 10인 이상, 또는 정부가 제안할 수 있고, 국회 의장은 제안된 법률안을 상임 위원회에 회부하여 전문적인 심의를 거치도록 한다. 상임 위원회의 충분한 심의를 거친 법률안은 국회 재적 의원 과반수가 출석한 본회의에서 출석한 의원 중 과반수의 찬성으로 통과된다. 통과된 법률안은 정부로 이송되며 대통령은 법률안 거부권을 행사할 수도 있고, 이의가 없으면 15일 이내에 공포한다. 법률안은 공포한 날로부터 20일 후 효력이 발생한다.

---

4. 정 부

1) 대통령

행정수반으로서의 대통령은 입법·행정·사법 3권의 동위관계(同位關係) 내지 상호 견제·균형 때문에 입법부인 국회와 사법부인 법원(최고법원)과 법상 동격적지위에 있다. 이에 대하여 국가원수로서의 대통령은 국가대표기관인 지위에서 국회나 법원보다 약간 우월한 지위에 있다고 할 수 있겠다.

대통령의 헌법상 자문기관으로는 국가원로자문회의·국가안전보장회의·민주평화통일자문회의·국민경제자문회의가 있고, 행정상 보조기관으로 대통령비서실이 있다.

(1) 대통령의 헌법상 지위

대통령은 국회와 더불어 국민의 대표기관으로 인정되는 국민대표기관으로서의 지위가 있고 헌법 제66조 1항 대통령은 국가 원수이고 국가를 대표하는 국가원수로서의 지위가 있다.

국가원수로의 지위는 대통령이 외국에 국가를 대표하여 국제법상의 특권을 누리는 대외적으로 국가를 대표할 지위와 국가의 독립, 영토 보존, 국가의 계속성을 수호해야하는 국헌수호자로서의 지위, 그리고 국회임시회 국민투표 부의권 등 을 통해 국가기능의 효율성을 유지하고 국론을 통일할 의무를 가지는 국정 통합조정자로서의 지위, 대법원장, 헌법재판소장을 임명하는 등 헌법기관구성권자로서의 지위가 있다.

(2) 행정부 수반으로서의 지위

행정권은 대통령을 수반으로 하는 정부에 속한다(66조4항). 대통령은 행정에 관한 최고의 지휘권자, 즉 최고책임자로서의 지위를 가지며, 국무총리 및 국무위원의 임명 등 행정부조직권자로서의 지위도 가진다. 또, 국무회의 의장으로서 이를 소집하고 주제한다.

(3) 대통령의 특권과 의무

대통령은 내란, 또는 외환의 죄를 범한 경우를 제외하고는 재직 중에 형사상의 소추를 받지 아니한다. 대통령의 형사상 특권은 국가원수로서의 권위유지와 원활한 직무수행을 보장하기 위해서 인정된 제도이다.(헌84조)

대통령은 탄핵결정에 의하지 아니하고는 공직으로부터 파면되지 아니한다.(헌65조). 대통령의 의무로는 취임선서의무, 헌법준수, 국가보위, 평화적 통일을 위한 성실한 노력의 의무, 기타 겸직금지 의무와 국무총리, 국무위원, 행정각부의 장 기타 법률이 정하는 공사직을 겸할 수 없다(헌83조).

(4) 대통령의 권한

행정부의 최고 책임자로서 대통령은 행정부를 지휘·감독하는 권한을 가지며, 행정부의 주요 업무를 심의하는 국무 회의의 의장이 된다. 대통령은 국군의 최고 사령관으로서 헌법과 법률이 정하는 바에 따라 국군을 통솔하고 지휘한다. 그리고 국무총리, 각부 장관, 법률이 정하는 공무원을 임명하고 해임하며, 국회를 견제하는 수단으로 법률안 거부권을 가진다.

헌법개정과 국민투표에 관한 권한으로 대통령은 헌법개정안권·헌법개정안 공고권·헌법개정 공포권을 가지며, 또한 대통령이 필요하다고 인정할 때에는 외교·국방·통일 기타 국가안위에 관한 중요정책을 국민투표에 회부할수 있다.

국회에 관한 권한으로는 대통령은 국회임시회의 집회를 요구할 수 있으며, 국회에 출석하여 발언할 권한을 가진다.(헌81조). 입법에 관한 권한으로는 대통령은 법률안 제출권(헌52조). 법률안 거부권, 법률공포권 그리고 위임명령과 집행명령을 발하는 행정입법권을 가진다(헌75조). 법률안의 공포는 정부에 이송된 날로부터 15일 이내에 대통령이 하며, 만일 확정된 법률안이 정부에 이송된후 5일 이내에 공포되지 않으면 국회의장이 이를 공포한다(헌53조). 대통령은 법률안 거부권을 가진다.

사법에 관한권한은 대통령은 법률이 정하는 바에 의하면 사면, 감형 또는 복권을 명할 수 있으며 일반사면을 명하려면 국회의 동의를 얻어야 한다(헌79조). 긴급명령 및 계엄 선포 대통령은 국가에 위태로운 상황이 생겨 긴급 조치가 필요할 때 긴급 명령이나 계엄을 선포할 수 있으며, 또한 국회의 동의를 얻어 헌법재판소장 및 헌법재판관, 대법원장 및 대법관, 감사원장, 중앙 선거관리위원장 등 국가 기관의 장을 임명한다.

2) 행정부

행정부는 대통령의 지시에 따라 그 권한을 행사하지만, 그러한 권한의 행사도 헌법과 법률 및 각종 법령이 정한 범위 내에서 헌법과 법령의 목적에 가장 부합하여 이루어져야 한다.

행정부는 행정부를 구성하는 대통령, 국무총리, 국무위원, 각부의 장관, 감사원, 대통령의 자문기관 등이 있다.

(1) 국무총리

국무총리는 의원내각제의 수상으로서의 성격이 있었으나, 대통령제에서의 행정부 제2인자인 지위에 있으며, 우리 헌법은 대통령중심제를 채택하면서도 국무회의제도를 두고 국무총리를 두고 있다.

국무총리는 국회의 동의를 얻어 대통령이 임명하며, 행정에 관하여 대통령의 명을 받아 행정 각부를 지휘·감독한다. 또한 국무위원과 행정각부의 장의 임명에 대한 제청권과 국무위원의 해임건의권을 가지며, 소관 사무에 관하여 법률이나 대통령령의 위임 또는 직권으로 총리령을 발할 수 있다.

(2) 국무위원

국무총리의 제청에 의하여 대통령이 임명한다(헌87조). 국무위원은 각부장관에 보임되는 것이 대부분이나(헌94조), 부를 맡지 않는 국무위원도 있다. 이것을 정무장관이라고 한다. 국회는 국무위원의 해임을 건의할 수 있다(헌63조).

국무회의는 정부의 권한에 속하는 중요한 정책을 심의하는 행정부의심의기관이다.

(3) 감사원

헌법에 의해 설치된 정부 기관으로, 국가의 세입·세출을 결산하고 국가 및 법률이 정한 단체의 회계검사와 행정기관 및 공무원의 직무에 관한 감찰을 하는 기관이다.

헌법상의 필수기관으로 감사원장을 포함한 5인 이상 11인 이하의 감사위원으로 구성하며, 감사원장은 대통령이 국회의 동의를 얻어 임명하고 감사위원은 원장의 제청으로 대통령이 임명한다. 감사원장·감사위원의 임기는 모두 4

년이며, 1차에 한하여 중임할 수 있다(헌89조).

(4) 대통령의 자문기관

대통령의 자문기관으로 국정의 중요한 사항에 관한 자문에 응하기 위하여 국가원로로 구성된 기관인 국가원로자문회의(헌90조)를 비롯하여 헌법에 의한 대통령의 자문기관으로서 국가안전보장회의와 민주평화통일자문회의, 그리고 국민경제자문회의를 규정하고 있다. 이들 자문기관의 설치는 대통령제 국가에서 권력집중을 완화하고 통일·경제전문가의 전문적 경험과 식견을 국정에 반영하려는 데에 그 목적이 있다. 그래서 이들 자문기관 중 국가안전보장회의는 반드시 설치하여야 할 필수적 자문기관이고 그 밖의 자문기관은 임의적 자문기관이다.

5. 법 원

헌법은 법원조직법 등에서 통상 '법원'이라고 할 경우 대체로 국법상의 의의에 있어서의 법원을 말한다. 헌법은 "사법권은 법관으로 구성된 법원에 속한다."(헌101조)고 하여 권력분립의 원칙과 사법권의 독립을 밝히고 있다. 또한 법원조직에 관하여는 최고법원인 대법원과 각급법원으로 조직된다고 규정하고 있으며, 세부는 법원조직법에 위임하고 있다.

법원의 종류는 법원조직법에서 최고법원인 대법원과 하급법원인 고등법원·특허법원·지방법원·가정법원·행정법원의 6종을 규정하고 있다.

1) 사법권의 독립

사법권의 독립은 법원의 독립과 법관의 독립을 내용으로 한다. 법원의 독립은 권력분립의 원리에 따라 법원의 조직·운영·기능면에서 입법부와 행정부로부터 독립하여야 함을 의미한다.

사법권 독립의 핵심내용으로 첫째 : 법관이 재판을 함에 있어서 기관기능상의 독립을 위해 타국가기관은 물론이고, 각종 사회적 압력단체나 이해집단 등의 외부 간섭으로부터 독립하여 심판하는 것. 둘째 : 상급법원이 하급법원에 대해 내리는 사법행정상의 지시나 감독을 제외하고 임명권자나 보직권자가 구체적 재판사건에 대해 간섭해서는 안 된다는 법원 내부로부터의 독립이 요구된다.

셋째 : 법원의 재판기능상의 독립이 핵심이지만, 이것은 법원에 대한 완전한 신분보장이 없이는 불가능하기 때문에 법관의 신분보장을 위한 장치가 요구되기도 한다.

그러나 법관의 독립에는 재판상의 독립과 신분상의 독립을 내용으로 한다.

2) 대법원

대법원은 최고법원이며, 대법원장을 포함하여 14인의 대법관을 둔다. 그리고 필요한 경우에는 대법관이 아닌 법관을 재판관으로 둘 수 있는 2원적 구조를 취하고 있다. 대법원장과 대법관은 국회의 동의를 얻어 대통령이 임명한다. 다만 대법관은 대법원장의 제청이 필요하다(헌104조). 심판은 원칙적으로 대법관 전원의 3분의 2 이상의 합의체에서 대법원장이 재판장이 되어 행하게 되어 있다. 그러나 통상 대부분의 사건은 대법관 3인 이상(현재 4인으로 운영)으로 구성되는 '부'에서 심판하고 있다.

대법원의 권한으로는 고등법원, 또는 항소법원·특허법원의 판결에 대한 상고사건, 항고법원·고등법원, 또는 항소법원·특허법원의 결정·명령에 대한 재항고사건, 명령규칙의 위헌위법 여부의 최종심사, 위헌법률심판의 제청, 선거소송과 기관소송사건, 다른 법률에 의하여 대법원의 권한에 속하는 사건을 종심(終審)으로 재판한다.

3) 고등법원

고등법원에는 고등법원장과 판사를 둔다. 고등법원에는 민사부·형사부·특별부를 두고 부에는 부장을 둔다.

　고등법원에는 민사부·특별부를 두며, 심판권은 판사 3인으로 구성된 합의체에서 행한다. 고등법원은 지방법원합의부의·가정법원합의부, 또는 행정법원의 제1심 판결에 대한 항소사건, 지방법원합의부·가정법원합의부, 또는 행정법원이 제1심 판결의 결정·명령에 대한 항고사건, 다른 법률에 의하여 고등법원의 권한에 속하는 사건을 심판한다.

4) 지방법원

　지방법원에는 지방법원장과 판사를 둔다. 지방법원에는 민사부·형사부를 둔다. 그러나 민사지방법원·형사지방법원에는 '부'를 둔다. 지방법원에는 지원·소년부지원을 둘 수 있다. 지방법원의 심판권은 원칙적으로 단독판사가 행하나, 사안(事案)의 내용에 따라서 판사 3인으로 구성된 합의부에서 행하여야 하는 경우도 있다

　지방법원에서 처리되는 업무는 민사소송사건·형사소송사건·제소, 전화해사건·독촉사건·강제집행사건·임의경매사건·등기 등 매우 다양하고 그 처리절차도 각기 다르다. 단독판사의 판결에 대하여는 지방법원 본원 합의부에, 합의부의 제1심판결에 대하여는 고등법원에 각각 항소할 수가 있고, 결정이나 명령에 대하여도 단독판사가 한 것은 지방법원 본원 합의부에, 합의부가 제1심으로서 심판·결정한 것은 고등법원에 항고할 수 있다.

5) 가정법원

　가정법원은 가정에 관한 사건과, 소년에 관한 사건 등을 전문적으로 관장하는 법원이다. 대한민국에는 5개가 있으며, 일부 지역에는 가사, 가정, 소년재판부가 설치되어 있다. 가정법원에는 법관과 조정위원회가 있다. 조정위원회는 조정장 1명과 조정위원 2명 이상으로 구성하며, 조정장 또는 조정담당판사는 가정법원장이나 지원장이 그 법원의 판사 중에서 지정하고 조정위원은 각 사

건마다 조정장이 지정한다.

가정법원 합의부는 가정법원 단독판사의 판결이나 심판 및 명령에 대한 항고 사건을 제2심으로 심판한다. 가정법원의 판사는 사법시험에 합격하여 사법연수원의 소정과정을 마친 자, 검사 또는 변호사의 자격이 있는 자로 임명한다.

6) 행정법원

행정법원은 행정 소송 사건을 전문적으로 관장하는 법원이다. 행정법원은 행정법원장과 판사로 구성된다. 행정소송은 원칙적으로 행정심판법에 의한 행정심판을 거친 뒤에 제기할 수 있도록 하는 소위 행정심판전치주의를 채택하고 있었고, 이에 불복하는 소의 관할을 고등법원으로 하고 있다.

서울행정법원에는 법원장 1인·부장판사 10인·판사 31인 등 42인의 법관 외에 사무국(총무과·행정과·법원 보안관리 대)을 두고 있다.

6. 헌법재판소

1) 헌법재판소의 의의

헌법재판소는 헌법재판을 통하여 헌법의 규범력을 보장하고, 헌법이 정하고 있는 국민의 기본권을 보장하며, 국가권력의 남용을 통제하는 특별법원이다.

헌법재판은 입법·행정·사법과 구별되는 국가작용이므로, 헌법재판의 기능과 본질에 비추어 볼 때 헌법재판소는 국회, 행정부, 법원과 따로 존재하는 독립적인 지위를 가진다.

헌법재판소는 법관의 자격을 가진 9인의 재판관으로 구성되며, 재판관은 대통령이 임명한다. 이 중 3인은 국회에서 선출하는 자를, 3인은 대법원장이 지명하는 자를 임명한다. 헌법재판소의 장은 국회의 동의를 얻어 재판관 중에서 대통령이 임명한다.

재판관의 임기는 6년이고, 법률이 정하는 바에 따라 연임할 수 있다.

2) 헌법재판의 종류

헌법재판에는 입법부가 만든 법률이 헌법에 위반되는지를 심사하고, 헌법에 위반된다고 판단하는 경우에 그 법률의 효력을 잃게 하거나 적용하지 못하게 하는 위헌 법률 심판, 형벌이나 보통 징계 절차로 처벌하기 곤란한 고위 공무원이나 특수한 직위에 있는 공무원이 맡은 직무와 관련하여 헌법이나 법률에 어긋나는 행위를 하였을 경우 그에 대한 소추를 통해 그 공무원을 재판으로 파면하거나 공직에서 물러나게 하는 탄핵 심판, 어떤 정당의 목적이나 활동이 헌법이 정하는 민주적 기본 질서에 반하는 경우, 그 정당을 해산할 것인지를 결정하는 정당 해산 심판, 국가 기관 상호 간이나 지방 자치 단체 상호 간 또는 국가 기관과 지방 자치 단체 사이에 권한이 누구에게 있는지 또는 권한이 어디까지 미치는지에 관하여 다툼이 생기는 경우 이를 해결하는 권한 쟁의 심판, 국가 권력이 헌법상 보장된 국민의 기본권을 침해하는 경우에 기본권이 침해된 국민이 헌법재판 기관에 대하여 자신의 기본권을 침해하는 국가 권력의 행위가 헌법에 위반되는지를 가려내어 그 행위의 효력을 없애 줄 것을 요청하는 헌법 소원 심판 등이 있다.

3) 헌법재판소의 권한

헌법재판소의 권한으로는 위헌법률심판권·탄핵심판권·정당해산심판권·권한쟁의심판권·헌법소원심판권 등이 있다. 헌법재판소는 "법원의 제청에 의한 법률의 위헌여부심판을 관장한다(헌107조)고 규정하고 있다. 헌법재판소의 심판은 재판관 전원으로 구성되는 재판부에서 관장한다. 재판부의 재판장은 헌법재판소장이 된다. 재판부는 재판관 7인 이상의 출석으로 사건을 심리한다.

(1) 위헌법률심판권

위헌법률심판은 법원에서 재판중인 구체적인 소송사건에서, 그 사건에 적용될 법률이 위헌인지 아닌지가 문제되어 법원이 직권으로, 혹은 소송당사자의 신청을 받아들여 법률의 위헌여부를 심판하여 줄 것을 헌법재판소에 제청하면, 헌법재판소가 그 법률이 위헌인지 아닌지를 결정하는 심판을 말한다.

(2) 탄핵심판권

탄핵심판은 대통령, 국무총리, 행정각부의 장, 법관, 감사원장 등의 고위직 공무원이 직무집행에 있어 헌법이나 법률을 위배한 경우에 국회에서 탄핵소추의 발의와 의결을 하고, 이에 따라 헌법재판소가 당해 공무원을 파면하는 결정을 선고할 수 있는 심판제도이다. 국회만이 탄핵소추를 할 수 있으므로 일반 국민은 헌법재판소에 직접 탄핵심판을 청구할 수 없다. 다만, 국회에 대하여 탄핵소추를 하여 달라는 청원을 할 수 있다.

(3) 정당해산심판권

정당해산심판이란 정당의 목적이나 활동이 민주적 기본질서에 위배될 때, 정부의 제소에 따라 헌법재판소가 그 정당의 해산을 명하는 결정을 함으로써 위헌적인 정당을 해산하는 심판제도이다. 이 심판제도는 자유민주주의 체제를 파괴하려는 정당으로부터 자유민주주의와 헌법질서를 수호하는 역할을 한다.

정당해산심판은 정부만이 제소할 수 있기 때문에, 일반 국민은 헌법재판소에 정당해산심판을 청구할 수 없다.

(4) 권한쟁의 심판권

권한쟁의심판은 국가기관 상호간, 국가기관과 지방자치단체 상호간, 지방자치 단체 상호간에 권한의 존부나 범위에 관한 다툼이 생긴 경우에 헌법재판소가 헌법해석을 통하여 유권적으로 그 분쟁을 해결함으로써 국가기능의 원활한 수행을 도모하고 국가권력 간의 균형을 유지하여 헌법질서를 수호·유지하고자 하는 심판제도이다.

(5) 헌법소원심판권

헌법소원심판이란 공권력의 행사, 또는 불행사로 헌법상 보장된 국민의 기본권이 침해되는 경우에 국민이 헌법재판소에 대하여 자신의 기본권을 구제하여 줄 것을 청구하는 제도로서, 헌법소원이 이유 있는 경우 헌법재판소는 기본권을 침해하는 공권력작용을 취소하거나 위헌확인을 함으로써 국민의 기본권을 구제하여 주는 심판제도이다. 헌법소원심판은 기본권을 침해받은 국민들을 구제해 주는 심판이기 때문에, 일반 국민이 헌법재판소에 헌법소원심판을 청구할 수 있음은 물론이다.

국가나 지방자치단체 등이 행사하는 모든 공권력 작용이 헌법소원의 대상이 될 수 있다. 그러나 법원의 재판에 대하여는 헌법소원을 청구할 수 없다. 다만, 헌법재판소에서 위헌이라고 결정하였음에도 불구하고 법원이 그 위헌법령을 적용하여 재판한 경우, 그러한 재판에 대하여는 예외적으로 헌법소원을 청구할 수 있다.

물권과 채권의 관계법

제3장

물권과 채권의 관계법

I. 권리의 주체

1. 권리의 주체와 권리능력

1) 권리의 주체

권리의 주체란 권리가 귀속되어 있는 자를 말한다. 마찬가지로 의무의 귀속자는 의무주체이다. 예컨대 매도인은 매매대금지급청구권에 있어서 권리의 주체이다.

또한 권리, 의무의 주체를 법적 인격 또는 법인격이라고 부르며, 자연인과 법인 모두 권리와 의무의 주체이다. 또한 권리는 일정한 이익을 누리게 하는 법이 인정하는 힘을 말한다.

권리주체인 자연인은 출생으로 권리능력을 취득하고 사망으로 권리능력을 상실하므로 생존하는 동안 권리주체가 되며, 법인(法人)은 법률의 규정에 의하여 적법하게 성립한 때에 권리능력을 갖는다. 권리의 주체는 동시에 의무의 주체도 된다. 이와 같이 권리와 의무의 주체가 될 수 있는 지위, 또는 자격을 권리능력이라고 부른다. 그러므로 권리의 주체가 될 수 있는 지위, 또는 자격을 가리켜 권리능력, 또는 인격이라고 하는데, 민법은 자연인뿐만 아니라, 사단과 재단 등의 법인에게도 권리능력을 인정하고 있다.

2) 권리능력

권리나 의무의 주체가 될 수 있는 자격이나 지위를 말한다. 권리능력을 인격 또는 법인격이라고 한다. 민법 제3조가 「사람은 생존한 동안 권리와 의무의 주체가 된다」고 규정한 것은 권리능력을 의미한다.

민법에서 따로 무능력자라고 하는 말이 있으나 이것은 권리능력이 없는 자는 아니므로 주의하여야 한다. 권리능력은 자격을 의미하므로 현실적으로 권리의무를 취득하기 위한 활동을 함에 필요한 행위능력과 다르다. 권리능력을 가지는 자는 구체적으로 인간의 육체를 가진 자연인 그리고 회사·학교·사회법인·재단법인 등과 같은 법인의 두 가지로 나누어진다.

3) 의사능력

자기 행위의 의미와 결과를 판별할 수 있는 정신능력을 말한다. 즉 자신의 행위에 의해 법률효과(권리와 의무의 변동)가 생기는 것을 인식할 수 있는 정신능력을 의미한다. 따라서 의사무능력자의 법률행위는 무효이고, 의사능력의 유무는 개별적 구체적 경우에 따라 판단할 문제이다.

4) 행위능력

단독으로 유효한 법률행위를 할 수 있는 지위내지 자격능력을 가지는 것으로 미성년자, 피한정후견인, 피성년후견인을 행위무능력자라고 한다.

행위무능력자의 법률행위는 취소할 수 있다. 이는 절대적 취소사유가 된다.

미성년자는 만 19세 미만인 자이고, 피한정후견인은 심신이 박약하거나 재산을 낭비하여 가족의 생계를 어렵게 할 위험이 있어 법원의 신고를 받은 자이다. 피성년후견인은 심신 상실을 이유로 법원의 자기 행위의 결과를 합리적으로 판단이 없는 자로 법원에서 피성년후견인의 선고를 받은 자이다. 미성년자와 피한정후견인의 경우, 법정 대리인의 동의가 있으면 법률 행위를 스스로 할 수 있다.

2. 자연인

법률적인 의미로서의 자연인은 법이 권리의 주체가 될 수 있는 자격을 인정하는 자연적 생활체로서의 인간을 말한다.

모든 사람은 법률상의 인격자로서 성·연령·계급의 구별 없이 평등하게 권리능력자로 인정받고 있다. 즉, 모든 인간은 출생부터 사망에 이르기까지 완전한 권리 능력을 평등하게 인정받는다. 권리 능력이란 법률상 권리·의무의 주체가 될 수 있는 능력, 또는 자격을 말한다. 우리나라 민법에는 "사람은 생존할 동안 권리와 의무의 주체가 된다."라고 규정하고 있다(민3조). 민법상 권리 능력은 자연인과 법인에게 인정되고 있다. 그러나 상속을 받을 수 있는 주체는 법인을 제외한 자연인뿐이다.

자연인의 권리 능력은 출생에 의해 생기는데, 태아의 경우 예외적으로 출생 전이라도 불법 행위에 의한 손해배상청구권·상속·대습상속(代襲相續)·유증(遺贈) 등 개별적 내용에서 권리 능력이 있는 것으로 본다.

1) 권리능력의 시기

권리능력의 시기는 출생인데 출생시점에 대해선 민법에는 규정이 없다. 출생시점에는 여러 설이 있는데 일반적으로 우리 민법에서의 지배적 견해는 태아가 모체로부터 완전히 분리하였을 때(전부노출설)라는 것이 통설이다. 전부노출설은 다른 설에 비해서 출생의 확정이 용이하며 문제를 간명히 처리할 수 있기 때문이다.

출생시점은 상속관계자의 이해에 영향을 준다. 태아는 살아서 태어나지 않는 한 권리능력을 취득하지 않으나, 출생 후 일순간이라도 살았다면 권리능력을 취득하였던 것으로 한다. 살아서 태어난 이상 기형아, 쌍생아도 권리능력을 취득하며 인공수정의 경우에도 차별하지 않는다.

2) 권리능력의 종기

자연인의 권리능력은「생존한 동안」만 권리·의무의 주체가 되므로(제3조), 사망으로 권리능력을 상실하게 된다.

사망하였는지의 여부나 사망 시기는 출생의 여부, 또는 그 시기보다도 훨씬 중요하다. 상속·유언의 효력발생·생존배우자의 재혼·보험금청구권의 발생, 연금 등에 관한 여러 법률문제와 관련되므로 사망 시기를 결정하는 기준에 관하여 우리 민법은 아무런 규정을 두지 않고 있다. 그러나 사망이란 생활기능의 절대적·영구적 종지, 호흡과 혈액순환(Kreislauf)의 영구적 정지로 "호흡과 혈액순환이 멈춘 것"(심장 정지설)이라는 것이 통설이다.

우리나라의 "장기 등 이식에 관한 법률"제3조제4호의 규정에 의하면, "살아 있는 자"라 함은 사람 중에서 "뇌사자"를 제외한 자를 말하며 라고 하여 생명 유지와 밀접한 관련이 있는 장기의 적출을 위하여 뇌사자를 "살아 있는 자"에서 일단 제외시키고 있으나, 이는 장기이식의 경우에 한하고, 뇌사자의 권리능력이 소멸되는 것은 아니다. 사람이 사망한 때에는, 일정한 신고의무자가 1월 이내에 신고하여야 한다(호적법 제87조·제88조 참조).

3) 태 아

태아는 모체 내에 있는 장차 자연인으로서 출생할 것을 기대할 수 있는 것으로 태아는 아직 사람이 아니므로 민법 제 3조에 의해서는 권리능력이 없다. 그런데 태아의 권리능력을 인정하지 않는다면 만약 태아의 출생 전에 사망한 부(父)의 재산은 다른 상속인에게 귀속되며, 특히 부(父)의 사망이 불법행위로 인한 경우 가해자에 대하여 손해배상을 청구할 수 없게 된다.

출생의 시기라는 우연한 사정에 의해서 권리 취득이 부정되는 것은 불합리하다. 따라서 여러 나라의 입법례는 태아가 출생한 것으로 보고 사람과 마찬가지로 취급하고 있다 태아의 이익을 위해 모든 법률관계에서 태아는 출생한 것으로 보는 '일반보호주의'와 우리나라의 민법이 채택하는 '개별보호주의'로 나뉜다.

(1) 개별보호주의

개별주의는 중요한 법률관계에 있어서만 태아를 출생한 것으로 본다. 이는 적용의 범위가 명확하다는 장점이 있으나 태아의 이익을 빠짐없이 보호하지는 못한다.

(2) 불법행위로 인한 손해배상 청구권

민법 제762조에 의해 태아는 손해배상의 청구권에 관하여 이미 출생한 것으로 본다. 민법은 태아 자신이 불법행위에 의한 피해자가 되는 경우에 한한 것이다. 즉, 부(父)의 생명침해에 대한 재산적 손해에 대해서는 일단 부(父)에게 손해배상청구권이 발생하고, 그것이 상속인에게 상속된다는 것이 판례이다. 따라서 본조에 의한 구제는 직계존속(父)의 생명침해에 대하여 태아자신이 위자료를 청구하는 경우와 태아자신이 입은 불법행위에 대하여 손해배상을 청구하는 경우에 한한다.

(3) 유 증

민법 제1064조는 태아는 유증에 대해서 권리능력이 있는 것으로 본다. 따라서 유언자가 사망 시에 태아이었던 자에 대한 유증은 유효하다.

(4) 사인증여

사인증여는 증여자의 사망으로 효력이 발생하는 증여이다. 그리고 이는 수증자의 승낙을 요하는 계약이다.

사인증여에 대해서도 태아의 권리능력을 인정하는 견해가 있는데 유증에 관한 규정을 준용한다.(민 제562조) 그러나 개별보호주의가 인정하는 규정은 태아의 적극적인 관여가 없는 경우인데 적극적 관여가 필요한 계약에까지 권리능력을 인정하는 것은 부당하다는 견해가 있다.

이는 유증에 의해서도 목적이 충분히 달성될 수 있기 때문에 사인증여에 있어서 태아의 권리능력은 부정된다.

3. 법 인

법인이란 법으로 정한 사람이란 뜻을 말한다. 따라서 법인은 자연인이 아니면서 법인격이 인정되는 권리·의무의 주체를 말한다. 법인은 법률의 규정에 의하여 설립된다.

법인의 설립에 관하여는 특허주의·허가주의·준칙주의·자유설립주의 등의 입법주의가 있어 전자에서 후자로 변천되는 추세에 있으나, 아직 법인의 종류에 따라 여러가지 주체가 병존한다.

국가는 단체·재단에 대하여 점차 방임정책을 취하게 되었다. 법인에는 그 실체에 따라 사단법인·재단법인이 있는데, 사단법인은 일정한 목적 아래 결합한 다수인의 단체에 법인격이 부여된 것이며, 재단법인은 일정한 목적을 위하여 출연된 재산을 관리, 운영하는 주체로서 법률상 구성된 법인을 말한다.

또 그 목적에 따라 비영리법인과 영리법인으로 나눌 수 있는데, 비영리법인은 학술·종교·자선·기예·사교 등 영리 아닌 사업을 목적으로 하는 것으로서 비영리사단법인과 비영리재단법인이 있으며, 다 같이 민법에 의하여 규율된다.

특히 비영리법인 중에서 사회일반의 이익을 위하여 학자금·장학금, 또는 연구비의 보조나 지급, 학술·자선에 관한 사업을 목적으로 하는 법인은 민법 외에 공익법인의 설립·운영에 관한 법률의 적용을 받는다. 영리법인은 구성원의 사익을 목적으로 하는 것으로서 재단법인만이 있는데, 상법에 따라 규율되는 각종회사가 그것이다. 그 밖에 각종 특별한 목적을 위하여 특별법이 정한 바에 따라 설립되는 법인도 있다.

◆ 법인설립절차

1. 법인의 목적 및 명칭설정 → 2. 정관작성 → 3. 창립총회 개최 → 4. 설립허가 신청 → 5. 설립허가 → 6. 설립등기 → 7. 설립등기 보고

---

1) 사단법인

자연인은 아니지만 법률에 의해 인격이 부여되어 권리와 의무의 주체가 되는 것을 법인이라고 하며, 이와 같은 법인에는 사단법인과 재단법인이 있다. 그중 사단법인이란 일정한 목적과 조직 아래에 결합한 사람의 단체를 말하므로 반드시 사원이 있어야 한다. 사단법인은 사람의 집단을 본체로 한다는 점에서 재산을 본체로 하여 구성되는 재단법인과 다르다. 이때의 사원은 꼭 자연인일 필요는 없고 법인이어도 된다.

사단법인의 목적은 비영리뿐만 아니라 영리를 목적으로 하는 것도 허용된다. 전자는 민법에 의하여, 후자는 상법에 의하여 규율된다. 사단법인은 반드시 그 구성원으로서 사람이 필요하며, 사단법인의 의사결정은 사원총회의 결정에 따라 이루어진다.

사단법인의 운영은 이사가 업무를 집행하고 감사가 이를 감독하며 사원총회가 최고의결기관이다. 사원총회는 사단법인의 근본규칙인 정관을 변경할 수 있으나 총사원 3분의 2 이상의 동의가 있어야 하고, 또 주무관청의 허가를 얻어야 효력이 있다. 그 밖에 사단법인의 해산 및 청산에 관해서는 민법에 자세한 규정이 있다.

사단법인은 정관 등을 작성하여 주무관청의 허가를 받은 후, 법인의 주된 사무소의 소재지에서 설립등기를 함으로써 성립한다.

2) 재단법인

재단법인은 일정한 목적에 바쳐진 재산으로서 재산의 존재를 요소로 하며, 법인설립자(재산 출연자)의 의사에 의하여 활동하며, 언제나 비영리법인이다.

재단법인은 출연한 재산을 개인에게 귀속시키지 않고 별개의 실체로 운영하기 위해 재산을 구성요소로 성립된 법인격체이다. 재단법인의 법률행위는 이사가 하지만 재단법인에는 사원이 없으므로 사원총회가 없다.

재단법인은 종교·자선·학술·기예(技藝), 그 밖의 영리 아닌 사업을 목적으로 하는 것에 한하여 인정되며, 사립학교법에 의한 학교법인, 의료법에 의한 의료법인 등이 대표적이다. 재단법인은 주로 민법의 규정에 따라 설립되지만, 그 밖에 종교법인·학교법인·공익법인·의료법인 등 특별법의 규정에 따라 설립되는 것도 있다. 또, 국고나 공단·공사 등도 재단법인적 성격을 가지고 있다.

재단법인의 정관에는 목적, 명칭, 사무소의 소재지, 자산에 관한 규정, 이사의 임면에 관한 규정 등을 반드시 기재하여야 하며, 설립허가 후 3주 내에 일정한 사항에 관하여 설립등기를 하여야 한다.

재단법인의 설립은 비영리를 목적으로 재산을 출연하는 동시에 근본원칙인 정관을 작성하여 주무관청의 허가를 얻어 설립한다.

II. 권리의 객체

1. 권리의 객체

권리의 객체란 구체적으로 권리가 성립할 수 있는 대상을 말한다. 권리의 종류에 따라 그 대상을 살펴보면 물권은 물건, 채권은 채무자의 행위(급부), 형성권은 법률관계, 무체재산권은 정신적 산물 등이 권리의 객체에 해당한다. 국가가 빈곤하다는 의미는 권리의 객체보다 주체가 많다는 의미로 해석된다.

모든 물건이 어느 누구에게 귀속되지 않는 물건은 없다. 물론 민법 제252조 이하 무주의 동산, 야생동물, 유실물발생이 있기는 하나 오늘날 이런 권리의 객체의 취득은 예외에 속한다. 예외는 무주물선점을 업으로 하는 자, 어부와 사냥꾼이 있지만, 민법에서는 거의 문제되지 아니한다. 어부에게는 어업법이 적용된다.

넓은 의미에서 권리의 객체란 거래의 대상이 될 수 있는 모든 것이 이에 해당된다. 이른바 재산권의 객체가 되는 것으로서 민법 제563조에 매매의 객체로서 재산권을 규정하고 있다. 따라서 재산권의 내용이 될 수 있는 것은 이를 권리의 객체라 할 수 있다.

그렇다면 권리주체에 귀속되는 이 권리의 객체란 무엇이냐. 재산권, 또는 재산이다(넓은 의미). 이 재산이란 재산적 가치 있는 모든 객체 유체물 무체물을 포함한다.

예를 들면 부동산, 자동차, 임대료청구권, 발명, 저작, 특허권, 각종의 유가증권, 매매대금청구권, 보수청구권, 회사의 고객 사용관계, 다방, 요정 마담의 고객유치능력, 걸인의 수증활동구역, 사청소자(쓰레기 줍기)의 수거활동구역 등 모든 재산적 가치 있는 대상을 의미한다. 특히 운동·예능자의 특기도 재산권의 객체로서 거래의 대상이 되는 재산권의 객체가 된다.

2. 물 건

1) 물건의 의의

민법상 물건이라함은 유체물뿐 아니라 전기 기타 관리할 수 있는 자연력을 포함한다(제98조). 유체물, 또는 관리할 수 있는 자연력이란 공감의 일부를 차지, 사람의 오감(五感)에 의하여 지각할 수 있는 형태를 가진 물질로 고체·액체·기체를 말한다. 무체물은 전기·열·광·음향·향기·에너지를 말하며, 자연력과 같이 어떠한 형체가 없는 사고상의 존재에 지나지 않는 것을 말한다. 「민법」은 물건에 유체물뿐만 아니라 무체물도 포함시키고 있으나, 모든 무체물이 물건에 포함되는 것은 아니고, 관리할 수 있는 자연력만을 물건에 포함시키고 있다, 민법에서 관리할 수 있다는 것은 결국 배타적 지배가 가능하다는 것을 의미하며, 이는 유체물에 대해서도 요구되는 요건과, 「민법」상의 물건은 법률상 배타적 지배가 가능한 유체물과, 무체물 중 자연력이라고 할 수 있다.

2) 독립한 물건

권리의 객체인 물건은 하나의 독립된 존재를 가지는 것이어야 하며, 독립된 하나의 물건이냐 아니냐를 정하는 특별한 표준은 없으며, 물리적 형태로 결정되는 것이 아니고, 거래관념, 또는 사회통념에 따라 결정되어야 할 것이다.

예) 아파트ㆍ오피스텔과 같은 집합건물의 경우 물리적으로는 독립되어 있지 않지만 거래관념, 또는 사회통념상 독립된 물건으로서 다루어진다고 본다.

또한 일물일권주의의 원칙상 물건의 일부나 구성부분, 또는 물건의 집단은 하나의 물건의 객체가 되지 못하는 것이 원칙이다. 그러나 예외가 있음을 알 수 있다.

(1) 일물일권주의 원칙

하나의 물건에 관하여 하나의 물권을 인정하는 일물일권주의(一物一權主義)의 원칙상, 물건의 일부는 원칙적으로 권리의 객체가 되지 못한다. 그러나 물건의 일부에 대한 물권을 인정해야 할 필요성이나 실익이 있고, 어느정도 공시가 가능하거나 공시와 관계가 없을 때에는 그 범위에서 예외가 인정된다.

예) 용익물권의 객체가 되는 부동산의 일부, 명인방법에 의하여 공시되는 토지의 정착물, 집합건물 중 전유부분, 정당한 권한이 있는 부합물, 성숙한 1년생 이하의 농작물, 특별법에 의해 재단저당권의 객체가 되는 집합물 등은 일물일권주의의 예외라고 본다.

(2) 가분물, 불가분물

가분물이란 물건의 성질, 또는 가격을 현저하게 손상하지 않고도 분해할 수 있는 물건을 말한다(금전, 곡물, 토지 등). 불가분물은 그렇지 않은 물건을 말한다(소, 말, 건물 등). 공유물의 분할(제269조), 다수당사자의 채권관계(제408조 이하)에 있어서 구분의 실익이 있다 할 것이다.

(3) 대체물, 부대체물

대체물이란 물건의 개성이 중요시되지 않고 단순히 종류ㆍ품질ㆍ수량에 의하여 물건이 정해지며 동종ㆍ동질ㆍ동량의 물건으로 바꾸어도 당사자에게 영향을 주지 않는 물건을 말한다. 예) 금전, 서적, 술, 곡물 등.

부대체물은 그렇지 않은 것을 말한다. 예) 서화, 골동품, 소, 말, 건물 등. 소비대차, 소비임치의 목적물은 대체물에 한한다.

(4) 특정물, 불특정물

특정물이란 구체적인 거래에 있어서 당사자가 물건의 개성을 중요시하여 동종의 다른 물건으로 바꾸지 못하게 한 물건을 말한다.

불특정물은 그렇지 않은 것을 말한다. 채권목적물의 보관의무(제374조), 채무변제의 장소(제467조), 매도담보책임(제570조 이하)에 있어서 구별의 실익이 있다. 대체물·부대체물이 그 목적물 자체 개성에 의해 객관적으로 정해지는 반면, 특정물·부특정물은 주관적으로 정해진다. 양자는 일치하는 경우가 많으나 반드시 그런 것은 아니다. 오늘의 일상거래(동산거래)는 대량생산으로 인한 종류채권의 특정이 그 거대한 비중을 차지하고 있다.

(5) 소비물과 비소비물

물건의 성질상 한 번 사용하면 다시 동일한 용도에 사용할 수 없는 물건을 소비물이라고 한다. 이는 소비대차의 목적물이 될 수 있다. 반면 물건의 용도에 따라 반복해서 사용·수익할 수 있는 물건을 비소비물이라고 한다. 이는 사용대차·임대차의 목적물이 될 수 있다.

3. 동산과 부동산

토지 및 그 정착물을 부동산이라고 하고 부동산 이외의 물건을 동산이라고 한다.(민99조) 동산과 부동산은 종래 경제적 가치의 차이 때문에 구별 하였으나, 오늘 날에는 공시 방법의 차이 때문에 구별 한다는 것이 통설이다. 동산거래에 있어서는 공신의 원칙을 인정하나, 부동산의 거래에 있어서는 이를 인정하지 아니하고 진정한 소유자를 보호한다. 동산은 점유에 의하여 공시되나, 부동산은 등기에 의하여 공시된다.

1) 부동산

토지와 그의 정착물은 부동산이다(제99조 1항). 토지의 소유권은 정당한 이익이 있는 범위 내에서 토지의 상하에 미친다. 토지의 구성물(암석, 흙, 지하수 등)은 토지의 구성부분으로서 별개의 물건이 아니다. 미 채굴의 광물은 국유에 속하는 독립한 부동산으로서, 국가의 배타적인 채굴취득허가권의 객체가 된다.

토지의 일부는 분필절차를 밟기 전에는 이를 양도하거나 제한물권을 설정하거나 또는 시효취득하지 못한다. 단, 용익물권을 설정할 때는 예외이다.

토지의 정착물이란 토지에 고정적으로 부착되어 용이하게 이동될 수 없는 물건은 정착하고 있는 토지의 일부에 지나지 않는다(교량, 돌담, 도로의 포장 등). 그러나 건물, 입목법에 의한 수목, 입목법의 적용을 받지 않는 수목의 집단, 명인방법을 갖춘 미분리의 과실(과일, 담배 잎, 뽕잎, 입도 등), 농작물(판례는 타인의 토지 위에서 위법하게 경작된 농작물도 경작자의 것이라고 판시)은 토지와 별개의 부동산으로 인정된다.

> ◆ **정착물이란**
> 제거할 때 건물에 손상을 주는 것이나, 손상을 주지 않더라도 효용이 감소하는 것을 말한다.

2) 동 산

동산이란 부동산 이외의 물건은 모두 동산이다(제99조 2항). 정착물이 아닌 토지의 부착물건, 전기 기타 관리할 수 있는 자연력은 동산이다. 특정의 채권자를 지정하지 않고서 채권증서의 정당한 소지인에게 변제하여야 할 증권적 채권(예를 들어 상품권, 승차권, 입장권, 무기명국채 등)은 무기명채권이라고 하는데, 이는 동산이 아니며, 채권편에 규정된다.

금전은 동산이지만, 일정액의 가치를 나타내는 것으로서 개성이 없으므로 동산에 관한 규정 가운데 에는 금전에 적용되지 않는 것이 있다(예를 들어 물권적 청구권).

Ⅲ. 물권의 종류

1. 물권의 의의

물권이란 특정되고 독립된 물건에 대한 권리를 말한다. 즉 물건을 직접 지배하여 이익을 얻는 배타적 권리를 말하기도 한다.

각종 재화에 대한 지배관계를 규율하는 일반사법이며, 사람이 물건을 직접 지배하는 권리, 또한 모든 사람에게 주장할 수 있는 절대적 권리이기도 하다.

물권법은 형식적 의미의 물권법과 실질적 의미의 물권법으로 나눌 수 있는데, 형식적 의미의 물권법이란 민법전의 물권편을 말하고, 실질적 의미의 물권법이란 물건과 권리에 대한 지배관계를 규율하는 모든 법령을 말한다.

2. 물권의 특성

1) 지배권

물권은 타인의 행위를 매개로 하지 않고 직접 물건을 지배하는 권리이다. 직접 지배 한다는 것은 타인의 행위 내지는 협력을 거치지 않고서 바로 물건으로부터 일정한 이익을 얻는다는 것을 의미 한다. 그러므로 물건을 사용, 수익, 처분 한다는 의미이다.

2) 배타성(독점성)

물건은 물건을 배타적(독립적)으로 지배하는 권리이다. 따라서 하나의 물건에는 똑같은 내용의 물건이 하나밖에 성립할 수 없다(1물1권주의). 채권은 배타성이 없으므로 하나의 물건위에 수개의 채권이 병존할 수 있다. 그러나 물권은 배타성이 있으므로 하나의 물건위에 양립할 수 없는 물권이 동시에 성립할 수 없다, 따라서 물권의 존재를 외부에 알려주는 공시제도가 중요한 의미를 가진다.

3) 절대성

채권은 원칙적으로 특정인에게만 주장할 수 있는 상대권이나. 이에 비하여 물권은 모든 자에 대하여 주장할 수 있는 절대권이다. 물권의 절대성은 두 가지 의미를 지닌다. 물권자는 모든 사람에 대해 자신의 물권을 주장할 수 있다. 이로부터 물권이 채권에 우선하는 효력이 인정되며, 먼저 성립한 물권이 후에 성립한 물권에 효력이 인정된다. 물권자는 어느 누구의 침해로부터도 보호된다. 이로부터 물권적 청구권이 인정된다.

4) 양도성

물권은 그 성질상 양도가 금지되는 경우가 없으며 또한 당사자의 약정에 의해서도 원칙적으로 그 양도성을 배제할 수 없다. 나아가 그 양도를 금지라는 법령의 규정도 없다. 예컨대, 소유권이나 지상권 등에 대하여 양도금지의 특약을 하여도 그것은 당사자 사이에서만 채권적 효력이 있을 뿐이며, 양수인은 그 물권을 유효하게 취득한다. 요컨대, 물권의 양도성이 채권보다 훨씬 강하다.

그러나 채권은 그 성질상 양도가 금지되는 것이 있고, 또한 당사자의 약정으로 그 양도성을 배제할 수도 있다.

3. 물권의 종류

민법이 정하는 대표적인 물권의 종류를 살펴보면 소유권, 전세권, 지상권, 전세권, 저당권, 유치권, 질권, 점유권의 8가지가 있다. 그러나 민법상 물권은 점유권과 본권으로 나누어지고, 본권은 다시 소유권과 제한물권으로 분류된다. 제한물권은 용익물권과 담보물권으로 구분되는데, 용익물권에는 지상권, 지역권, 전세권이 있으며, 담보물권으로는 저당권, 유치권, 질권이 있다.

1) 소유권

소유권은 물건을 자신의 물건으로서 직접적·배타적·전면적으로 지배하여 사용·수익·처분할 수 있는 사법(私法)상의 권리를 말한다. 물권에 있어서 가장 기본적이고 대표적인 권리이다.

물건을 전면적으로 지배할 수 있는 권리이므로 물적지배의 권능은 물건이 가지는 사용가치와 교환가치의 전부에 전면적으로 나타난다. 이 점에서 일부의 권능을 가지는 데 지나지 않는 제한물권과 다르며, 제한물권(특히 지상권·전세권의 경우)에 의해 제한을 받으면 그 권능의 행사는 중지되지만 그것이 해소되면 곧 본래의 원만한 상태로 되돌아간다. 소유권 자체의 존립에 관하여는 존속기간에 제한이 없으며, 소멸시효에도 걸리지 않는다. 소유권은 배타적 성격을 가지므로 소유자는 그 소유에 속한 물건을 점유한 자에 대해 반환을 청구할 수 있고(민213조), 소유권을 방해하는 자에 대해 그 예방이나 손해배상의 담보를 청구할 수 있다(민214조). 소유권의 객체는 물건에 한하며, 채권에 관하여는 소유권이 성립하지 못한다.

2) 점유권

점유란 물건에 대한 사실상의 지배를 말한다. 사실상의 지배라는 것이 반드시 물건에 대한 직접적 실력행사를 의미하지는 않는다. 물건에 대해 직접 실력을 미치면서도 점유가 인정되지 않는 경우(점유보조자)도 있고, 직접 실력을 미치지 않으면서도 점유가 인정되는 경우(간접점유, 점유권의 상속)도 있다. 이와 같은 것을 점유의 관념화라고 한다. 점유가 성립하기 위해서는 객관적 요건으로서 사실상의 지배와 주관적 요건으로서 점유설정의사가 있어야 한다.

사실상의 지배란 사회통념상 어떤 물건이 어떤 사람의 지배 내에 있다고 인정되는 객관적인 관계를 말한다. 이는 장소적인 관계와 시간적인 관계 및 본권과의 관계를 고려해 판단한다. 장소적 관계란 물리적 지배기능성, 타인의 인식기능성, 타인지배의 배제가능성을 내용으로 한다. 시간적 관계란 점유가 어느 정도 계속되어야 한다는 것을 말한다. 그리고 점유는 본권과 무관하게 성립하는 것이지만 본권과의 관계도 중요한 사항이 된다. 또한 점유가 성립하기 위해서 점유의사는 필요하지 않으나 점유설정의사는 필요하다. 점유설정의사란 사실적인 지배관계를 가지려는 의사를 말한다. 점유설정의사는 일반적, 자연적, 잠재적 의사로도 충분하다.

3) 용익물권

용익물권이라 함은 타인의 물건을 일정한 사용을 목적으로 사용·수익하는 것을 내용으로 하는 물권을 말한다. 즉 지상권·지역권·전세권의 세 가지를 말하며, 타인의 토지, 또는 건물을 객체로 한다. 그러나 용익물권은 사용·수익을 목적으로 사용가치를 지배하는 권리라는 점에서 담보물권(교환가치의 지배목적)과는 차이가 있다.

(1) 지상권

타인의 토지에서 건물·기타 공작물이나 수목을 소유하기 위하여 그 토지의 상하를 배타적으로 사용할 수 있는 물권을 지상권이라 한다.

지상권은 토지소유자와 지상권자간에 지상권의 설정을 목적으로 하는 물권적 합의와 등기에 의하여 취득되는 것이 일반적이다.

지상권의 존속기간은 당사자가 자유로이 정할 수 있으나 최단기간의 제한이 있어, 견고한 건물(석조·석회조·연와조)이나 수목의 소유를 목적으로 한 지상권의 경우에는 30년, 그 외의 건물의 경우에는 15년, 건물 외의 공작물의 경우에는 5년 이하로 지상권을 설정할 수 없다(민280조). 당사자가 기간을 정하지 아니한 경우에는 위의 최단존속기간으로 한다. 지상권자가 약속한 지료를 2년 이상 지급하지 않을 때에는 지주는 지상권의 소멸을 청구할 수 있다(민287조).

우리나라에 있어서는 원래 가옥을 토지와는 별도로 독립된 부동산으로 소유권의 목적으로 하는 관습이 있기 때문에, 유럽제국의 경우와는 달리 지상권은 지상물의 존치를 위하여 '타인의 토지를 사용하는 권리'로서 관념하고 있다.

지상권이 소멸할 때에는 지상권설정자는 언제나, 또 지상권자는 일정한 조건하에 상대방에 대하여 지상물매수청구권을 행사하여 투하자본을 회수할 수 있다.

(2) 지역권

지역권이란 일정한 목적을 위하여 타인의 토지를 자기 토지의 편익에 이용하는 물권을 말한다(제291조). 이때 편익을 받는 토지를 요역지(要役地)라 하고, 편익을 위하여 제공되는 토지를 승역지(承役地)라 한다.

지역권은 승역지를 요역지의 편익에 이용하는 권리이다. '토지의 편익에 이용'한다는 것은 요역지의 사용가치를 증가시키는 것을 말한다. 지역권에서 편익을 받는 것은 토지이지 사람이 아니다. 지역권의 경우에는 승역지 소유자에게 적극적 행위의무를 부담하게 할 수 있다. 그리고 지역권은 유상, 무상을 불문한다.

지역권에 관해 대가를 지급하기로 약정하였더라도 그 약정은 등기할 수 없고 등기하더라도 제3자에게 대항할 수 없다.

요역지와 승역지 사이의 관계는 다음과 같다.

① 지역권자로 될 수 있는 자는 토지소유자, 지상권자, 전세권자, 임차인 등이다.

② 요역지는 반드시 1필의 토지이어야 한다. 따라서 1필 토지의 일부를 위한 지역권은 설정할 수 없다.

③ 승역지는 1필 토지의 일부이어도 무방하다. 따라서 1필 토지의 일부에 대한 지역권을 설정할 수 있다

④ 요역지와 승역지는 인접할 필요는 없다.

(3) 전세권

"전세보증금(傳貰保證金)을 지급하고 타인의 부동산을 일정기간 그 용도에 따라 사용·수익한 후, 그 부동산을 반환하고 전세금의 반환을 받는 권리(민303조1항)" 전세권은 부동산을 사용, 수익하는 용익권능과 함께, 전세금 반환 청구권

을 담보하는 담보물권적 성격도 함께 가지고 있다.

전세권의 존속기간이 만료한 때에는 전세권자는 목적물을 원상회복하여야 하며, 목적물에 부속시킨 물건은 수거할 수 있다. 그러나 전세권설정자가 그 부속물의 매수를 청구한 때에는 정당한 이유 없이 거절하지 못하는 반면에, 그 부속물건이 전세권 설정자의 동의를 얻어 부속시킨 것인 때에는 전세권자는 전세권 설정자에 대하여 그 부속물의 매수를 청구할 수 있다.

전세군의 최단기간은 토지는 해당하지 않으며, 건물의 경우 1년이며, 최장 기간은 토지와 건물은 10년을 초과하지 못한다. 전세권의 성립 조건은 계약을 거쳐, 전세금지급 후 등기할 수 있다.

4. 담보물권

용익물권은 물건을 실질적으로 이용하는 것을 목적으로 하는 권리인데 반하여 담보물권은 물건을 채권의 담보로 제공하는 것을 목적으로 하는 물권이다.

즉 담보물권은 제한물권의 일종으로서 목적물의 교환가치를 지배하는 물권이다. 담보물권은 민법이 인정하는 유치권·질권·저당권과 같은 전형적 물적 담보가 있다. 또한 담보물권은 부종성·수반성·불가분성·물상대위성 등의 특성을 가진다.

1) 유치권

타인의 물건, 또는 유가증권을 점유한 자는 그 물건이나 유가증권에 관하여 생긴 채권이 변제기에 있는 경우에는 변제를 받을 때까지 그 물건 또는 유가증권을 유치할 권리가 있다.(민320조1항)

예) 가령 세탁소에 빨래를 맡기고 요금을 지불하지 않으면, 세탁소 주인은 요금을 지불할 때까지 세탁물을 가지고 있는 경우를 생각하면 된다.

동시이행 항변권과 비슷하지만 동시이행의 항변권은 쌍무계약의 본질로부터 나오는 채권적 항변권인데 반하여 공평의 원칙에 기하여 법률상 당연히 발생하는 법정담보물권이다. 유치권은 점유로 인해 발생하기에, 점유가 중단될 경우엔 유치권은 소멸한다. 여기서 점유는 반드시 본인이 할 필요는 없다.

유치권은 저당권의 경우의 등기설정 등과 같은 행위 없이 견련성이 있는 물건을 점유하고 있다는 사실 자체만으로 아주 손쉽게 성립되는 강력한 담보물권이다.

유치권은 물권이므로 확실한 변제를 받을 수 있고, 목적물 소유자가 파산한 때에는 별제권을 가진다. 이와 같이 유치권은 목적물을 유치함으로서 사실상 변제를 강제하는 효과가 있을 뿐이며, 우선적 효력은 없다. 그러나 계속 유치할 수 있고, 별제권과 경매권이 있으므로, 우선적 효력이 있는 것과 같은 기능을 하고 있다.

> ◆ **별제권**
> 파산재단에 속하는 특정의 재산에 대하여 파산채권자에 우선하여 채권의 변제를 받을 권리를 말한다.

2) 질 권

질권은 저당권과 함께 약정담보물권의 하나로서 금융을 얻는 수단으로 이용되나, 목적물에 대한 점유가 채권자에게 이전되는 점과 목적물의 종류에서 차이가 있다. 채권자가 채권의 담보로서 채무자나 제3자로부터 수령한 물건을 유치하고, 채무의 변제가 없는 때에는, 그 물건을 매각하여 그 물건의 대금으로부터 다른 채권자에게 우선하여 그 채권의 변제를 받을 수 있는 권리이다.

질권을 설정할 수 있는 목적물은 동산과 양도할 수 있는 권리(채권·주식·특허권 등)이다. 부동산에는 저당권을 설정할 수 있을 뿐 질권은 설정할 수 없다.

질권은 유치적 효력이 있다는 점에서 유치권과 같으나, 우선 변제적 효력을 가지는 점에서 저당권과 같다. 중요한 것은 질권은 담보물권의 대상인바, 질권은 양도성이 있고, 점유하는 동산과 권리이고, 유치권은 점유하는 물건과 유가증권이고 저당권은 등기할 수 있는 부동산과 지상권, 전세권이다.

3) 저당권

저당권자는 채무자, 또는 제3자가 점유를 이전하지 아니하고 채무의 담보로 제공한 부동산(지상권이나 전세권)에 대하여 다른 채권자보다 자기채권의 우선변제를 받을 권리가 있다.

저당권은 등기나 등록 등 공부에 의하여 표상할 수 있는 것에 대하여만 할 수 있다. 이에는 부동산(토지, 건물)과 지상권, 전세권, 등기한 선박, 입목법에 의한 입목, 공장저당법 또는 광업재단저당법에 의한 공장재단이나 광업재단, 자동차저당법에 의한 자동차나 각 법률에 의한 항공기, 건설기계 등이 이에 해당된다. 또한 저당권자는 그 채권의 변제를 위하여 경매를 청구할 수 있고, 저당물의 소유권을 취득한 제3자도 매수인이 될 수 있다. 저당권은 저당권으로 담보한 채권이 시효의 완성이나 기타사유로 인하여 소멸한 때에는 저당권도 소멸한다.

5. 점유권

점유란 물건에 대한 사실상의 지배를 말한다(민192조).

사실상의 지배라는 것이 반드시 물건에 대한 직접적 실력행사를 의미하지는 않는다. 물건에 대해 직접 실력을 미치면서도 점유가 인정되지 않는 경우(점유보조자)도 있고, 직접 실력을 미치지 않으면서도 점유가 인정되는 경우(간접점유, 점유권의 상속)도 있다. 이와 같은 것을 점유의 관념화라고 한다.

1) 점유의 요건

점유가 성립하기 위해서는 객관적 요건으로서 사실상의 지배와 주관적 요건으로서 점유설정의사가 있어야 한다. 사실상의 지배란 사회통념상 어떤 물건이 어떤 사람의 지배 내에 있다고 인정되는 객관적인 관계를 말한다. 이는 장소적인 관계와 시간적인 관계 및 본권과의 관계를 고려해 판단한다. 장소적 관계란 물리적 지배기능성, 타인의 인식기능성, 타인지배의 배제가능성을 내용으로 한다. 시간적 관계란 점유가 어느 정도 계속되어야 한다는 것을 말한다. 그리고 점유는 본권과 무관하게 성립하는 것이지만 본권과의 관계도 중요한 참고사항이 된다.

점유가 성립하기 위해서 점유의사는 필요하지 않으나 점유설정의사는 필요하다. 점유설정의사란 사실적인 지배관계를 가지려는 의사를 말한다. 점유설정의사는 일반적, 자연적, 잠재적 의사로도 충분하다.

2) 점유권의 소멸

점유권은 점유의 상실이 있을 때 소멸한다. 즉 점유물에 대한 사실상의 지배를 잃으면 점유권이 소멸한다. 그러나 일시적으로 점유를 잃더라도 1년 내에 '점유물반환청구권'으로 그 점유를 회수하면 점유는 계속된 것이 된다(민192조2항).

3) 점유권의 효력

점유권의 효력으로서 점유자가 점유물에 대하여 행사하는 권리는 적법하게 보유한 것으로 추정된다(권리의 추정, 민200조). 또한 선의의 점유자는 점유물에서 생기는 과실(果實)을 취득할 수 있다(과실취득권, 민201조1항). 점유자가 점유를 침해당한 경우에는 점유물반환청구권·점유물방해제거청구권·점유물방해예방청구권 등을 행사할 수 있다(점유보호청구권, 민204조 이하), 점유를 부정하게 침탈, 또는 방해하는 행위에 대하여 자력(自力)으로 이를 방어할 수 있다(자력구제권, 민209조).

IV. 물권의 변동

1. 물권변동의 의의

물권의 변동이란 물권의 발생·변경·소멸을 말한다. 이것을 권리 주체의 입장에서 본다면 물권의 취득·변경·상실 즉, 물권의 득실변경이 된다. 즉 물권변동은 그 대부분이 물권의 득실변경을 목적으로 하는 법률행위의 효과로서 일어나는데 이러한 물권변동을 목적으로 하는 의사표시를 요소로 하는 법률행위를 물권행위 또는 물권적 법률행위라고 한다.

2. 물권변동의 원인

물권의 변동은 법률행위에 따른 경우와 그 밖에 취득시효(민법245조), 상속(민 1005조), 무주물선점(민252조), 유실물습득(민253조), 매장물 발견(민254조), 첨부(민256조부터 제258조까지), 민법 외의 규정에 의한 공용징수, 몰수, 경매 등 법률의 규정에 따른 경우가 있으며 일정한 판결(민187조)에 따른 경우도 있다. 즉, 법률규정에 의한 물권변동에 있어서는 당사자의 의사에 의하지 않는 물권변동을 총칭하는 것으로서 취득시효, 선점, 습득, 발견, 소멸시효, 혼동, 상속, 공용징수, 경매, 몰수 등이 이에 해당한다.

3. 등기와 인도

1) 등기의 의의

"등기"란 국가기관(등기공무원)이 등기부라는 공적 장부에 부동산에 관한 권리관계를 기재하는 행위, 또는 그 기재 자체를 말한다. 그 절차나 방법은 원칙적으로 「부동산등기법」에서 규정하고 있다.

등기에는 부동산등기를 비롯하여 법인등기·상업등기·부부재산등기 등 여러가지가 있다. 부동산등기부에는 토지등기부와 건물등기부가 있으며, 1필지의 토지 또는 1동의 건물에 대하여 각각 하나의 등기용지를 사용한다. 하나의 등기용지에는 등기 번호란·표제부·갑구 및 을구의 4개 부분으로 되어 있다.

2) 등기의 종류

등기에는 그 내용, 효력, 방법에 따라 다음과 같이 분류 할 수 있다.

내용에 따른 분류에는 기입등기(새로운 등기원인에 따라 어떤 사항을 새로 기입하는 등기). 경정등기(등기를 마친 후 그 등기에 착오나 등기에 빠진 부분이 있음을 발견하였을 경우 이를 바로 잡기 위해 하는 등기). 변경등기(기존의 등기 일부를 변경하는 등기). 말소등기(기존의 등기를 말소하는 등기). 회복등기(멸실된 등기를 다시 회복하는 등기). 멸실 등기(부동산이 멸실되는 경우 표제부의 기재를 말소하고 그 등기용지를 폐쇄하는 방법으로 행하여지는 등기)등이 있다.

효력에 따른 분류에는 종국등기 와 본등기(등기 본래의 효력 즉 물권변동의 효력을 발생하게 하는 등기이며). 가등기(본등기의 순위를 보전하는 등기). 방법에 따른 분류에 따라 주등기(독립한 번호를 부여하는 등기). 부등기(독립된 순위번호를 갖지 않고 기존의 등기에 부기번호를 붙이는 등기)가 있다.

3) 인 도

인도란 점유의 이전을 말한다. 인도는 현실적으로 하는 것이 원칙이지만 현실의 인도 이외에도 간이인도·점유개정·목적물반환청구권의 양도 등이 있다.

즉, 물건의 사실상의 지배를 현실적으로 이전하는 행위이다. 인도를 동산물권양도의 효력발생요건으로 하는 취지는 부동산 물권의 등기제도와 마찬가지로 공시의 원칙의 한 표현으로서 거래의 안전을 기하기 위함이다.

인도를 필요로 하는 권리는 결국 소유권뿐이다. 왜냐하면 동산에 관한 물권 중 점유권·유치권·질권은 점유가 권리의 발생·존속의 요건이기 때문이다.

인도에는 물건의 사실상의 지배를 현실적으로 이전시키는 현실의 인도와 현실의 인도는 없고 단지 의사표시만으로 즉, 물건의 장소를 이전함이 없이 사실상의 지배가 이전되는 관념적인도의 두 가지가 있다.

4) 공시의 원칙과 공신의 원칙

(1) 의 의

공시의 원칙은 물권변동은 언제나 외부에서 그것을 인식할 수 있는 일정한 표상, 즉 공시방법을 갖추어야 한다는 원칙을 말하며, 공신의 원칙은 신뢰에서 거래한 자가 있는 경우에 비록 공시방법이 진실한 권리 관계와 일치하고 있지 않더라도 마치 그 공시된 대로의 권리가 존재하는 것처럼 다루어서 그 자의 신뢰를 보호해야 한다는 원칙을 말한다.

(2) 공시의 원칙

물권의 존재 또는 변동은 언제나 외부에서 인식할 수 있는 표상, 즉 공시방법을 갖추어야 한다는 원칙을 말한다.

다른 재산처럼 내가 집안에 옮겨놓을 수도 없는 부동산같은 경우 부동산물권에 변동이 있으면 이를 등기부에 등기하여 등기부에 알려야 한다는 것이다. 그래야만 제3자가 권리변동 내용을 알 수 있기 때문이다.

부동산물권의 공시방법은 등기, 동산물권의 공시방법은 점유이다. 그밖에 수목의 집단이나 미분리의 과실에 대한 소유권의 공시방법으로 관습법에 의해 인정된 명인방법이 있다.

다만, 수목의 집단은 입목에 관한 법률에 의하여 입목등기를 할 수도 있다.

공시의 원칙이란 배타적 권리의 변동은 점유나 등기, 등록과 같은 외형상 인식할 수 있는 표상이 아니면 온전한 효력이 생기지 아니한다고 하는 법률원칙으로 공시방법으로 부동산물권의 공시에는 등기, 동산의 인도(점유의 이전), 관습법상 수목집단, 미분리의 과실 등은 명인 방법(폿말, 게시판 등)이 인정되고, 회사설립은 등기, 특허권, 광업권은 이전은 등록, 혼인은 신고, 어음상의 권리양도 등은 배서 등이다.

우리 법제상 동산과 부동산 모두 이 원칙을 채용하고 있다. 이러한 공시원칙은 법률행위에 의한 물권변동, 물권의 득실변경(예: 계약)에만 적용이 있고 법률의 규정에 의한 물권변동(예: 상속, 공용징수, 판결, 경매 및 기타 법률의 규정에 의한 물권변동)에는 적용이 없다.

(3) 공신의 원칙

민법은 동산 물권에서만 선의취득 제도로서 이를 인정하고 있다(민249조). 예컨대 '갑' 소유의 자전거를 '을'이 빌려 점유하고 있었는데, '병'은 '을'의 소유물로 믿고 '을'로부터 그 자전거를 매수한 경우, 무 권리자 '을'로부터 양수(讓受)하였음에도 병은 그 자전거의 소유권을 취득한다.

공신의 원칙은 보다 적극적으로 거래안전을 위한 새로운 제도로 발전된 것이다. 공신의 원칙을 인정하면 물권거래의 안전은 보호되지만, 진정한 권리자는 자기의 권리를 잃게 되어 손해를 입게 된다. 따라서 진정한 권리자를 희생해서라도 거래의 원활화가 요구되는 동산물권에 관하여는 세계 각국의 대부분이 공신의 원칙을 인정하지만, 부동산물권에 관하여는 입법예가 나누어져 있다. 즉, 독일민법은 부동산물권에도 공신의 원칙을 인정하지만, 프랑스 민법과 일본민법은 동산물권에만 이 원칙을 인정하였다. 우리나라의 경우에도 일본민법처럼 부동산 물권에는 등기제도가 완비되지 않은 현실을 고려하여 부동산 등기의 공신력을 부정하고 있다.

공신의 원칙은 물권거래의 안전과 신속을 도모하기 위해 인정되는 것이며, 또한 공신의 원칙은 진정한 권리자의 권리를 희생하고 거래상대방의 신뢰를 보호하는 제도라 할 것이다.

V. 채권의 일반원칙

1. 채권의 의의

채권의 의의는 '특정인이 다른 특정인에 대하여 특정한 행위를 청구할 수 있는 권리'를 말한다. 예를 들어 특정한 '행위'에는 '금전'의 지급이라는 행위뿐만 아니라 '특정물건'의 인도와 어떠한 행위를 '하는 것(작위)', 그리고 특정한 행위를 '하지 않는 것(부작위)'까지 포함된다. 그리고 이 채권에 대응하는 의무, 즉 특정의 행위를 하여야 할 의무가 바로 채무이며, 이러한 권리를 가지는 자를 채권자, 반대로 이러한 의무를 가지는 자를 채무자라 한다.

물권은 사람과 물건과의 관계로서 물건을 직접 지배하지만, 채권은 사람과 사람사이의 관계로서 채권의 내용이 물건의 급부일 때에도 채권자가 그 물건을 지배하기 위하여는 채무자의 급부행위를 통하여서만 할 수 있는 간접지배이다.

채권은 또한 '특정인'에 대한 권리이다. 채권자가 그의 권리를 주장할 수 있는 상대는 오직 '채무자' 뿐이다. 이런 의미에서 채권을 '대인권', '상대권'이라 부르기도 한다. 이에 반하여 물권에서는 특정의 의무자라는 것이 없다. 물권은 물건을 직접 지배하는 권리로서, 이른바 '지배권'에 속하는데 반하여 채권은 채무자에 대한 청구를 내용으로 하는 '청구권'인 것이다.

2. 채권의 목적

채권의 목적이란 채무자의 행위, 지급, 이행, 급여, 변제, 급부 등의 행위를 청구하는 것으로 금전으로 가액을 산정할 수 없는것도 채권의 목적으로 할 수 있다.

예를 들면, 매도인이 매매목적물의 소유권을 이전하는 것이 채권의 목적이고, 재산권의 객체가 되는 물건은 급부의 목적물이다. 그러므로 채권은 법률의 규정에 의하여 직접 발생할 수도 있으나, 원칙적으로 법률행위, 특히 계약에 의하여 발생한다.

채권은 당사자 간에만 주장할 수 있는 상대권이므로 채권의 침해는 불법행위로 되지만, 물권적 청구권은 원칙적으로 생기지 않으며, 동일 물건을 목적으로 하는 채권과 물권이 존재하는 경우에는 물권이 채권에 우선한다.

3. 채권의 성립요건

첫째, 확정성으로서 채권의 목적인 급부는 확정되어 있거나 확정될 수 있는 것이어야 한다. 이 급부는 채권이 이행될 때까지 확정될 수 있으면 된다.

둘째, 가능성으로서 급부는 채권의 성립당시에 실현 가능한 것이어야 한다. 원시적 불능의 경우에는 무효라는 것이 통설이며, 후발적불능인 경우엔 귀책여부에 따라 효과가 달라진다.

셋째, 적법성과 사회적 타당성의 문제로서 급부 내용이 위법, 또는 부적법한 경우에는 계약은 무효이며 채권은 당연히 불성립한다. 또한 선량한 풍속 기타 사회질서에 반하지 않아야 한다. 예를 들면, 부동산의 이중매매가 제2매수인의 적극가담에 의한 배임행위일 때는 무효가 된다.

넷째, 급부는 일반적으로 금전적 가치를 지니지만 금전적 가치를 산정할 수 없는 급부를 목적으로 하는 경우에도 채권의 효력이 있다.

4. 채권의 발생원인

채권발생의 원인으로 계약과 불법행위가 가장 중요하나, 사무관리와 부당이득도 그 원인이 된다. 또 유언과 같은 단독행위도 그 원인이 되는 경우도 있다.

또한 채권의 종류로 민법은 특정물채권 · 종류채권(특정채권) · 금전채권 · 외화채권 · 이자채권 · 선택채권 등을 규정하고 있다(민374조~380조)

1) 계 약

계약이 성립하려면 당사자의 서로 대립하는 여러 개의 의사표시의 합치, 즉 합의가 있어야 한다. 이러한 합의는 보통 청약과 승낙으로 성립한다. 계약의 체결에 있어서 청약은 그에 대응하는 승낙과 결합하여 일정한 계약을 성립시킬 목적으로 하는 일방적 의사표시이며, 승낙은 청약의 상대방이 청약에 응하여 계약을 성립시킬 목적으로 청약자에 대하여 하는 의사표시이다.

따라서, 계약의 성립요건과 효력발생요건은 별개의 것이다. 요컨대, 계약의 성립요건은 당사자 사이의 의사표시의 합치, 즉 합의가 있어야 한다. 그러나 성립된 계약이 언제나 당사자가 원하는 대로의 효과를 발생하는 것은 아니며, 다시 여러 요건을 갖출 때 비로소 효과를 발생하게 된다. 또한 계약이 효력을 발생하려면 일반적 요건으로서 당사자가 권리능력 및 행위능력을 갖고 있어야 하며, 의사표시의 의사와 표시가 일치하고 하자(瑕疵)가 없어야 한다.

계약은 종류에 따라 채권 편에서 증여·매매·교환·소비대차·사용대차·임대차·고용·도급·현상광고·위임·임치·조합·종신정기금·화해 등, 14종의 계약에 관하여 규정하고 있는데, 이들을 유명계약(有名契約), 또는 전형계약(典型契約)이라고 한다.

(1) 증여(贈與)

당사자 일방(증여자)이 무상으로 재산을 상대방(수증자)에게 수여하는 의사를 표시하고 상대방이 이를 승낙함으로써 성립하는 계약입니다. 무상·편무계약의 전형이며, 또한 낙성·불요식계약이다.

유언은 유언으로 타인에게 재산을 무상으로 주는 단독행위인 점에서 증여계약과 다르다. 증여는 채권계약이므로 그 목적물은 자기의 재산에 한하지 않고 또 현재 증여자가 소유하고 있는 재산임을 요하지 않으며 재산상의 이익을 주는 것은 모두 증여의 목적으로 할 수 있다.

(2) 매매(賣買)

매매는 당사자 일방(매도인)이 재산권을 상대방(매수인)에게 이전할 것을 약정하고, 상대방은 그 대금을 지급할 것을 약정함으로써 성립하는 계약을 말한다(민563조). 매매는 낙성(諾成)·쌍무·유상계약이다.

매도인은 목적물을 완전히 매수인에게 인도할 의무를 부담한다. 즉, 매도인은 소유권 자체를 이전해야 하고, 권리변동의 효력발생요건으로서의 등기를 하여야 하며, 모든 권리증서와 그 밖에 이에 속한 서류를 인도하여야 한다. 여기서 특히 중요한 것은 매도인의 담보책임(賣渡人의 擔保責任)이다.

매매는 재화와 금전을 서로 교환하는 행위이며, 사회적 가치를 가진 재화가 모두 상품화된 오늘날 경제구조에서 매매는 사회적으로 중요한 제도이다. 매매는 전형적 유상계약이다.

(3) 교환(交換)

당사자 쌍방이 서로 '금전이외의 재산권'을 이전할 것을 약정함으로써 성립하는 계약을 말한다(민596조). 그러나 물물교환은 현재에는 별로 중요성이 없다. 토지의 교환 이외에는 거의 행하여지지 않기 때문이다.

교환은 낙성·쌍방·유상·불요식의 계약인 점에서 매매와 같다. 그러나 보통의 교환은 당사자 일방이 금전을 지급하지 않은 점에서 매매와 다르다. 교환은 유상계약이므로 서로 담보책임이 있다.

(4) 소비대차(消費貸借)

당사자 일방이 금전 기타 대체물(쌀·보리 등)의 소유권을 상대방에게 이전할 것을 약정하고, 상대방은 그와 같은 종류, 품질 및 수량으로 반환할 것을 약정함으로써 성립하는 계약을 말한다(민598조~608조). '금전'의 소비대차가 가장 대표적인 것이다.

소비대차계약은 낙성·무상·편무계약이다. 그러나 이자를 붙이면 유상·쌍무계약이 된다. 즉 민법상 소비대차계약은 차주와 대주간의 합의만으로 성립하는 낙성계약이다. 소비대차의 효력에 있어서 차주는 차용물과 같은 종류·품질·수량의 것을 반환할 의무가 있으며 다만 이자 없는 소비대차의 목적물에 하자가 있는 경우에는 차주는 하자 있는 물건의 가액으로 반환할 수 있게 하고 있다.

(5) 사용대차(使用貸借)

당사자 일방이 상대방(차주)에게 사용·수익하게 하기 위하여 목적물을 상대방에게 인도할 것을 약정하고, 상대방은 이를 사용·수익한 후 그 물건을 원상태로 반환할 것을 약정함으로써 성립하는 계약이다(민609조). 그러나 소비대차와 다르고, 무상인 점에서 임대차와 다르다. 사용대차는 무상계약이다.

사용대차 계약은 무상계약, 편무계약, 낙성계약, 계속적 계약에 속한다. 사용대차는 무상으로 동산·부동산으로부터 금전이나 유가증권까지 목적으로 할 수 있으므로 친근하고 특수한 관계에 있는자 사이에서만 많이 성립한다. 이 점에서 사용대차는 낙성계약이므로 대주는 목적물을 차주에게 인도할 의무가 있다. 차주는 목적물을 선량한 관리자의 주의의무로 보관할 의무가 있다. 차용물의 통상의 필요비는 차주가 부담한다.

(6) 임대차(賃貸借)

당사자 일방(임대인)이 상대방(임차인)에게 목적물(임차물)을 사용·수익하게 할 것을 약정하고, 상대방이 이에 대하여 차임을 지급할 것을 약정함으로써 성립하는 계약을 말한다(민618조). 임대인은 목적물의 사용·수익에 필요한 수선을 할 의무를 부담하고, 임대인이 이 의무를 이행하지 않을 때에는 계약을 해지할 수 있다.

임차인은 임차물을 반환할 때까지 '선량한 관리자의 주의'로 그 목적물을 보존하고, 계약 또는 임차물의 성질에 의하여 정한 용법에 따라 사용·수익하여야 한다.

임대차계약은 낙성·유상·쌍무·불요식계약이다. 목적물은 물건(동산·부동산)이다. 차임은 차용물의 사용대가이지 이자가 아니며, 금전에 한하지 않는다.

임차인의 갱신은 임대차의 갱신에는 계약에 의한 갱신과 묵시의 갱신이 있다.

또 민법은 임차인이 임대인의 승낙 없이 임차인으로서의 권리, 즉 임차권을 양도하거나 임차물을 전대하는 것을 금지하고, 만약 임차인이 이에 반하여 무단으로 제3자에게 임차물을 사용·수익하게 하면 임대인은 임대차계약을 해지할 수 있다고 규정하고 있다.

(7) 고용(雇傭)

당사자 일방이 상대방에 대하여 노무를 제공할 것을 약정하고, 상대방이 이에 대하여 보수를 지급할 것을 약정함으로써 성립하는 계약이다(민655조). 낙성의 유상·쌍무 계약이다. 또 노무공급계약의 일종이다.

고용은 노무의 제공 자체를 목적으로 할 뿐이므로 노무자는 사용자의 지시를 받을 의무가 있게 되며, 노사 간에는 일종의 지배복종관계가 형성된다.

민법상 고용의 기간은 직접적인 제한은 없다. 그러나 보통 3년을 넘거나, 당사자의 일방 또는 제3자의 종신을 기간으로 하는 때에는 각 당사자는 3년을 경과한 후에는 언제든지 해지할 수 있으므로(민659조1항) 간접적으로 최장기한을 제한한다.

즉 고용은 노무 자체의 이용을 목적으로 하고, 이것을 지시하여 일정한 목적을 위해 효과를 발휘시키는 권능이 사용자에게 속하는 것을 고용이라 한다.

고용의 종료는 기간의 약정이 있을 때에는 그 기간의 만료로 인하여 고용계약이 종료하는 것이 원칙이나 예외적으로 묵시의 갱신이 인정된다.

(8) 도급(都給)

도급(都給)은 어떤 일의 완성을 부탁받은 자(수급인)가 일을 하기로 약정하고, 부탁한 자(도급인)가 그 일이 완성되면 보수(報酬)를 지급할 것을 약정함으로써 성립하는 계약(민664조)이다. 도급계약은 쌍무계약, 유상계약이다. 도급은 일의 완성이라는 결과를 목적으로 하는 점에 차이가 있다. 따라서 특별한 신뢰관계가 없으므로 하도급(수급인이 그 일을 다시 제3자에게 도급하는 계약)도 가능하다. 이 개념들을 의사와 병원 간에서 구체적으로 살펴본다면, 먼저 고용주가 아닌

의사는 병원에 고용된 관계이지만 이때 병의 치료를 목적으로 계약했다면 도급이고, 병의 치료라는 사무의 처리를 목적으로 했다면 위임이 된다. 민법상 도급의 효력으로는 우선 수급인의 일의 완성과 목적물인도의무, 도급인의 보수지급의무가 기본적으로 발생되고 부차적으로 일의 결과에 하자가 있을 경우 수급인이 부담하는 담보책임이 있다.

(9) 현상광고(懸賞廣告)

광고자가 어떤 행위를 완료한 자에게 일정한 보수를 지급할 의사를 표시하고 이에 응한 자가 그 광고에 정한 행위를 완료함으로써 성립하는 계약이다. 현상광고는 광고행위가 계약의 청약이고 지정행위의 완료는 승낙의사의 실현이며, 이러한 두 행위의 합치에 의하여 성립하는 일종의 노무공급계약이다.

현상광고에 있어서는 광고에 지정한 행위의 완료기간을 정한 때에는 그 기간 만료 전에 광고를 철회하지 못하고(민679조1항), 광고에 행위의 완료기간을 정하지 아니한 때에는 그 행위를 완료한 자가 있기 전에는 광고와 같은 방법으로 광고를 철회할 수 있다(민679조2항). 그리고 이전 광고와 같은 방법으로 철회할 수 없는 때에는 그와 유사한 방법으로 철회할 수 있고, 이 철회는 철회한 것을 안 자에 대하여만 효력이 있다(민679조3항).

(10) 위임(委任)

위임이라 함은 당사자 일방이 상대방에 대해 사무의 처리를 위탁하고 상대방이 이를 승낙함으로써 성립하는 계약을 말한다(제680조). 위임은 원칙적으로 편무(불완전쌍무)·무상계약이므로, 수임인은 특약이 없으면 위임인에 대해 보수를 청구하지 못한다(제686조1항). 수임인은 위임의 본지(本旨)에 따라 선량한 관리자의 주의로써 위임사무를 처리할 의무가 있다(제681조). 또한 수임인은 보고의무·취득물인도의무·취득권리이전의무와 금전소비의 책임 등을 진다.

위임인은 비용선급의무·필요비상환의무·채무변제의무·손해배상의무·보수지급의무 등을 진다. 위임의 특별한 종료원인으로서 민법은 당사자에 의한 해지, 당사자의 사망, 당사자의 파산, 수임인의 금치산선고를 규정하고 있으며

(제689·690조), 그 밖에도 위임사무의 종료, 이행불능, 종기(終期)의 도래 등으로 위임이 종료됨은 물론이다.

(11) 임치(任置)

임치는 당사자의 일방(임치인)이 상대방에 대해 금전이나 유가증권, 기타 물건의 보관을 위탁하고, 상대방(수치인)이 이를 승낙함으로써 성립되는 계약이다(제693조).

임치는 위임과 상당히 비슷한 점이 있으며 따라서 민법은 임치에 대해 위임에 관한 규정을 많이 준용하고 있다(제701조).

임치계약에서 수치인은 기본적으로 임치물 보관의무와 임치물 반환의무를 진다. 또한 보관에 따르는 부수적 의무로서 위험통지의무(제696조) 및 위임 규정의 준용에 따른 수임인의 의무를 부담한다(제701조). 효력에 있어서 임치인은 위임인과 동일한 의무가 있고, 또 임치물의 성질 또는 하자로 인하여 생긴 손해를 수치인에게 배상하여야 하는데 이것은 일종의 무과실책이 이다. 다만 수치인이 그 성질 또는 하자를 안 때에는 배상을 요하자 않는다. 임치는 기간만료나 목적물의 멸실 등과 같은 계약종료의 일반 원인에 의해 종료되지만, 민법은 임치의 특수한 종료원인으로서 당사자에 의한 해지를 인정한다.

(12) 조합(組合)

조합은 2인 이상이 상호 출자하여 공동사업을 경영할 것을 약정함으로서 성립하는 계약을 말한다(민703조). 조합원의 출자의무는 조합계약의 요소이나, 출자의 종류나 성질에는 제한이 없으므로 노무·상호·신용 등도 출자의 대상이 된다.

조합에는 민법상 조합 외에 특수한 목적을 위해 설립된 노동조합이나 농업협동조합 등과 같이 조합이라는 명칭을 사용하지만 그 조직이 사단적이고 법인격을 가지고 있는 특별법상의 조합이 있다. 민법은 채권편에 조합에 관한 규정을 두고 있는데, 그 조합규정은 법인격 유무나 명칭 여하를 막론하고 특별법에 의해 그 적용이 금지·제한되지 않는 한 조합의 실체를 갖춘 단체에 대해

적용된다.

　조합계약은 낙성·불요식 계약이며 유상·쌍무 계약이다. 조합이 목적으로 하는 사업은 사회질서 및 강행규정에 위반되지 않는 한 그 종류나 성질에 제한이 없으나 조합원 전원에 의해 경영되어야 하고, 그 이익은 전 조합원에게 분배되는 것이어야 한다.

(13) 종신정기금(終身定期金)

　종신정기금이라 함은 당사자 일방이 자기, 상대방 또는 제3자의 종신가지 정기로 금전 기타의 물건을 상대방 또는 제3자에게 지급할 것을 약정함으로써 성립하는 계약을 말한다(민725조). 아무 대가없이 증여로 하는 때에는 무상계약이고, 외상채무, 소비대차채무를 종신정기금으로 전환시킨 때에는 유상계약이다.

　정기금채무에 불이행이 있을 때에는 채무불이행의 일반 원칙에 따라 손해배상 청구권·계약해제권 등 일반적 효과가 발생함은 물론, 계약해제에 의한 정기금 원본의 반환청구에 관하여는 특칙이 있다(민727조). 또 채무자의 책임 있는 사유로 계약종료의 기준이 되는 자가 사망한 경우에는 법원의 선고에 의해 '상당한 기간' 존속하는 것으로 된다(민729조1항). 종신정기금 계약은 낙성·불요식계약이며, 특정인의 사망이라는 우연한 사실에 계약의 존속이 매어 있으므로 일종의 사행(射倖)계약이다.

(14) 화해(和解)

　당사자가 서로 양보하여 당사자 간의 분쟁을 종지할 것을 약정함으로써 성립하는 계약을 말한다(민731조). 화해계약은 분쟁이 있음을 요건으로 하므로, 예컨대 일방이 타방을 속여 당사자 간에 일정한 법률관계가 생기는 것을 약정하는 것은 화해가 아니다. 분쟁의 종류에는 제한은 없다. 다만, 당사자가 처분할 수 없는 권리관계에 관하여는 화해할 수 없다.

　화해는 당사자의 합의만으로 성립하는 낙성계약이며, 불요식 행위이나, 다만 재판상의 화해는 조서의 작성이 필요하다.

　화해계약으로 당사자 일방이 양보한 권리가 소멸되고 상대방이 그 권리를 취득하는 효력이 생긴다(민732조). 이것을 화해의 창설적 효력이라 한다. 화해계약은 착오를 이유로 취소하지 못한다(민733조 본문). 다만, 화해당사자의 자격 또는 화해의 목적인 분쟁 이외의 사항에 착오가 있는 때에는 취소할 수 있다(민733조 단서).

5. 채권의 소멸

채권은 소멸되는 이유가 여러가지 있는데 민법이 규정하는 것으로는 다음의 것이 있다. 변제, 대물변제, 공탁, 상계, 경개, 면제, 혼동이 있으며 또한 채무자가 채권자의 상속인이 된 경우에 채권은 소멸한다.

채권의 소멸원인에는 위에서 보는 것과 같이 민법이 규정하는 7가지가 있는가 하면 일반적 소멸원인에는 법률행위의 취소, 소멸시효, 조건의 성취, 종기의 도래, 계약의 해제 등이 있다. 여기에서 민법이 규정하는 7가지의 규정에 의하여 알아보기로 한다.

1) 변 제

변제는 채무자 기타의 자가 채무의 내용인 급부를 실현하는 채무의 행위이다. 변제가 있으면 채권은 소멸한다(민460조~486조). '이행'과 같은 용어이지만, 이행은 채권의 효력 상의 용어이고, 변제는 채무의 소멸상의 용어이다. 변제를 완료하기 위하여는 채무자와 채권자가 서로 협력을 필요로 하는 경우가 많다.

채무자는 자기 채무에 대하여 최대한 이행하여야 하며, 채권자 또한 채무변제에 협력해야 하는 신의성실의 원칙상의 의무가 있다.

변제는 채권의 내용에 따라 본래의 급부대로 이행하는 것이 보통이지만, 채권자의 승낙이 있으면 다른 물건으로 변제할 수도 있다. 이것을 대물변제(代物辨濟)라고 한다.

2) 대물변제

대물변제란 채무자가 부담하고 있는 본래의 급부에 갈음하여 다른 급부를 함으로써 채권을 소멸시키는 계약이다.

[판례] 대물변제는 본래의 채무에 갈음하여 다른 급여를 현실적으로 하는 때에 성립되는 요물계약이므로. 다른 급여가 부동산의 소유권이전인 때에는 등기를 완료하여야만 대물변제가 성립되어 기존채무가 소멸되는 것이므로 대물변제계약이 효력을 발생하기 전에 채무의 본지에 따른 이행으로 기존채무가 소멸되고 난 뒤에는 대물변제 예약(당사자 간에 예약된 대물변제 계약)으로서는 부동산소유권이전등기청구를 할 수 없다.(출처: 대법원 1987.10.26. 선고 86다카1755 판결)

3) 공 탁

공탁은 채무자가 변제의 목적물(금전 기타의 유가증권)을 공탁서에 임치하고 채무를 면하는 것을 말하는 것으로 공탁에는 변제를 위한 공탁, 담보를 위한 공탁, 보관을 위한 공탁 및 특수공탁 등이 있다.

변제공탁은 공탁함으로써 채무자가 채무를 면하게 되는 공탁으로서, 채권자가 수령을 거절하거나 수령할 수 없거나, 또는 과실 없이 채권자를 알 수 없는 경우 등에 할 수 있다. 담보공탁은 상대방에게 생길지도 모르는 손해를 담보하기 위한 공탁으로서, 가령 가집행선고·가압류·가처분 등에 수반되는 공탁 등이 그것이다.

보관공탁은 타인의 물건을 즉시 처분할 수 없는 경우에 하는 일시적인 공탁으로서, 가령 경매로 인한 매득금이 배당에 참가한 각 채권자를 모두 만족시킬 수 없는 경우에 하는 공탁 등이 그것이다. 즉 공탁자와 법이 정하는 공탁기관 사이에 체결되는 임치계약을 말한다.

4) 상 계

상계라 함은 채권자와 채무자가 서로 동종의 채권과 채무를 가질 시, 서로의 채권과 채무를 대등액에서 소멸시키는 의사표시로써 일방적 의사표시이다.

이처럼 상계제도가 존재하는 이유는 채권자와 채무자가 동종의 채권·채무를 현실적으로 서로 청구·집행·이행하는 무익한 시간과 비용의 낭비를 생략하고, 또 양당사자 가운데 어느 일방의 자력이 악화된 경우 다른 당사자에게 채무의 전액변제를 요구하는 것은 불공평하기 때문이다.

5) 경 계

채권자와 채무자의 관계에서 어떤 채무의 이행과 함께 완전히 새로운 채무를 만드는 것으로 구 채무를 없애 버리고 신 채무를 성립시키는 계약이다. 따라서 구채무가 존재하지 않은 상태에서는 신채무가 성립하지 않으며, 신채무가 성립하지 않아도 구 채무는 소멸하지 않는다. 그러나 또 구 채무를 발생시킨 원인계약에 취소사유가 있을 때, 이의를 유보하고 후에 그 계약이 취소되면 그 경개계약은 처음부터 무효가 된다.

6) 면 제

채권자가 채권을 포기하는 단독행위를 말한다. 채무자의 승낙을 필요로 하지 않으며 채권자가 단독으로 할 수 있다(민506조 본문). 즉 면제는 채권을 무상으로 소멸시키는 채권자의 단독행위로 채권의 포기이다. 면제의 의사표시는 명시적이든 묵시적이든 묻지 않는다.

7) 혼 동

채권의 소멸원인 중 하나로서 채권과 채무가 동일인에게 귀속하는 사실을 말한다. 혼동이 일어나는 사례로는 채권자가 채무자를 상속하거나 채권자인 회사와 채무자인 회사가 합병한 경우, 채무자가 채권을 양수한 경우, 세 들어 산 집을 구입하여 보증금 채무자가 세입자 자신이 된 경우 등을 들 수 있다. 채권과 채무가 동일인에게 귀속한 때에는 채권은 소멸한다(민507조).

혼동이 일어나는 원인은 상속·합병 등의 포괄승계나 매매 등의 특정승계를 불문한다. 물권의 혼동(민191조 참조)에는 소유권과 제한물권과의 혼동, 제한물권과 그 제한물권을 목적으로 하는 제한물권의 혼동이 있다.

제4장

부동산거래 법률문제와 임대차

제4장

부동산거래 법률문제와 임대차

Ⅰ. 부동산 매매의 법률문제

부동산을 계약할 때에 가장 중요한 것은 등기부 등본을 확인하는 것이다. 등기부 등본을 보면서 건물이나, 땅의 주인이 정말 본인이 맞는지, 주소가 정확한지를 확인해야 한다. 그 다음으로는 사려고 하는 부동산이 다른 사람에게 저당 잡힌 곳은 아닌지, 가압류되어 있는 것은 아닌지 살펴보아야 한다. 또한 구청에서 건축물 관리 대장과 토지 이용 계획 확인서를 발급, 구입 하려는 당에서 내가 하고 싶은 일을 정말로 할 수 있는지 알아보도록 한다.

1. 매매의 의의

매매는 당사자 일방(매도인)이 재산권을 상대방(매수인)에게 이전할 것을 약정하고 상대방이 그 대금을 지급할 것을 약정함으로써 그 효력이 생긴다.

그러므로 매매는 양 당사자가 지게 되는 의무가 서로 대가관계에 있으므로 쌍무계약이며, 일방 당사자가 지는 의무가 원인이 되어 상대방도 의무를 지므로 유상계약이다. 또 매매의 성립에는 특별한 방식이 요구되지 않으므로 불요식계약이다. 만약 재산권 이전에 대한 대가로 금전의 지급이 아닌 다른 재산권을 이전할 것으로 약정된 때는 매매가 아니라 교환이다(민596조).

2. 부동산 매매 시 유의사항

누구나 부동산 거래시 전·월세를 구입할 때도 중요하지만 토지를 매매 할 때 꼼꼼히 챙겨야 될 것이 많다. 즉 부동산 거래시 최고로 중요한 사항은 소유권 이전에 문제가 없느냐 하는 것이다.

부동산을 계약할 때에 가장 중요한 것은 등기부 등본을 확인하는 것이다. 등기부 등본을 보면 건물의 주인이나 땅주인(소유권)이 정말 맞는지, 주소지에 정확히 집이 있는지 등을 확인해야 한다. 즉 소유자의 일치여부·저당권·채권설정 등이 계약서와 동일한지를 확인하며, 단독 주택일 경우 토지대장, 건축물대장, 토지이용계획 확인원을 열람 내가 계획하고자 하는 목적에 적합한가를 알아본다.

1) 부동산의 현장조사

서류를 확인한 부동산은 직접 본인이 현장에 가서 부동산을 살펴보고 도로여건, 주변환경 등 서류와 부동산의 건물과 땅이 일치하는지 등을 눈으로 확인해야 한다.

2) 부동산의 소유자 확인

계약 전에 등기부등본을 발급받아 보고 소유자를 확인한다. 계약할 때는 번거롭더라도 신분증을 직접 보고 매도인이 등기부에 소유자로 올라온 사람인지 살펴본다. 계약은 등기부 상의 소유자와 직접 맺어야 하는 것이 원칙이나, 만약 대리인과 매매계약을 체결할 경우에는 대리인의 위임장을 확인, 본인과 연락할 수 있을 때에는 직접연락 하여 확인하는 것이 안전하다. 또한 소유자와 직접 계약할 때에도 소유주가 미성년자, 금치산자, 한정치산자가 아닌지 확인해야하며, 이들과의 행위는 취소 할 수 있다.

3) 계약전의 반드시 확인사항

만약 계약하는 상대방 자신이 매도인의 대리인이라는 취지로 이야기할 경우, 그 대리인의 신분증과 매도인 본인의 인감증명서가 첨부된 위임장을 요구하여 복사해두는 것이 좋다. 가능하면 토지, 임야대장 및 건축물대장, 도시계획확인서 등을 발급받아 부동산의 현황이 토지 및 건축물대장과 일치하는지 알아보는 것도 좋다.

또한 파는 사람(매도인)과 사는 사람(매수인)의 이름, 주소, 주민번호, 연락처와 부동산을 넘겨줄 시기의 정함, 그 외의 특약사항을 확인한다.

4) 계약서의 작성요령

부동산의 표기 : 등기부에 나와 있는 부동산 표시와 똑같이 적어야 하며. 소재지는 부동산이 있는 주소를 말한다. 토지는 지목과 면적을, 건물은 구조 및 용도와 면적을 기재한다. 또한 등기부와 동일하게 적는다.

당사자의 표시 : 매도인(파는 사람)과 매수인(사는 사람)의 인적사항을 적는다. 신분증과 등기부등본에 나와 있는 주민등록번호, 주소와 일치하는지 확인한다. 만일 회사의 부동산을 사고판다면 매도인(또는 매수인)란에 "주식회사 ○○○○"라고 적고 대표이사의 이름도 함께 적는다.

소유권 이전과 인도 : 법률적으로 매수인이 잔금을 주는 것과 매도인의 등기서류를 넘겨주는 것은 동시에 이루어져야 한다.(동시이행항변권) 만일 합의가 이루어졌다면 각기 다른 날로 정할 수도 있다.

부동산에 대한 부담의 소멸 : 매도인은 소유권을 이전할때 아무런 제한이 없는 완전한 소유권을 이전해주어야 한다. 근저당권(은행대출 등)이나 전세권이 설정되어 있는 부동산을 살 때가 특히 중요하다.

이럴 때 매수인이 이러한 부담을 안고 살지, 아니면 집주인에게 말소해달라고 요구할지 확실하게 정한다. 매수인이 매도인의 은행대출이나 전세를 안고 사면 당장 목돈을 챙겨야 하는 부담이 줄어든다는 장점이 있다.

날짜와 서명날인 : 계약일자를 적는다. 계약서가 여러 장이면 서류 사이에 도장(간인)을 찍는다. 회사와 거래하면 법인도장을 찍어야 한다.

3. 계약금이란

계약을 체결할 때 당사자 일방이 상대방에게 교부하는 금전이나 기타의 유가물.

보통 매매계약 시에 계약금을 교부하지만 이것은 계약의 성립요건은 아니며, 민법에서는 매매에 관해서만 계약금 규정을 두고 있으나, 이는 모든 유상계약(有償契約)에 준용된다. 계약금은 교부하는 목적과 작용에 따라 3가지로 나눌 수 있다.

첫째 : 계약금은 매매계약의 체결을 증명하는 성질을 가진다. 이를 증약금이라고 한다. 모든 계약금이 가지는 최소한도의 성질이다.

둘째 : 위약(違約)계약금의 성질을 갖기도 한다. 계약금을 교부한 자가 계약상의 채무를 이행하지 않는 경우 계약금수령자는 위약벌(違約罰)로 그 금액을 몰수하고, 반대의 경우에는 교부자가 그 배액을 상환해야 하는 계약금을 의미한다. 이때 채무불이행으로 인한 손해배상은 이와 별도로 청구할 수 있다.

셋째, 해약금으로 해석해야 하는 경우에는 계약해제권을 유보한 것으로 보아야 하는데, 당사자 간에 특약이 없을 때 민법은 계약금을 위약금으로 추정한다. 계약금(해약금)교부자는 그것을 포기하고 계약을 해제할 수 있으며, 계약금수령자는 계약금의 배액을 상환하고 해제할 수 있다. 이때 계약금수령자는 계약해제의 의사표시와 함께 배액의 '제공'이 필요하다. 해제할 수 있는 기간은 당사자 일방이 이행에 착수할 때까지이며, 매매의 경우 통상적으로 중도금을 지급할 때까지는 계약해제가 가능한 것으로 본다.

4. 해약금이란

매매의 당사자일방이 계약당시에 금전기타물건을 계약금, 보증금등의 명목으로 상대방에게 교부할 때는 당사자 간에 다른 약정이 없는 한 당사자일방이 이행에 착수할 때까지 교부자는 이를 포기하고 수령자는 그 배액을 상환하여 매매계약을 해제할 수 있다, 즉 해약금이란 해제권유보 담보물이다,

매매당사자 일방이 계약체결 시에 금전 기타물건을 계약금, 보증금등의 명목으로 상대방에게 교부한 경우에 이를 해약금으로 보아 당사자 간에 다른 약정이 없는 한 당사자일방이 이행에 착수하기 전까지는 그 금전 기타물건의 교부 자는 이를 포기하고 매매계약을 포기 할 수 있으며, 수령자는 그 배액을 상환하고 매매계약을 해제 할 수 있다, 계약금 교부에 의하여 당사자 간에 유보되는 해제권은 당사자 일방이 이행에 착수함으로써 소멸된다, 그러므로 중도금이 지급된 경우에는 계약금을 포기하고 계약을 해제 할 수 없는 것이다,

계약금이 지나치게 고액인 경우에는 증약금(계약 증거금)의 의미만 있으며 계약금을 당사자의 특약에 의하여 위약금(위약벌로써 교부되는 금전)으로 할 수도 있다.

◆ **계약금의 성질**
1. 계약금의 성질은 최소한 언제나 증약금 으로 볼 수 있다.
2. 우리민법은 계약금을 해약금으로 추정한다.
3. 계약금은 금전에 한하지 않으며 유가물이라도 무방하다.
4. 당사자의 약정이 있는 경우 손해배상예정액의 성질을 갖는다.
5. 계약금은 매매, 교환, 임대차, 도급, 고용 등, 유상계약의 종된 계약이나 주된 계약과 반드시 성립해야 하는 것은 아니다.

---

5. 부동산 매매계약서

매매계약은 대상과 대상을 교환하는 계약을 말한다. 주로, 한측이 물품을 제공하게 되면, 다른 한쪽이 이에 대한 대가를 지불하는 것이 매매계약의 일반적인 모습이라 할 수 있다. 매매계약은 매도인과 매수인 사이에서 합의만 되면 유효하게 계약으로써 성립하게 된다.

또한 매매계약을 하겠다는 의사표시는 서면, 구두 등 다양한 방법으로 가능

하다. 여기서 설명하고 있는 매매계약서는 물품 매매에 대한 계약서로 인도기일, 장소, 운송방법, 대금지급조건, 특약사항을 기록하는 서식이다.

매매계약서를 작성하기 전 매도인이 매매목적물의 정당한 권리자인가를 분명히 알아야 한다. 그 후 매매목적물의 확인 및 계약의 요지를 확인한 후 누락이나 틀린 문구 등의 여부를 확인하고 이를 수정·보완하여 기명·날인하면 된다. 계약서를 작성하고 나서 이러한 사항들을 꼼꼼히 확인하고, 당사자가 기명 날인 후 각자 1통씩 보관하도록 한다.

6. 등기의 실행

신청서 등의 반환, 등기신청이 전부 취하된 경우에는 등기관은 등기신청서와 그 부속서류의 일체 및 신청수수료를 신청인 또는 대리인에게 반환한다.

(각하 시에는 신청서를 제외한 부속서류만 반환) 등기의 실행에 대해 알아보면 등기의 실행순서는 접수번호 순서에 따른 실행하며, 등기관은 접수번호의 순서에 다라 등기를 하여야 한다. 다만 수십 필지의 분할, 합병등기, 여러 동의 아파트 분양사건과 같은 집단사건, 또는 법률적 판단이 어려운 경우와 같이 만일 접수 순서대로 처리한다면 후순위로 접수된 다른 사건의 처리가 상당히 지연될 것이 예상될 경우에는 그 사유를 등록하고 이들 신청사건보다 나중에 접수된 사건을 먼저 처리할 수 있다.

그러나 동일 부동산에 대하여 여러 개의 등기신청사건이 접수된 경우 그 상호간에는 위 지연처리 보정명령을 한 경우에도 반드시 접수순서에 따라 처리하여야 한다. 다만 동일한 부동산에 대하여 접수번호의 순서와 다르게 등기가 실행되었다면 즉 후순위로 접수된 등기가 먼저 실행되었다 하더라도 당해 등기는 법29조2호에 해당하는 것은 아니며 실체관계에 부합하면 유효하다 따라서 등기관이 직권 말소할 수 없고 등기상 이해관계인도 이의를 제기할 수 없다.

실선으로 지워야 하는 경우. 변경 경정등기의 경우 변경 경정 전의 등기사항을 실선으로 지운다. 멸실 등기 부동산표시와 표시번호를 실선으로 지운 후 등기용지를 폐쇄한다. 말소등기를 한 후에 말소될 등기를 실선으로 지운다.

소유권 이외의 권리에 있어 소유권 이외의 권리 이전등기를 하는 경우에는 종전권리자의 표시를 실선으로 지운다.

II. 부동산 임대차의 법률문제

1. 임대차의 법률관계

민법은 임차권의 존속기간에 관하여 최장기간만을 제한하고 최단기간의 제한은 두고 있지 않다. 즉 임대차의 존속기간은 원칙적으로 20년을 넘지 못하는데, 다만 일정한 공작물의 소유를 목적으로 하는 토지임대차나 식목·채염을 목적으로 하는 토지임대차의 경우에는 20년이라는 최장기의 제한을 받지 않는다.

또한 임대차기간의 약정이 없는 때 임대인이나 임차인은 언제든지 계약해지의 통고를 할 수 있는데, 부동산임대차의 경우에는 임대인이 해지통고를 한 후 6개월, 임차인이 해지통고를 한 후 1개월, 동산임대차의 경우에는 임대인·임차인의 구별 없이 해지통고를 하고 5일 후에 효력이 발생한다. 다만 주택임대차에 관해서는 임차인의 보호를 위하여 존속기간의 약정이 없거나 기간을 2년 미만으로 정한 경우에는 그 기간을 2년으로 보고 있다(주택임대차보호법 제4조1항).

임대차 존속기간의 연장을 위하여 계약의 갱신이 인정되는데, 계약기간이 만료된 경우 당사자 사이의 계약으로 10년을 넘지 않는 범위에서 횟수에 관계없이 갱신계약을 체결할 수 있으며, 존속기간 만료 후 임차인이 임차물의 사용·수익을 계속하는 경우에 임대인이 상당한 기간 내에 이의를 제기하지 않으면 법정갱신이 되어 기간의 약정이 없는 임대차가 성립된다. 그리고 부재자 재산관리인처럼 처분권한은 없으나 관리권이 있는 자에 대해서는 단기의 임대차(대상에 따라 10년·5년·3년·6개월)가 인정된다.

2. 주택임차인의 보호

임차인은 대항요건만으로 등기 없이 간편한 방법으로 돈 안 들이고 후순위 채권자보다 대항력을 인정받는다.(주택임차법제3조의1항) 또한 대항요건을 갖춘 임차인이 확정일자를 받아두면 우선변제권이 있다. 이는 담보물권이 아닌데도 우선변제권을 부여했다. 그리고 보증금반환을 위해 목적물에 대한 등기할 수 있는 임차권 등기명령제도는 (주택임차법제3조의2의1항)에 규정하고 있다.

임차권 등기명령에 의해서 등기된 후의 부동산에 임차한 임차인은 소액임차인이라도 최우선변제권의 보호받지 못한다.(주택임차법제3조의2제3항)

그리고 주택에 거주하면서 판결을 받아서 경매 신청권을 할 수 있도록 했다.

다만 보증금을 수령하기 위해서는 임차물을 명도하여야 한다. 이러한 권리는 물권인 전세권보다 앞선다. 민법상 임차인이 자신의 권리를 보호하기 위해서는 '임차권 등기'나 '전세권 등기'를 해야 하는데, 집주인들이 주택의 담보가치가 하락하는 것을 염려해 등기에 동의해주지 않는 경우가 많았다.

민법상 등기하지 않은 전세는 2순위에 해당하는 채권으로 우선변제권이 없기 때문에 그동안 많은 임차인들이 피해를 입어왔다.

1) 주택임대차 보호법

주택임대차보호법은 민법의 특별법으로, 특별법 우선적용 원칙에 의해 민법에 우선하여 적용된다. 또 강제로 지켜야 하는 강행법규로 이 법에 어긋나는 내용의 계약은 무효가 된다.

이 법은 임차인이 자신의 임차권을 등기하지 않아도 '주택의 인도'와 '주민등록'을 마치면 그 다음날부터 제3자에게 대항력을 행사할 수 있도록 하고, '확정일자'를 기준으로 우선변제권을 획득할 수 있도록 하는 등 주택 임대차에서 임차인의 권리를 강화시키는데 주안점을 두고 있다.

2) 대항력

주택임대차보호법 제3조 제1항에 따라 임차인은 등기를 하지 않아도 주택의 인도(실질적으로 입주해서 살고 있는 것)와 주민등록(전입신고)만 하면 그 다음날부터 제3자에게 임대차의 내용을 주장할 수 있는 대항력이 생긴다.

즉, 임차주택이 매매되거나 경매된 경우에 임차인이 매수인 이나 낙찰자에게 보증금을 돌려달라고 요구할 수 있는 것이다. 단 임차인이 대항력을 가지기 위해서는 금융권의 근저당권 등 보다 시기적으로 먼저 대항요건을 갖춰야 한다.

3) 우선 변제권

대항력을 갖춘 임차인이 확정일자를 받으면 그 날짜를 기준으로 우선변제권을 갖게 되어 임차주택이 경매 또는 공매 되는 경우 확정일자 날짜 순위에 따라 보증금을 우선적으로 변제받을 수 있다. 이러한 대항력에 더해 임대차 계약서상에 확정일자를 갖추면 후순위권리자에 대해 우선변제권을 획득할 수 있다. 확정일자는 법원등기과나 동사무소 등에서 계약서에 찍어주는 날짜도장을 말하는데 그 날짜에 해당주택 임대차가 있었다는 것을 증명하는 역할을 한다.

4) 임차인의 최우선 변제권

최우선 변제권이란 주택임대차보호법에 의하여 임차주택의 경·공매 시에 소액임차인의 보증금 중 일정액을 다른 담보물권자보다 우선하여 변제받는 권리를 말한다.

다만 최우선 변제권이 성립하려면 일정한 요건을 모두 갖춰야 한다.

먼저 임대 보증금액이 일정금액 이하여야 한다. 주택임대차보호법에 따르면 2016년 3월 31일을 기준시점으로 서울은 임대 보증금이 1억원 이하여야만 최우선 변제를 받을 수 있으며. 더욱 중요한 것은 기준시점이다. 만약 들어갈 집에 선순위근저당(은행대출 등)이 없다면 임대차 계약일이 기준시점이 돼 최우선 변제권을 갖는다. 하지만 계약일에 앞서 담보물권, 즉 저당권이나 근저당권, 가등기담보권 등이 있다면 기준시점은 근저당권 설정일이 된다. 수도권 과밀 억제권역(서울특별시 제외)보증금6,500만원 이하의 경우 최우선변제 2,200만원, 보증금8,000만원 이하의 경우 최우선변제2,700만원. 기타지역 보증금 4,000만원일 경우 1,400만원과 5,000만원 이하일 경우 1,700만원을 최우선 변제 받을 수 있다.

3. 임대차 기간의 보장

주택임대차의 기간은 당사자 간에 자유로이 정할 수 있으나 기간의 정함이 없거나 기간을 2년 미만으로 정한 임대차는 그 기간을 2년으로 본다(민4조1항).

임대인이 임대차기간 만료 전 6개월부터 1개월까지에 임차인에 대하여 갱신 거절의 통지, 또는 조건을 변경하지 아니하면 그 기간이 만료된 때에 전 임대차와 동일한 조건으로 다시 임대차한 것으로 본다(민6조1항). 다만, 임대차 기간을 2년으로 정하여 임차인을 보호하려는 것은 임차인 자신의 의무를 다하지 않았을 때에도 무조건 보호해 준다는 취지는 아니므로 임차인이 2기의 차임을 연체하거나 기타 의무를 현저히 위반한 때에는 보호받지 못한다.

> ◆ **주택임대차보호법**
>
> **제4조(임대차기간 등)** ①기간을 정하지 아니하거나 2년 미만으로 정한 임대차는 그 기간을 2년으로 본다. 임차인은 2년 미만으로 정한 기간이 유효함을 주장 할 수 있다. ② 임대차기간이 끝난 경우에도 임차인이 보증금을 반환 받을 때까지는 임대차 관계가 존속되는 것으로 본다.

4. 보증금의 반환

임대차 계약이 종료되면 임차인은 주택을 인도하고 임대인은 보증금을 반환하여야 하는데 이는 동시에 행하는 것으로 이를 법률적으로 "동시이행"관계에 있다고 할 것이다.

이에 관하여 민법 제536조 제1항 본문은 동시이행항변권에 관하여 쌍무계약의 당사자 일방은 상대방이 그 채무이행을 제공할 때까지 자기의 채무이행을 거절할 수 있다고 정하고 있다.

1) 기한을 정하지 않는 경우

그 기간은 2년으로 본다. 이는 세입자(임차인)를 보호하기 위한 것이다. 임차인은 2년 미만으로 임대차 기간을 정할 수 있고, 나가고 싶을 때에는 나가려는 날짜보다 한 달 전에 집주인에게 그 뜻을 알리면 3개월 후에 해지의 효력이 생기므로 바로 임대차 계약을 종료시킬 수 있다

2) 일정 기간을 계약한 경우

계약 당시에 계약 해제에 대한 특별한 약정을 했거나 법률에 의한 계약의 해제 사유가 없는 한 임차인이나 임대인의 마음대로 계약을 해제 할 수 없다. 다만 임대인과 임차인이 합의를 하여 계약을 해지할 수 있을 뿐이다.

3) 임대차 보증금의 반환 절차

(1) 내용 증명 우편의 발송

임차인은 임대차 계약 사실, 그 기간이 종료되었다는 사실 및 돌려받아야 할 보증금의 액수를 적어 내용 증명 우편으로 발송 한다.

(2) 임차권 등기 명령

임대차가 종료된 후 이사를 해야 하는 임차인이 간편한 방법으로 주택의 임대차 등기를 할 수 있게 함으로써 대항력과 우선변제권을 유지하면서 이사할 수 있도록 한 제도이다.

① 주택 임대차 등기 명령의 신청

임차권 등기명령은 임차 주택의 소재지를 관할하는 지방법원, 지방법원 지원, 시·군법원에 신청할 수 있다.

② 주택 임차권 등기촉탁

법원사무관 등은 임차권 등기 명령이 나오면 바로 촉탁서에 재판서 등본을 첨부하여 등기관 에게 임차권 등기를 기입하게 한다.

③ 주택 임차권 등기의 효력

임차인은 임차권의 유효함을 다른 사람에게도 주장할 수 있고, 주택이 경매되어도 우선적으로 보증금을 돌려받을 수 있으며, 다른 곳으로 이사를 가더라도 임차인이 가지는 대항력을 잃지 않게 된다는 장점이 있다.

5. 상가건물 임대차보호법

상가건물의 임대차에서 일반적으로 사회적·경제적 약자인 임차인을 보호함으로써 임차인들의 경제생활의 안정을 도모하기 위하여 민법에 대한 특례를 규정한 것이다.

이는 임대인의 해지권 남용, 임대차 기간의 불안정성, 월세 산정 시, 고율의 이자율 적용, 임대보증금 미반환 등으로 인한 임차인의 피해를 막는 것이 주요 목적이다. 모든 임대차 계약에 적용되는 것은 아니며 영업용 건물의 임대차로서 보증금이 일정금액 이하인 임대차계약에 적용된다.

민법에서는 물권과 채권이 동시에 존재하는 경우 성립 순서를 묻지 않고 물권이 우선한다고 정하고 있다. 임차인이 임대차계약을 하면 임차권이 발생되는데 임차권은 채권이다. 그래서 물권과 충돌하면 물권이 우선하기 때문에 상가임대차보호법이 필요하다. 그 보호 대상의 범위는 다음과 같다.

1) 임차인의 법상 보증금이 일정 금액이어야 한다.

① 서울특별시 2억6천만원 이하.
② 수도권 중 과밀 억제 권역 2억1천만 원이하.
③ 광역시(군 지역, 인천제외) 1억6천만 원이하.
④ 기타지역 1억5천만 원이하.

만약 보증금 1,000만 원, 월세 40만원 경우의 법상 보증금은 1,000만원＋3,200만원(40만×12÷0.15)을 더한 4,200만 원이 된다.

2) 임차인이 사업자가 있어야 한다.

건물이 사업자 등록대상이 되어야 하므로 임차인은 사업자등록을 신청한 자라야 한다. 임대인은 사업자등록을 신청할 필요가 없다. 따라서 영업용 건물이 아닌 종교·자선단체 등 비영리 등 비영리 단체의 건물 임대차에는 상가건물임대차보호법은 적용되지 않는다.

3) 대항력

건물은 인도해서 사용하고, 세무서에 사업자등록을 신청한 다음날부터 효력은 발생한다. 단, 사업자등록증이 발급된다는 전제가 필요하다.

만약 사업자등록을 신청한 후 보완명령이 떨어져서 보완 후 재신청을 하는 경우에는 재신청한 날의 다음날 효력이 발생한다.

임차인의 직접 점유가 아니어도 전대차의 경우 전차인이 영업을 하고, 사업자등록을 신청했으면 임차인의 대항력은 인정이 된다. 업종 변경 등으로 사업자등록을 다시 신청하는 경우 기존의 대항력은 상실되고, 재신청한 다음날을 기준으로 효력이 발생하므로 사전에 등기부등본을 열람, 임대차계약일 이후 권리 변동이 있는지 필히 확인해야한다.

4) 확정일자부 보증금의 우선변제권

확정일자부 임차인과 담보권자와의 우선순위는 대항요건 및 확정일자를 모두 구비한 최종시점과 담보권설정등기시점을 기준으로 판단하며, 다만 확정일자부 임차인의 우선변제권은 임차주택의 소유권이 경매·공매에 의하여 변경된 경우에만 적용되고 매매·증여 등 법률행위에 의하여 양도된 경우에는 인정되지 아니한다.

(1) 확정일자 부여방법

임대차계약서상의 확정일자란 그 날짜 현재 그 문서가 존재하고 있었다는 사실을 증명하기 위하여 임대차계약서의 여백에 기부(記簿)번호를 기입하고 확정 일자인을 찍어 주는 것을 말한다.

확정일자는 첫째: 임대차계약서에 위 공증기관에서 확정 일자인을 찍어 주는 방법, 둘째: 임대차계약서에 법원·등기소의 공무원과 읍·면·동사무소의 공무원이 확정 일자인을 찍어 주는 방법, 셋째: 주민등록전입신고와 함께 확정일자를 받는 것, 이 3가지 유형에 의하여 부여받을 수 있다. 그런데 현재 일반 국민들이 주로 이용하는 방법은 세 번째 방법인데 그 중에서도 특히 인근 읍·면·동사무소를 이용하면 주민등록전입신고를 하면서 동시에 확정일자를 부여받을 수 있으므로 시간과 노력을 절약할 수 있다.

그리고 임대차계약서의 확정일자는 임대인의 동의 없이 임차인, 또는 계약서 소지인이 언제든지 계약서 원본을 제시하고 구두로 청구하면 받을 수 있다.

(2) 전입신고일과 저당권설정등기일이 같은 날짜인 경우

주택임대차계약을 체결하고 입주를 한 후 계약서에 확정일자도 받았으나 개인 사정으로 주민등록 전입신고를 그보다 늦게 하였다. 그런데 나중에 등기부를 열람해 보니 전입신고를 한 날에 저당권설정등기가 된 사실을 발견하게 되었다. 저당권자 중 누가 우선 하는가?

저당권자가 우선한다. 왜냐하면 우선변제권은 확정일자를 입주, 및 주민등록일과 같은 날 또는 그보다 먼저 갖춘 경우에는 대항력과 마찬가지로 인도와 주민등록을 마친 다음날에 발생하므로 우선변제권도 전입신고를 한 다음날(즉 저당권설정등기일 다음날)에 발생하기 때문에 저당권자가 우선하게 된다.

III. 분쟁해결절차

1. 민사소송절차

민사소송은 자신의 권리를 주장하는 사람(원고)이 법원에 소장을 내면서부터 시작된다. 소장에는 원고와 피고의 인적사항, 청구취지(판결을 구하는 내용), 청구원인(청구하는 근거와 이유) 등을 적고 증거 자료를 함께 내야 한다.

소장은 육하원칙에 맞게 간결한 문장으로 분명하게 작성해야 한다. 소장을 받은 피고는 답변서를 제출할 의무가 있다. 민사소송법은 소장을 받고 30일 내에 답변서를 내지 않으면 원고의 청구를 인정한 것으로 본다. 더 나아가 변론 없이 곧바로 판결을 선고할 수도 있다.

1) 원고와 피고

민사소송을 제기하는 사람을 원고, 소송을 당하는 사람을 피고라 한다. 소송에 있어 개인이나 법인은 물론 단체의 동창회, 종중, 학교운영위원회 와 같은 단체도 사실상 민사소송의 원고나 피고가 될 수 있다. 다만 미성년자 같은 무능력자는 법정대리인이 소송을 대리하여야 한다.

2) 소송판결절차

민사소송은 크게 소송제기 ▸ 변론 ▸ 판결의 절차로 이루어진다.
즉 피해자와 가해자의 발생 ⇨ 피해자의 소송제기 ⇨ 피고에게 통지 ⇨ 재판 기일의 지정 및 소환 ⇨ 주장과 답변의 항변 ⇨ 사실의 입증 ⇨ 판결의 선고 ⇨ 항소 ⇨ 상고 ⇨ 재판 종결 및 집행.

(1) 피해자와 가해자의 발생

다양한 분쟁 해결 방법으로도 피해자가 권리 구제를 받지 못했을 때 피해자는 민사 소송을 생각할 수 있다. 이 단계에서 가해자가 자신의 재산을 미리 처분해 버릴 수도 있으므로 재산을 미리 확인하고 그 재산을 처분하지 못하도록 가압류나 가처분을 신청할 수 있다.

(2) 피해자의 소송 제기

소송을 제기하는 원고(피해자)가 소장을 법원에 제출하면 재판이 시작된다.

(3) 피고에게 통지

원고 가 제출한 소장이 법원에 제출되면 법원은 소송 내용을 피고에게 미리 전달해야 한다. 피고가 답변서를 제출하면 재판이 진행되고 답변서를 제출하지 않으면 원고 승소 판결이 난다.

(4) 변 론

피고가 답변서를 제출했을 경우 법원은 재판 기일에 원고와 피고를 소환하여 서로 증거 자료와 증인 신문을 바탕으로 주장과 답변 및 항변을 하도록 한다.

(5) 판결의 선고

양측의 주장을 듣고 난 후 법원에서 판결을 내리면 소송이 종료된다. 법원의 판결이 나면 그대로 이행하고, 만약 하지 않을 경우 국가의 힘을 빌려 강제집행을 할 수 있다. 이러한 과정에서 당사자가 판결에 승복하면 판결은 확정되고 소송은 끝나게 된다. 그러나 1심 판결에 불복한 당사자는 상급 법원(2심)에 소를 제기하는데 이를 '항소'라 하고, 2심 판결에 불복한 당사자는 대법원(3심)에 소를 제기하는데 이를 '상고'라고 한다.

3) 관할법원

민사소송은 피고의 주소지를 관할하는 법원에 소송을 제기하여야 하지만, 특별한 사정이 있어 소송을 제기하는 경우에는 원고의 편의를 위하여 여러가지 예외를 두고 있다. 또한 소송물의 가액에 따라 합의부, 또는 단독판사가 관할하는 소송이 구별되고 있다.

4) 소장의 기재

원고, 피고의 주소 성명이 명확히 기재되어야 한다. 피고가 있는 곳을 알 수 없을 때에는 주소보정을 통하여 주소보정을 하고, 또한 공시송달을 신청할 수 있다.

또한 청구취지를 특정하여 기재하여야 한다. 청구취지란 "피고는 원고에게 돈 일금000원을 지급하라" 라는 식으로 원고가 판결을 통하여 얻어내려는 결론을 말한다.

끝으로 청구원인으로 6하 원칙에 맞게 판결을 구하는 원인이 무엇인지를 구체적으로 기재한다.

2. 소액사건 심판제도

소액사건이란 민사소송 중에서 청구금액이 3,000만원 이하인 사건을 말한다. 소액사건 재판은 신속하고 간편하게 처리할 필요가 있어서 소액사건 심판법은 몇 가지 특별 규정을 두고 있다. 즉 금전 기타 대체물, 유가증권의 일정한 수량의 지급을 청구하는 민사 제1심 사건을 대상으로 하며, 소액사건의 소는 구술에 의한 소의 제기나 임의출석에 의한 소의 제기 등 민사소송절차의 예외를 인정하여 그 심판절차를 간소화하고 있다.

1) 간편한 소송제기

소를 제기하려면 소송에 필요한 증거서류와 도장, 인지대, 송달료 등을 준비하고 상대방의 주소, 성명을 정확히 알아서 법원 소장접수 담당사무관 등에게 제출하고 면전에서 진술하면 법원사무관 등이 제소조서를 작성하는 방식으로 소를 제기할 수 있다. 원고와 피고 쌍방이 임의로 법원에 출석하여 진술하는 방법으로도 소제기가 가능하다.

2) 신속한 재판

신속한 처리를 위하여 소장이 접수되면 즉시 변론기일을 지정하여 원고에게 소환장을 교부하고, 되도록 1회의 변론기일로 심리를 마치도록 하고 있으며, 원고는 보통 최초의 변론기일에 모든 증거방법을 제출하게 되며 최초기일 전이라도 증거신청이 가능하다. 증인은 판사가 신문하고, 상당하다고 인정한 때에는 증인 또는 감정인의 신문에 갈음하여 진술을 기재한 서면을 제출케 할 수 있다.

원고가 제출한 소장의 부본은 지체 없이 피고에게 송달되는데, 피고는 원고의 주장에 대한 답변서를 제출할 수 있다.

3) 소송대리의 특칙

소액사건 심판절차에서는 일반 민사사건의 재판과는 달리 당사자의 배우자, 직계친족, 형제자매는 법원의 허가 없이도 소송대리인이 될 수 있다.

이 경우 신분관계를 증명할 수 있는 가족관계증명서 또는 주민등록등본 등으로 신분관계를 증명하고 소송위임장으로 수권관계를 증명하여야 한다.

4) 이행권고 제도

법원은 소액사건에 관하여

① 독촉절차 또는 조정절차에서 소송절차로 이행된 때,

② 청구취지나 청구원인이 불명한 때,

③ 그 밖에 이행권고를 하기 에 적절하지 아니하다고, 인정하는 때를 제외하고는 결정으로 소장부본이나 제소조서등본을 첨부하여 피고에게 청구취지대로 이행할 것을 권고할 수 있다.

또한 피고는 이행권고결정서의 등본을 송달 받은 날부터 2주일 내에 서면으로 이의신청을 할 수 있고, 피고의 이의신청이 있는 때에는 지체 없이 변론기일을 지정하여야 하지만, 피고가 위 기간 내에 이의신청을 하지 아니한 때, 이의신청에 대한 각하결정이 확정된 때, 이의신청이 취하된 때에는 위와 같은 이행권고결정이 확정판결과 같은 효력을 가진다.

3. 민사조정제도

민사조정이란 민사에 관한 분쟁을 법관 또는 법원에 설치된 조정위원회가 간편한 절차에 따라 분쟁의 당사자로부터 각자의 주장을 듣고 관계 자료를 검토한 후, 여러 사정을 참작하여 당사자들이 서로 양보하고 타협하여 합의를 하도록 주선, 권고함으로써 종국적으로 화해에 이르게 하는 법적 절차이다.

이 제도는 다른 민사분쟁 해결방법에 비하여 비용이 적게들고, 간이, 신속한 절차에 의하여 진행되므로, 누구나 쉽게 이용할 수 있는 제도라 할 수 있다.

1) 민사조정신청

(1) 민사조정의 시작

민사조정은 분쟁의 당사자 일방 또는 쌍방이 조정신청을 하거나, 소송사건을 심리하고 있는 판사가 직권으로 그 사건을 조정에 회부함으로써 시작된다.

(2) 관할법원

조정은 피신청인(상대방)의 주소지, 사무소 또는 영업소의 소재지, 근무지, 분쟁의 목적물 소재지 또는 손해 발생지를 관할하는 지방법원, 지방법원 지원, 시·군법원에 신청할 수 있다. 또한 당사자는 합의에 의하여 관할법원을 정할 수도 있다. 따라서 당사자 쌍방이 합의한 경우에는 어느 곳이든 편리한 법원에 조정을 신청할 수 있다.

(3) 조정신청방법

조정신청은 본인 스스로 또는 변호사나 법무사에게 의뢰하여 작성한 조정신청서를 관할 법원에 제출하면 된다.

조정신청은 구술로도 할 수 있다. 이는 신청인이 직접 관할법원에 가서 담당 직원에게 신청내용을 진술하고, 법원직원이 그 내용을 무료로 조정신청조서에 기재하는 방법이다.

(4) 조정신청시 유의할 점

조정신청을 할 때에는 당사자의 성명, 신청의 취지 및 분쟁의 내용을 명확히 하여야 한다. 조정절차가 진행되려면 당사자 쌍방에게 소환장 등이 송달되어야 하므로, 신청인 본인과 상대방의 주소 또는 송달장소를 정확히 기재하고, 우편번호와 전화번호도 함께 기재하는 것이 좋다. 조정을 서면으로 신청하는 경우에는 상대방 인원수만큼의 신청서부본을 함께 제출하여야 한다. 예컨대 상대방이 두 사람이면 신청서는 3통(원본용 1통과 부본용 2통)을 제출하여야 한다.

조정절차가 신속히 처리되게 하려면, 분쟁에 관련된 증거서류를 조정신청을 할 때 함께 제출하는 것이 좋다.

2) 조정수수료 및 송달료

조정신청을 할 때에는 조정수수료를 수입인지로 납부하여야 한다.

그 금액은 민사소송을 제기할 때 내는 금액의 5분의 1로서, 청구목적물 가액의 1,000 분의 1 에 해당하는 금액이다.

예를 들면, 1,000만원을 청구할 때의 수수료액은 10,000원이다. 그 밖에 대법원 예규가 정한 일정금액의 송달료를 예납하여야 한다. 예납한 송달료 중 사용하고 남은 금액은 절차가 종료된 뒤 신청인에게 반환된다.

3) 조정의 성립과 불성립

(1) 조정의 성립

조정기일에 당사자 사이에 합의가 이루어지면 그 내용이 조서에 기재됨으로써 조정이 성립된다. 다만 예외적으로 당사자의 합의내용이 상당하지 아니한 경우에는 조정담당 판사(조정위원회)가 합의를 무시하고 조정이 성립되지 아니한 것으로 하여 사건을 종결시키거나 합의내용과 다른 내용으로 조정에 갈음하는 결정을 할 수도 있다.

(2) 조정에 갈음하는 결정

조정기일에 피신청인이 출석하지 아니한 경우 또는 당사자 쌍방이 출석하였더라도 합의가 성립되지 아니한 경우에는, 조정담당판사(또는 조정위원회)는 상당한 이유가 없는 한 직권으로 「조정에 갈음하는 결정」을 하게 된다. 이는 당사자의 이익 기타 모든 사정을 참작하여 사건의 공평한 해결을 위하여 이른바 강제조정을 할 수 있도록 한 것이다. 이 결정에 대하여 당사자는 그 내용이 기재된 조서정본 또는 결정서 정본을 송달받은 날로부터 2 주일 내에 이의신청을 할 수 있다,

이의신청이 있으면 그 결정은 효력을 상실하고, 사건은 자동적으로 소송으로 이행된다. 당사자 쌍방이 2주일내에 이의신청을 하지 아니하면 그 결정내

용대로 조정이 성립된 것과 동일한 효력이 생기게 된다.

(3) 조정을 하지 아니하는 결정

사건의 성질상 조정을 함에 적당하지 아니하다고 인정되거나, 당사자가 부당한 목적으로 조정을 신청하였다고 인정되는 경우에는 조정담당 판사는(조정을 하지 아니하는 결정으로) 사건을 종결시킬 수 있다.

(4) 조정의 불성립당사자 사이에 합의가 이루어지지 아니할 경우

조정에 갈음하는 결정을 하기에도 적절치 못한 사건으로 인정되면 조정담당 판사(조정위원회)는 조정이 성립되지 아니한 것으로 사건을 종결시킨다.

4) 조정의 효력과 집행

조정이 성립한 경우 또는 조정에 갈음하는 결정에 대하여 이의신청이 없거나 이의신청이 취하된 경우 및 이의신청의 각하 결정이 확정된 경우에는 그 조정, 또는 결정은 모두 재판상 화해와 같은 효력이 있다.

따라서 당사자 사이의 분쟁은 판결이 확정된 경우와 마찬가지로 최종적으로 매듭 지어지게 된다. 조정이 성립되었거나 조정에 갈음하는 결정이 확정되었는데도 상대방이 그 의무를 이행하지 아니하는 때에는, 확정판결과 마찬가지로 위 조정 또는 결정을 가지고 강제집행을 할 수 있다. 또한, 채무의 내용이 금전채무인 경우에는 법원에 채무자의 재산관계의 명시를 요구하는 신청을 하거나 일정한 경우 채무자를 채무 불이행자 명부에 등재하여 줄 것을 요구 하는 신청을 할 수 있다.

4. 강제집행절차

강제집행은 사법상의 청구권 실현을 목적으로 하는 것이므로 형법상의 벌금이나 과료, 또는 공법상의 청구권에 의한 집행은 여기서 말하는 강제집행과 구별되며, 이들은 특수한 절차에 따르게 된다. 또한 강제집행은 사법상청구권인 이상 채권적 청구권이든 소유권에 기한 반환청구권과 같은 물권적 청구권이든 가리지 않는다.

다만, 이행의무라도 성질상 강제할 수 없는 의무, 즉 배우자의 동거의무와 같은 것은 강제집행을 할 수 없다. 강제집행은 국가권력에 의한 사법상 청구권 만족을 목적으로 한다. 판결절차와 더불어 사권의 확정과 실현을 도모하기 때문에 강제집행을 민사소송에 포함시키는 견해와 강제집행을 법관이 아닌 집달관이 현행법상 독자의 집행기관으로 인정되어 있고, 공증인이 작성하는 집행증서가 판결과 동일하게 채무명의로 인정되고 있으므로 비송사건으로 보는 견해의 대립이 있다.

1) 목적물에 대한 강제집행

(1) 부동산에 대한 강제집행

부동산에 대한 강제집행에는 강제경매신청과 임의경매신청을 하는 방법이 있다.

강제경매의 대상이 되는 부동산에는 토지와 건물 공장재단, 광업재단, 광업권, 어업권, 소유권 보존 등기된 입목, 지상권, 자동차 건설기계 및 항공기가 있다.

(2) 강제경매

강제경매는 채무자가 집행권원에 따른 급부의무를 임의로 이행하지 않는 경우에 집행문이 부여된 집행권원, 송달증명원, 확정증명원, 부동산등기사항전부증명서, 등을 구비하여 부동산 소재지 지방법원에 경매신청을 하는 것이다.

(3) 임의경매

임의경매는 저당권, 질권, 전세권 등 담보물권을 설정한 후 이행기에 채무자가 이행을 하지 않을 경우 담보권실행을 위하여 부동산소재지, 지방법원에 담보권을 증명하는 등기사항전부증명서 및 성정계약서 등을 첨부하여 경매신청을 하는 것을 말한다.

2) 채권에 대한 강제집행

빌려준 돈이나 상품대금 등 돈을 받을 권리가 있으나 채무자가 임의로 변제를 하지 않는다고 하여 함부로 채무자의 금품을 훔치거나 빼앗는 것은 허용될 수 없다.

국가가 정해진 법 절차에 따라 채권자를 대신하여 강제로 돈을 받아 주는 것이 강제집행절차인 것이다.

(1) 채무명의 확보

강제집행을 할 수 있는 권리를 인정해 주는 공적인 문서가 집행권원이다. 대표적인 것이 "피고는 원고에게 돈 천만원을 지급하라"는 식의 이행명령이 기재된 확정된 승소판결이다. 그 외에 가집행선고가 붙은 미확정판결, 인락조서, 화해조서, 조정조서, 지급명령, 공정증서 등이 있다.

(2) 집행문 부여

집행권원에 "위 정본은 피고 ○○○에 대한 강제집행을 실시하기 위하여 원고 ○○○에게 부여한다."는 취지를 기재하고 법원직원이나 공증인이 기명날인 하는 것이 집행문 부여이다. 다만 공증인은 공정증서에 대하여만 집행문을 부여할 수 있다.

집행문은 집행권원을 가지고 제1심법원이나 공증인 사무소에 가서 신청하면 간단히 처리해 준다. 이때 법원의 경우는 500원 상당의 인지를 붙여야 하고 공증인의 경우는 2,000원의 수수료를 납부하여야 한다. 본래의 원고나 피고가 사망하여 그 상속인이 집행을 하거나 상속인에 대하여 집행을 하려면 판결문에 표시된 원·피고와 실제 집행하려는 사람이 다르기 때문에 상속인임을 알 수 있는 가족관계증명을 첨부하여 신청함으로써 승계집행문을 부여받아야 한다.

3) 유체동산에 대하여 강제집행할 때

집행관에의 위임 위와 같은 관계서류를 갖추어 관할법원에 속하는 집행관사무실에 찾아가서 집행을 위임하여야 한다. 위임장은 인쇄된 용지를 쓰는데 보통 그곳에서 대서까지 해준다. 집행비용은 예납하여야 한다.

압류 동산이 있는 현장에 가서 압류를 해야 하므로 사전에 집행관과 협의하여 시간을 정해 현장까지 안내하고, 채무자가 일부러 피한다든지 하여 현장에 없는 경우도 많으므로 참여인이 될 성인 2명을 미리 확보하는 것이 좋다.

(1) 경매압류물이 현금일 때

경매압류물이 현금이면 직접 채권에 충당할 수 있으나 다른 것이면 경매하여 현금화해야 한다. 압류 후 보통 1개월쯤 지나 경매기일이 지정되는데 채무자가 자진 변제하면 강제집행의 위임을 취하할 수 있고 따로 타협이 되면 경매기일을 연기할 수도 있다. 경매기일에는 채권자가 나가지 않아도 되지만 채권자도 경락인이 될 수 있으므로 경매기일에 나가보는 것도 좋은 방법이다.

(2) 다중의 배당채권자일 경우

배당채권자가 여러 명이고 경매대금으로 모든 채권을 충족시키지 못하면 먼저 채권자들 사이에 협의를 하여 협의가 성립되면 집행관이 이에 따라 분배·지급하고, 협의가 안 되면, 법원이 법에 의하여 우선변제를 받을 수 있는 채권자에게 우선적으로 지급하고 그 후 일반 채권자들의 채권액에 비례하여 분배·지급하게 된다. 강제집행을 한 채권자라도 우선변제권이 있는 것이 아니므로 뒤에 배당신청을 해온 채권자와 동등하게 취급된다.

4) 강제집행의 개시요건

강제집행을 개시하는 경우에 집행력 있는 정본에 의하여 집행신청을 하여도 집행기관이 다음과 같은 요건을 갖추지 않은 경우에는 집행의 효력이 없다. 그러므로 집행에 효력이 있기 위해서는 다음과 같은 절차적 요건을 갖추어야 한다.

(1) 집행당사자의 표시와 집행권원 등의 송달 필요

강제집행은 이를 신청한 사람과 집행을 받을 사람의 성명이 판결이나 이에 덧붙여 적은 집행문에 표시되어 있고 판결을 이미 송달하였거나 동시에 송달한 때에만 개시할 수 있다.

(2) 확정기한의 도래 필요(민사집행법 제40조1항)

집행을 받을 사람이 일정한 시일에 이르러야 그 채무를 이행하게 되어 있는 때에는 그 시일이 지난 뒤에 강제집행을 개시할 수 있다.

(3) 담보의 제공과 송달(민사집행법 제40조2항)

집행이 채권자의 담보제공이 걸려 있는 때에는 채권자는 담보를 제공한 증명서류를 제출하여야 한다. 이 경우의 집행은 그 증명서류의 등본을 채무자에게 이미 송달하였거나 동시에 송달하는 때에만 개시할 수 있다.

(4) 반대의무의 이행 또는 이행의 제공(민사집행법 제41조)

강제집행을 하는 경우 집행권원에 채권자의 반대의무이행과 동시에 집행할 수 있다는 내용이 있는 경우의 집행은 채권자가 반대의무의 이행 또는 이행의 제공을 하였다는 것을 증명하여야만 개시할 수 있다. 만약, 집행권원에 다른 의무의 이행이 불가능한 때에 그에 갈음하여 집행할 수 있다는 것을 내용으로 하는 경우의 집행은 채권자가 그 집행이 불가능하다는 것을 증명하여야만 개시할 수 있다.

5) 강제집행의 장애

강제집행의 개시요건을 갖춘 경우에도 일정한 사유에 해당되는 경우에는 강제집행을 할 수 없는 경우가 있다. 이러한 경우가 채무자가 파산절차에 들어간 경우인데, 만약 파산절차 중에 행한 강제집행이 있다면 이것은 무효이다. 구체적으로 다음과 같다.

① 채무자의 파산

② 개인회생절차의 개시

③ 화의절차의 개시(대판 2004.11.25, 2004다48300)

④ 화의절차 중에 화의채권에 기초하여 한 강제집행은 무효입니다.

⑤ 회사정리절차의 개시

5. 강제집행의 정지와 취소는

1) 강제집행의 정지

강제집행의 정지란 법률에 규정된 내용에 의하여 강제집행을 개시, 속행을 하지 않거나 개시, 속행을 하였더라도 저지되는 효력이 있는 것을 말한다. 이러한 강제집행의 정지는 원칙적으로 채무자, 또는 제3자가 법률의 규정에 의하여 집행정지서류를 집행기관에 제출하여 집행정지처분을 내리도록 할 수 있다.

강제집행을 정지할 수 있는 서류는 다음과 같다(민사집행법 제49조).

① 집행할 판결 또는 그 가집행을 취소하는 취지나, 강제집행을 허가하지 아니하거나 그 정지를 명하는 취지 또는 집행처분의 취소를 명한 취지를 적은 집행력 있는 재판의 정본.

② 강제집행의 일시정지를 명한 취지를 적은 재판의 정본

③ 집행을 면하기 위하여 담보를 제공한 증명서류

④ 집행할 판결이 있은 뒤에 채권자가 변제를 받았거나, 의무이행을 미루도록 승낙한 취지를 적은 증서

⑤ 집행할 판결, 그 밖의 재판이 소의 취하 등의 사유로 효력을 잃었다는 것을 증명하는 조서등본 또는 법원사무관등이 작성한 증서

⑥ 강제집행을 하지 아니한다거나 강제집행의 신청이나 위임을 취하한다는 취지를 적은 화해조서의 정본 또는 공정증서의 정본

2) 강제집행의 취소

이미 실시한 강제집행의 처분의 전부 또는 일부를 취소할 수 있는 것을 '강제집행처분의 취소'라고 한다. 강제집행의 취소는 다음과 같은 서류를 제출한 경우에 취소할 수 있다(민사집행법 제50조1항 전단).

① 집행할 판결 또는 그 가집행을 취소하는 취지나, 강제집행을 허가하지 아니하거나 그 정지를 명하는 취지 또는 집행처분의 취소를 명한 취지를 적은 집행력 있는 재판의 정본
② 집행을 면하기 위하여 담보를 제공한 증명서류
③ 집행할 판결, 그 밖의 재판이 소의 취하 등의 사유로 효력을 잃었다는 것을 증명하는 조서등본 또는 법원사무관등이 작성한 증서
④ 강제집행을 하지 아니한다거나 강제집행의 신청이나 위임을 취하한다는 취지를 적은 화해조서의 정본 또는 공정증서의 정본

> 또한 채권자가 강제집행신청을 취하한 경우와 집행비용을 예납하지 아니한 경우(민사집행법 제18조2항), 목적부동산의 멸실(민사집행법 제96조)이나 목적부동산의 환가 금이 남을 가망이 없는 경우(민사집행법 제102조2항) 등 취소할 수 있다.

6. 집행법원

집행법원이란 강제집행행위에 관한 법원의 처분이나 그 행위에 관한 법원의 협력사항을 관할하는 곳을 말하며, 이러한 집행법원은 법률에 특별히 지정되어 있지 아니하면 집행절차를 실시할 곳이나 실시한 곳을 관할하는 지방법원이 집행법원이 된다(민사집행법 제3조).

1) 집행법원의 절차

① 채권자의 강제집행신청 ⇨ ② 심문절차 ⇨ ③ 법원의 결정

여기서 강제집행은 채권자가 법원에 강제집행을 신청하면서 이루어진다. 이 경우에 집행법원은 반드시 변론을 거치지 않고도 절차를 진행할 수 있으며, 재판의 형식은 결정의 형식으로 한다.

동산집행에 있어서는 집행관이 집행기관이 되며, 따라서 채권자는 압류할 대상을 정한 다음 집행문이 부여된 집행권원과 송달증명서를 구비하여 집행목적물이 소재하는 지방법원소속 집행관에게 서면으로 집행신청을 하여야 한다.

2) 강제집행의 종료

강제집행의 종료는 다음과 같은 경우에 종료된다.
(1) 유체동산이나 부동산집행에서는 매각대금을 채권자에게 배당하는 경우
(2) 채권집행에서의 추심명령은 추심신고나 배당절차가 종료되는 시점.
(3) 채권집행에서의 전부명령은 그 명령의 확정된 때
(4) 동산 또는 부동산인도 집행에서는 채권자에게 목적물이 인도된 때
(5) 강제집행신청의 취하 또는 집행취소서류의 제출에 의하여 집행이 종국적으로 취소되거나 정지된 때.
(6) 강제경매절차를 취소한 경우

3) 배 당

배당은 부동산이나 유체동산 경매에서 낙찰대금을 채권자들에게 그 배당순위와 채권액에 따라 나눠주는 절차이다.

근저당이나 세금처럼 우선순위가 있는 채권은 먼저 배당을 받게 되고, 우선순위가 없는 채권들은 채권액에 비례하여 나누어 주게 된다. 채권 압류에서도 채권자들의 압류가 경합된다면 제3채무자는 법원에 공탁을 하게 되고, 공탁법원에서 채권자들의 권리에 맞게 나누어 주게 된다. 법원의 배당액 분배에 대하여 문제가 있다고 생각하면 채권자는 배당 이의신청을 할 수 있다.

◆ 압류금지 동산 ?
  – 생활에 필요한 위복, 침구, 기타 생활필수품
  – 생활에 필요한 2개월간의 식료품, 연료, 조명재료
  – 1개월간의 생계비
  – 농기구, 비료, 가축, 사료 및 종자
  – 직업상 없어서는 안될 제복, 도구 등
  – 훈장, 표창, 기장 등
  – 공표되지 않은 저작, 제복 등
  – 소방설비, 피난시설, 소방설비
  – 기타 도장 문폐 간판, 경보기구, 기타학습도구 등

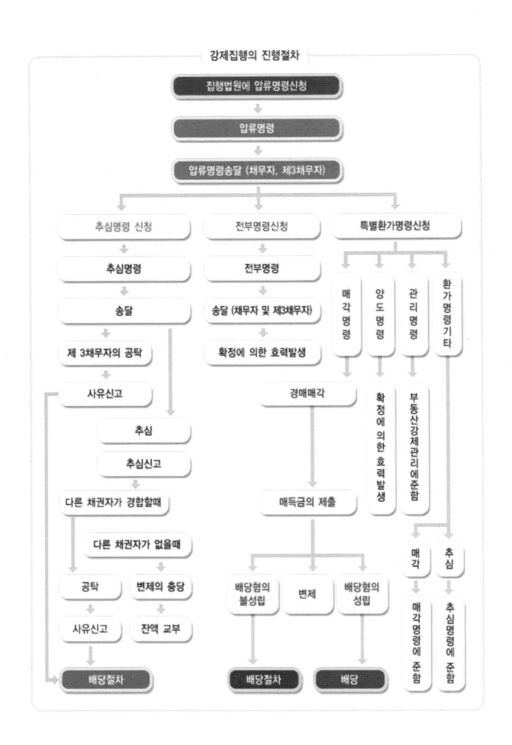

강제집행의 진행절차

집행법원에 압류명령신청

압류명령

압류명령송달 (채무자, 제3채무자)

추심명령 신청 | 전부명령신청 | 특별환가명령신청

추심명령 | 전부명령

송달 | 송달 (채무자 및 제3채무자)

제 3채무자의 공탁 | 확정에 의한 효력발생

사유신고

매각명령 | 양도명령 | 관리명령 | 환가명령기타

추심

추심신고

경매매각

다른 채권자가 경합할때

확정에 의한 효력발생 | 부동산강제관리에 준함

다른 채권자가 없을때

매득금의 제출

공탁 | 변제의 충당

사유신고 | 잔액 교부

배당혐의 불성립 | 변제 | 배당혐의 성립

매각 | 추심

매각명령에 준함 | 추심명령에 준함

배당절차 | 배당절차 | 배당

Ⅳ. 부동산 매매와 등기

1. 부동산 매매계약의 체결

부동산의 매매계약의 체결에 있어서 가장 중요하고 기본적인 것은 소유권이다. 매매계약 후 등기를 마쳤다 하더라도 소유자로 인정받을 수 없는 경우가 있다.

1) 매매 당사자

부동산 매매계약체결에 있어 계약을 체결할 경우 매매당사자는 매도인과 매수인 이 되며, 각각 당사자는 대리인을 선임 할 수 있다.

(1) 부동산 소유권자의 확인

부동산 매매계약 시 매수인은 매도인이 부동산의 소유권자인지를 살펴야 한다.

매도인이 서류를 위조하여 다른 사람의 부동산을 본인 부동산인 것처럼 매도하는 경우에는 권한 없는 사람의 처분행위가 되어 그 부동산 매매계약 자체가 무효가 된다.

따라서 매매계약을 체결하고 등기까지 이루어졌다고 하더라도 매수인은 소유자가 될 수 없다.

(2) 부동산 명의신탁금지

부동산의 명의신탁약정은 금지되므로 매매계약 체결시 매도인이 명의수탁자라는 것을 매수인이 안 경우에는 매도인과 매수인이 매매계약을 체결하고 매수인 명의로 소유권이전등기가 이루어진 경우에도 매수인은 소유권을 취득하지 못하는 위험이 있다(「부동산 실권리자명의 등기에 관한 법률」 제3조 및 제4조).

(3) 명의신탁약정(名義信託約定)

"명의신탁약정"(名義信託約定)이란 부동산에 관한 소유권이나 그 밖의 물권을 보유한 자 또는 사실상 취득하거나 취득하려고 하는 자가 타인과의 사이에서 대내적으로는 실권리자가 부동산에 관한 물권을 보유하거나 보유하기로 하고 그에 관한 등기(가등기를 포함함)는 그 타인의 명의로 하는 약정[위임·위탁매매의 형식에 의하거나 추인(追認)에 의한 경우를 포함함]을 말한다(「부동산 실권리자명의 등기에 관한 법률」 제2조제1호).

2) 대리인

"대리인"이란 대리제도에서 본인의 이름으로 법률행위를 하는 자를 말하며, 대리인이 그 권한 내에서 본인을 위한 것임을 표시한 의사표시의 효과는 직접 본인에게 귀속한다(민114조).

(1) 대리인의 선임

매매당사자는 대리인을 선임할 수 있으며, 대리인을 선임하여 매매계약을 체결할 경우 매매계약에 따른 매매당사자의 법적 권리·의무는 대리인이 아닌 매매당사자에게 귀속된다.

(2) 대리권의 확인

매매당사자가 선임한 대리인과 매매계약을 체결할 때에는, 대리인에게 대리권이 있는지부터 확인해야 한다. 계약상대방은 대리인이 법정대리인인 경우에는 인감증명서를 요구하고, 대리인이 위임대리인인 경우에는 위임장과 인감증명서를 함께 요구하여 이를 확인해야 한다. 위임장에는 부동산의 소재지와 소유자 이름 및 연락처, 계약의 목적, 대리인 이름·주소 및 주민번호, 계약의 모든 사항을 위임한다는 취지가 기재되고 연월일이 기재된 후 위임인의 인감이 날인되어 있어야 한다.

인감증명서는 위임장에 찍힌 위임인의 날인 및 매매계약서에 찍을 날인이 인감증명서의 날인과 동일해야 법적으로 문제가 발생하지 않는다.

2. 계약의 이행과 해제

일반적인 부동산 매매 계약은 계약금만 주고 받은 상태에서는 어느 한쪽이던 일방적으로 계약을 해제 할 수 있다. 단 매수인은 지급한 계약금을 포기, 매도인은 지급받은 계약금의 배액을 반환하고 계약을 해제 할 수 있다.

그러나 일단 중도금이 지급되면 이행의 착수로 보아 계약은 확정적인 것으로 된다.

매도인, 매수인 모두 매매계약 유지이행에 관하여 법률적 구속을 받게 되어 잔금지급의무와 재산권 이전 의무라는 동시이행 의무를 매도, 매수인이 각각 부담하게 된다.

1) 당사자의 표시

매도인은 파는 사람을 의미하며, 부동산 매매에 있어 등기부상 소유자로 기재되어 있는 사람이어야 함이 원칙이다.

매수인은 사는 사람을 의미하며, 매도인, 또는 매수인이 회사(법인)인 경우에는 계약상대방인 회사의 법인등기부 등본을 확인하여 현재계약을 체결하는 사람이 회사를 대표하는 사람인지의 여부를 확인한 후, 반드시 그 회사의 이름과 대표자의 이름을 계약서에 기재하여야 한다.

2) 계약금만 지불된 상태에서의 해제

(1) 일방해약 가능

일반적인 부동산 매매계약은 계약금만 주고받은 상태에서는 어느 한쪽이던 일방적으로 계약을 해제할 수 있다. 즉, 매수인은 지급한 계약금을 포기하면

되고 매도인은 지급받은 계약금의 배액을 반환하고 계약을 해제 할 수 있다.

(2) 매도인의 공탁

매도인이 해약하고자 하는데 매수인이 매도인이 제공하는 계약금배액의 수령을 거부 하는 때에는 후일의 분쟁을 막기 위해서 공탁을 해두는 것이 좋다.

(3) 손해배상액의 감액조정

부동산의 계약금은 통상 총 매매금액의 10%가 기준이나 경우에 따라서 10%를 넘거나 안 되는 경우가 있다. 그런데 계약금이 손해배상예정액의 성질을 갖는 위약계약금일 경우 그 금액이 부당히 과다한 경우에는 법원에 소송을 제기하여 감액 조정 할 수 있다(민398조 2항).

3) 중도금 지급 후의 계약해제

(1) 원칙-해제불가

일단 중도금이 지급되면 이행의 착수로 보아 계약은 확정적인 것으로 되어 매도인 매수인은 모두 매매계약의 유지이행에 관하여 법률적 구속을 받게 되어 잔금지급의무와 재산권 이전 의무라는 동시이행의무를 부담하게 된다.

(2) 계약에 있어 예외적 해제 가능한 경우

다음의 경우라도 중도금 지급후 예외적으로 계약의 해제가 가능하다.

① 쌍방합의에 의한 해제
양 당사자 쌍방 간 합의하에 행하는 것으로 언제든 가능

② 약정에 의한 해제
계약해제 사유를 미리 계약서상 특약으로 정해놓고 그러한 사실이 발생하게 될 경우 양 당사자 간의 쌍방합의에 의하여 하게 되는 해제.

③ 법정해제의 사유

법률의 규정에 의한 사유로 주로 상대방의 채무 불이행시 발생 하는 것으로 채무자의 이행지체, 이행불능, 불완전이행과 채권자의 목적물 수령지체 등에 따른 해제다.

4) 중도금지급 후 계약해제의 효과

중도금 지급 후 즉, 이행착수 후에 계약이 해제되면 원상회복과 손해배상 문제가 남게 된다.

(1) 중도금 및 잔금의 반환

매도자는 위약금을 제외한 나머지 금액은 매수인에게 반환하여야 한다.

(2) 위약금의 감액조정

위약금은 계약시 약정한 대로 따르게 된다. 단, 위약금이 너무 과다한 경우에는 당사자가 합의하여 조정하고 조정이 성립되지 않는 경우에는 법원에 조정을 청구할 수 있다.

(3) 해약금의 규정적용

계약서 내용에 위약금(위약벌)에 대한 약정을 하지 않은 경우(계약금을 해약금으로 정한 경우도 포함)에는 해약금의 규정을 적용한다.

이 경우 특별히 손해배상액을 입증하지 못하는 경우에는 해약금을 손해배상액의 예정으로 보게 된다.

(4) 손해배상의 청구

만약 계약서의 위약금이나 해약금에 대한 규정이 없을 경우에는 해약으로 인한 손해를 입증하여 손해배상을 청구하면 된다.

5) 법정해제의 경우 최고절차

최고라 함은 '계약상의 의무'를 이행하지 않은 상대방에게 법정해제의 경우 상당기간을 정하여 상대방에게 이행을 최고 한 후에 계약을 해제할 수 있으며 일종의 의사표시를 하는 독촉절차를 말한다.

최고기간은 통상 7~10일이며 법으로 정해진 것은 아니나 계약해제를 완결시키기 위해서 내용증명 우편을 상대방에게 보내어 후일 분쟁의 소지를 없애는 것이 좋다.

물론, 이러한 최고 없이 계약을 해제 할 수 있다는 약정을 해두면 최고는 불필요하다.

3. 부동산 매매시 부과되는 세금

부동산을 매매시에 부과되는 세금으로 대표적인 것은 취득세와 양도소득세가 있다. 또한 부동산을 소유하고 있는 사람이나 부동산 매매업자, 건축업자, 개발업자이거나 혹은 그러한 사람들과 관련되어 있는 사람들은 특별세법이 적용될 수 있다.

예로, 부동산을 소유하고 있던 시간이 얼마나 되었느냐에 대한 부분이 세금 부과 목적을 결정짓는 중요한 요소가 될 수도 있다.

1) 취득세

취득세란 부동산이나 차량 등 일정한 자산의 취득에 대해 그 취득자에게 부과되는 조세다. 즉 매매, 교환, 증여 등을 통해 부동산 취득시 납부하는 지방세로 소유권의 취득뿐만 아니라 증축, 개축 등으로 가액이 증가되는 경우도 역시 취득으로 본다. 취득을 원인으로 하는 과세인 취득세와 등록세(취득 관련분)가 2010년부터는 취득세로 통합되었다. 이로 인해 납세자 입장에서 그동안 취득세와 등록세를 각각 신고하고 납부하던 것을 한꺼번에 신고와 납부가 가능하게 되었다.

주택을 취득 후에 30일 이내에 등기하는 경우에는 등기 시에 세액 50%를 선납하고, 나머지 50%는 60일 이내에 납부할 수 있다. 과거에는 잔금지급일로부터 30일 이내 취득세를 신고하고 납부하며 등록세를 납부한 후 등기를 했었으나, 2011년부터는 잔금 지급일로부터 60일 이내 취득세(종전 등록세 포함)를 신고하고 납부한 뒤에 등기한다.

(1) 과세대상

부동산(토지 건축물 선박 광업권 어업권 등), 차량, 중기, 입목, 항공기, 골프회원권 콘도미니엄회원권 및 종합체육시설이용회원권의 취득, 건축물의 증·개축으로 인하여 당해 건축물의 가액이 증가한 경우, 선박·차량과 중기의 종류변경 또는 토지의 지목을 사실상 변경함으로써 그 가액이 증가한 경우, 법인의 주식 또는 지분을 취득함으로써 과점주주가 된 때 등이다.

(2) 납세의무자

등기 여부와 관계없이 실제로 부동산을 취득한 사람. 즉, 과세대상 물건의 사실상의 취득에 따라 납부하므로 사실상 소유주이다.

(3) 납부기간 및 절차

자신신고 납부가 원칙으로 취득한 날로부터 30일 이내에 관계 서류를 구비해 관할 시, 군, 구청 부과 과에 자신신고 납부하며, 취득한 날로부터 30일 이내에 자진신고하지 않으면 가산세를 물게 되는데 가산세는 납부할 세액의 20%이다. 또 자진신고 납부를 했더라도 과세표준 산출세액에 미달한 경우 부족 세액의 20%를 가산세로 납부해야 한다. 납부절차에 있어 검인계약서 제출 시 시·군·구청 부과 과에서 고지서를 발급하고 납세자는 이를 지정 금고나 은행에 납부 하면 된다.

2) 등록세

등록세는 재산세, 기타 권리의 취득, 이전, 변경, 또는 소멸에 관한 사항을 등기 또는 등록하는 경우에 그 등기·등록을 받는 사람(등기명의자)에게 부과되는 세금이다. 등록을 하는 사람이 등기·등록 당시의 가액에 대하여 법정 세율을 곱한 금액, 즉 법정금액을 신고, 납부하여야 한다.

(1) 납세의무자

등록세 납세의무자는 등기·등록을 신청하는 사람이다. 즉, 부동산 등의 취득, 이전, 변경 또는 소멸에 관한 사항을 공부에 등기 또는 등록을 받는 형식상의 권리자가 납세의무자가 된다.

(2) 납부기간

등록세의 납부기간은 별도로 정해져 있는 것이 아니며 등기·등록을 신청할 때 납부하면 된다. 하지만 부동산을 취득한 날(원칙적으로 계약상 잔금지급일, 대금지급이 없는 무상취득은 계약일, 잔금지급 이전에 등기·등록을 한 경우는 등기·등록일)로부터 60일 이내에 등록세를 납부하고 소유권 이전등기 신청을 완료해야 불이익을 당하지 않는다.

(3) 가산세

등록세는 취득일로부터 60일 이내에 등기·등록의 신청을 하지 않으면 과태료를 물게 되는데 부과되는 과태료는 등기신청 지연기간에 따라 다르다.

지연기간이 2개월 미만일 경우에는 등록세액의 2%, 5개월 미만은 15%, 8개월 미만은 20%, 12개월 미만은 25%이며, 지연기간이 1년 이상일 경우에는 등록세액의 30%가 과태료로 부과된다.

(4) 납부절차

일반적인 경우에는 등기 또는 등록 신청서를 등기소, 등록 관청에 접수하기 전까지 등록세를 신고하고, 등록세액을 납세지를 관활하는 시·군이나 당해 시·군의 금고 대리점에 납부하여야 한다.

> ◆ **비과세의 경우 납부절차**
> 비과세, 과세 면제 또는 경감 후에 과세 물건이 등록세 부과 대상이 된 때에는 그 사유 발생일 부터 30일 이내에 신고, 납부하면 된다.

3) 양도소득세

양도소득세는 토지나 건물 같은 부동산 분양권, 골프회원권, 주식 등을 양도해 발생한 소득에 대하여 과세되는 세금이다. 양도소득세의 과세 대상은 토지와 건물 등의 부동산 및 부동산과 관련된 권리, 즉 지상권, 전세권, 등기권, 임차권, 아파트 당첨권, 토지 상환 채권, 주택 상환 채권 등이다.

양도소득세는 양도소득과세표준에 세율을 곱한 금액으로, 양도 및 취득의 시기는 원칙적으로 대금을 청산한 날이다. 하지만 청산일이 분명하지 않은 경우에는 매매 계약서상 잔금지급일이 된다. 또, 잔금지급일을 확인할 수 없을 때에는 등기 접수일로 한다.

(1) 양도소득세의 계산방법

양도소득세는 양도소득과세표준에 양도소득세율을 곱하여 산정한다(「소득세법」 제93조제1호).

① 양도소득 과세표준: 양도소득금액에서 양도소득 기본공제를 한 금액(「소득세법」 제92조제2항)

② 양도소득세율 : 「소득세법」 제104조에 따른 세율양도소득금액 : 양도차익에서 장기보유특별공제액을 공제한 금액(「소득세법」 제95조제1항)

③ 양도소득 기본공제 : 양도소득이 있는 거주자에 대해 양도소득별로 해당 과세기간의 양도소득금액에서 각각 연 250만원을 공제(「소득세법」 제103조제1항)

④ 양도차익 : 해당 자산의 양도 당시의 양도자와 양수자간에 실지거래가격에서 취득에 소요된 실지취득가액과 그 밖의 필요경비를 합한 금액을 공제한 금액(「소득세법」 제100조 및 「소득세법 시행령」 제166조)

⑤ 장기보유 특별공제액 : 보유기간이 3년 이상인 것 및 부동산을 취득할 수 있는권리 중 조합원 입주권(조합원으로부터 취득한 것 제외)에 대해 그 자산의 양도차익(조합원 입주권을 양도하는 경우에는 관리처분계획 인가 전 토지분 또는 건물분의 양도차익으로 한정)에 보유기간별 공제율을 곱하여 계산한 금액(「소득세법」 제95조제2항)

(2) 양도소득 과세표준의 예정신고 및 납부

매도인이 부동산을 양도한 경우 그 양도일이 속하는 달의 말일부터 2개월 이내[토지거래계약에 관한 허가구역에 있는 토지를 양도할 때 토지거래계약허가를 받기 전에 대금을 청산한 경우에는 그 허가일(토지거래계약허가를 받기 전에 허가구역의 지정이 해제된 경우에는 그 해제일을 말함)이 속하는 달의 말일부터 2개월 이내]에 양도소득과세표준을 납세지 관할 세무서장에게 신고해야 한다(「소득세법」 제105조제1항제1호).

(3) 양도소득 과세표준의 예정신고납부

매도인이 예정신고납부를 할 경우 다음에 의해 산출된 세액을 양도소득 과세표준예정신고서에 양도소득 과세표준예정신고 및 납부계산서를 첨부하여 납세지 관할세무서, 한국은행 또는 체신관서에 예정신고납부를 해야 한다(「소득세법」 제106조제1항, 제107조제1항 및 「소득세법 시행령」 제170조).

(4) 양도소득 과세표준의 확정신고

해당 과세기간의 양도소득금액이 있는 거주자는 그 양도소득 과세표준을 그 과세기간의 다음 연도 5월 1일부터 5월 31일까지[제105조제1항제1호 단서에 해당하는 경우 토지거래계약에 관한 허가일(토지거래계약허가를 받기 전에 허가구역의 지정이 해제된 경우에는 그 해제 일을 말함)이 속하는 과세기간의 다음 연도

5월 1일부터 5월 31일까지] 납세지 관할 세무서장에게 신고해야 한다(「소득세법」제110조제1항,「소득세법 시행령」제173조제1항 및 제2항).

4) 부동산 보유세

주택이나 토지 등 부동산을 보유한 사람에게 생기는 세금이 부동산 보유세이다.

우리가 일반적으로 알고 있는 종합부동산세와 재산세가 대표적인 보유세이다.

재산세는 토지나 주택, 건물 등을 소유한 사람에게 지방자치단체가 부과하는 지방세이고, 종합부동산세는 일정한 가격 이상의 토지 소유자에게 별도로 누진세율을 적용하는 국세를 말한다.

재산세 과세 대상과 함께 주택은 개인별합산 6억, 상가 부속 토지(별도합산토지)는 80억 원, 나대지 등(종합합산토지)은 5억원 이상이다.

(1) 과세대상

재산세와 종합부동산세가 해당되며, 납세의무자는 부동산의 소유자이다. 재산세의 경우에는 매년6월1일 재산을 가지고 있는 소유자를 대상으로 하며, 과세대상은 토지와 건물, 주택, 선박, 항공기이다.

(2) 과세의 계산

계산방법은 주택공시가격의 60%이며, 그 외에 건축물에는 시가 표준액의 70%이다. 그리고 나대지 등에도 70%가 적용된다.

재산세의 세율은 주택은 0.15~5%이며 4단계 누진세율이 있으며, 주택외의 건축물이 0.25%이며, 골프장이나 고급오락작용 건축물은 4%로 되어 있다. 이때 모두 다 부담하는 것이 아니라 상한이 있는데 직전년도 세액의 일정규모까지를 정해두고 있다. 주택은 공시가격에 다르며, 토지 및 주택 외 건축물은 150%로 적용된다.

Ⅴ. 부동산 등기

부동산 등기란 등기부라고 하는 공적 장부에 법원 등기관이 부동산의 표시와 그 부동산에 관한 권리관계를 기재하도록 하여 일반인에게 널리 공시하는 것이다.

이는 물건에 관련된 각종 권리의 내용을 누구나 명백히 알 수 있도록 하고, 거래를 하려는 제삼자의 예측하지 못한 손해를 예방하기 위한 것이다. 현행법상 등기를 할 수 있는 권리는 원칙적으로 토지 및 건물에 대한 물권, 즉 부동산 물권이다.

그리고 권리의 등기는 토지 또는 건물 위에 권리의 설정·이전 등의 사항을 등기하는 것을 말한다.

1. 등기부 등본의 구성

등기부는 건물 등기부등본과 토지 등기부등본으로 구분되며, 각 등기부는 표제부·갑구·을구로 구성되어 있다. 또한 등기부등본에서는 권리를 행사할 때 등기의 순서가 중요한데 같은 구안에서는 순위번호에 따라 순서가 정해지며, 다른 구에서는 접수 번호를 보고 그 순서를 판단하여야 한다.

부동산등기부등본은 등기부의 내용을 등사한 문서이다. 일정수수료를 납부하면 누구든지 부동산등기부의 교부를 청구 할 수 있다. 등기제도의 핵심을 이루는 등기부는 부동산의 권리관계를 기재하는 공적장부로 개개의 부동산에 관한 일정양식의 두 가지가 있으며 1필지의 토지나 1동의 건물에 대하여 1개의 용지를 사용한다.

1) 표제부

표제부는 부동산의 소재지와 그 내용을 표시한다.

토지의 경우에는 지번·지목·지적을, 건물인 경우에는 지번·구조·용도·

면적 등이 기재된다. 다만 아파트 등 집합건물의 경우에는 전체 건물에 대한 표제부와 구분된 개개의 건물에 대한 표제부가 따로 있다.

면적은 ㎡로 표시되어 있는바 이것을 3.3으로 나누면 평(坪)이 된다.

토지의 분할이나 지목의 변경 또는 건물 구조의 변경이나 증축 등에 의한 면적변경도 표제부에 기재한다.

특히 유의해야 할 사항은 계약하고자하는 부동산의 지번과 표제부에 표시된 지번의 일치 여부를 반드시 확인해야한다.(아파트 등의 집합건물의 경우 동·호수까지 확인해야 함)

2) 갑 구

갑구에는 소유권에 관한 사항이 기재되어있다.

소유권에 대한 압류, 가등기, 경매개시결정등기 그리고 소유권의 말소 또는 회복에 관한 재판이 진행 중임을 예고하는 예고등기, 소유자의 처분을 금지하는 가처분등기 등이 모두 갑구에 기재되는 사항이다.

그리고 이러한 권리관계의 변경 소멸에 관한 사항도 역시 갑구에 기재된다. 소유권자의 이름을 잘 확인한 후 계약 시에 소유권자와 직접 계약을 체결하도록 해야 한다.

단독주택의 경우 토지와 건물 등기부등본을 모두 확인하여 토지소유주와 건물소유주가 동일인인가를 확인 한다. 압류, 가압류, 가등기, 예고등기 등이 없는지 또한 확인한다.

(1) 소유권보존등기

소유권보존등기는 그 부동산에 대하여 제일 먼저 하는 등기를 말한다.

소유권이전등기는 소유권을 이전하는 등기이며 소유권이 지분으로 이전된 경우에는 2인 이상이 그 부동산을 공동으로 소유한다는 것을 의미한다. 소유권이 이전되더라도 전 소유자란 붉은 선으로 말소하지 않는다. 붉은 선으로 말소하는 경우란 당해 등기에 대한 말소등기가 있는 경우에 한한다.

(2) 압류 · 가등기 · 가처분

압류는 채무자가 자신의 재산을 마음대로 처분하지 못하도록 하는 강제집행이며, 가등기는 토지 혹은 건물을 매입한 사람이 어떤 사정에 의해서 당장에 등기를 넘겨받지 못하는 경우 자신이 토지 혹은 건물의 소유권을 이전받을 지위에 있다는 것을 등기부상에 올리는 것이다.

가처분은 토지 혹은 건물의 소유자가 함부로 매매하거나 담보설정, 임대 등 일체의 처분 행위를 하지 못하도록 하는 것을 말한다.

예고등기는 토지나 건물과 관련하여 소송이 진행 중이라는 것을 알려주기 위해서 법원에서 하는 등기를 말한다.

3) 을 구

을구에는 소유권 이외의 권리인 저당권 · 전세권 · 지역권 · 지상권 등의 제한물권에 관한 사항을 기재한다. 그리고 이러한 권리관계의 변경 이전이나 말소도 을구에 기재한다. 즉 소유권 이외의 사항과 관련된 법률행위를 하지 아니한 경우에는 해당사항이 없는 경우도 있다.

저당권 혹은 전세권이 먼저 설정되어 있는 경우 이후의 임차인은 해당 부동산이 경매가 될 경우 임차인은 저당권 혹은 전세권자들이 배당받고 난 후 나머지 금액에 대해서만 배당을 받을 수 있게 된다. 또한 저당권이나 전세권이 해당 부동산의 시세의 50%이상 설정되어 있는 경우 임대차 계약 시에 위험도가 높다고 볼 수 있다.

VI. 시효제도

1. 시효제도의 의의

시효란 일정한 사실상태가 오랫동안 계속된 경우에 그 상태가 진실한 권리관계에 합치하느냐 않느냐를 묻지 않고 그 사실 상태를 존중하여 이를 그대로 권리관계로 인정해주는 제도이다.

시효제도에 의하여 정당한 권리자가 아니더라도 일정한 기간 동안 권리자와 같은 외관이 계속되면 그 사람이 정당한 권리자로 인정되고, 반대로 정당한 권리자로서 권리를 행사할 수 있음에도 불구하고, 일정한 기간 동안 권리를 행사하지 않으면 그 권리를 주장할 수 없게 되는데, 전자를 취득시효라고 하며, 후자를 소멸시효라고 부른다. 즉 시효제도는 어떤 사람이 소유자인 것과 같은 사실상태, 어떤 사람이 채무를 부담하고 있지 않은 것과 같은 사실상태 등이 영속한 경우에 과연 소유자인가, 과연 채무가 없는가를 묻지 않고 그 사실상태 그대로의 권리관계를 인정한다. 그리고 진정한 소유자가 있더라도 또 진정한 채권이 있더라도 그 주장을 허용하지 않는다는 제도이다. 다시 말해서 시효는 법률효과를 초래하는 법률요건에 해당한다.

1) 소멸시효

소멸시효(消滅時效)는 권리자가 권리행사를 할 수 있음에도 불구하고 일정기간 동안 권리를 행사하지 않는 경우 그 권리가 실효되게 하는 제도를 말한다.

소유권 이외의 재산권은 모두 소멸시효에 걸리는 것이 원칙이나, 상린권·점유권·물권적 청구권·담보물권 등은 제외된다.

채권의 소멸시효기간은 10년이고, 재산권의 소멸시효기간은 20년이다(민162조). 그러나 이자·부양료 등과 같이 3년의 소멸시효에 걸리는 것과 숙박료·음식료 등과 같이 1년의 소멸시효에 걸리는 것도 있다. 시효의 기산점은 권리를 행사할 수 있는 때로부터 진행한다. 그런데 소멸시효는 청구·압류·가압류·가처분 승인이 있으면 중단된다(동법168조). 시효가 중단되면 그때까지 경과한 시효기간은 이를 산입하지 않으며(동178조1항), 시효가 중단된 후에 시효의 기초가 되는 사실상태가 다시 계속되면 그때부터 새로이 시효기간이 진행된다.

소멸시효는 무능력자를 위한 정지, 혼인관계의 종료에 의한 정지, 상속재산에 관한 정지 등의 사유로 그 진행이 일시적으로 정지된다(동법179~182조). 정지는 정지사유가 없어지면 다시 나머지 기간이 진행되어 일정한 유예기간이 경과함으로써 시효가 완성된다.

(1) 소멸시효의 효력

당사자의 원용이 없어도 시효완성의 사실로서 권리는 당연히 소멸하고, 다만 소멸시효의 이익을 받는 자가 소멸시효 이익을 받겠다는 뜻을 항변하지 않는 이상 그 의사에 반하여 재판할 수 없을 뿐이다.

(2) 소멸시효의 중단

소멸시효의 중단은 압류 또는 가압류, 가처분을 신청하거나 보전처분인 가압류, 가처분의 신청에 의하여 소멸시효의 중단을 시킬 수 있다. 또한 유치권의 행사는 채권의 소멸시효의 진행에 영향을 미치지 아니하며(민326조), 명문의 규정은 없으나 질권의 행사 역시 마찬가지이다.

(3) 소멸시효의 정지

① 제한능력자의 시효정지 : 소멸시효의 기간만료 전 6개월 내에 제한능력자에게 법정대리인이 없는 경우에는 그가 능력자가 되거나 법정대리인이 취임한 때부터 6개월 내에는 시효가 완성되지 아니한다(민179조).
② 재산관리자에 대한 제한능력자의 권리와 시효정지 : 재산을 관리하는 아버지, 어머니 또는 후견인에 대한 제한능력자의 권리는 그가 능력자가 되거나 후임 법정대리인이 취임한 때부터 6개월 내에는 소멸시효가 완성되지 아니한다(민180조1항).
③ 부부 사이의 권리와 시효정지 : 부부 중 한쪽이 다른 쪽에 대하여 가지는 권리는 혼인관계가 종료된 때부터 6개월 내에는 소멸시효가 완성되지 아니한다(민180조제2항).
④ 상속재산에 관한 권리와 시효정지 : 상속재산에 속한 권리나 상속재산에 대한 권리는 상속인의 확정, 관리인의 선임 또는 파산선고가 있는 때로부터 6월내에는 소멸시효가 완성하지 아니한다(민181조).

⑤ 천재 기타 사변과 시효정지 : 천재 기타 사변으로 인하여 소멸시효를 중단할 수 없을 때에는 그 사유가 종료한 때로부터 1월내에는 시효가 완성하지 아니한다(민182조).

2) 취득시효

취득시효(取得時效)란 무 권리자가 일정기간 점유하면 재산을 취득하게 되는 민법상의 제도를 말한다. 취득시효에 의해 취득될 수 있는 권리는 소유권 및 기타 재산권이며, 여기에는 지상권·지역권(계속지역권·표현지역권)·질권 등의 물권·광업권·어업권·무체재산권 등이 포함된다. 신분관계를 전제로 하는 권리나 점유를 수반하지 않는 권리 등은 취득시효의 대상이 되지 않는다.

물건 또는 권리를 점유하는 사실상태가 일정한 기간 동안 계속되는 경우에, 그것이 진실한 권리상태 및 권리관계와 일치하는가의 여부를 묻지 않고 권리취득의 효과가 생기는 것으로 하는 시효제도이다.

(1) 부동산소유권의 취득시효

민법은 부동산취득시효에 대해서 그 요건의 차이에 따라 민법245조 1항과 2항으로 나누어 규정하고 있다. 제1항은 그 요건으로서 20년간 소유의 의사를 가지고 평온·공연하게 부동산을 점유하고 등기할 것을 요구하며, 제2항은 10년간 소유의 의사로 평온·공연하게 점유할 것과 아울러 소유자로 등기되었을 것 및 선의·무과실의 요건이 추가 되어 있다.

제1항의 취득시효에 대하여는 '점유취득시효' 내지 '일반취득시효' 라고 부르며, 민법245조 제2항의 취득시효는 '등기부취득시효' 라고 부른다.

(2) 동산의 취득시효

동산의 경우에는 10년간 소유의 의사로 평온·공연하게 타인의 동산을 점유하면 그 소유권을 취득하며, 다만 그 점유가 선의·무과실로 개시된 때는 5년만 점유하여도 소유권이 취득된다(민246조). 동산의 취득시효는 동산소유권의 선의취득과 유사하다. 취득시효로 인한 권리취득의 효력은 점유를 개시한 때에 소급한다. 그리고 취득시효에 의한 권리취득은 승계취득이 아니라 원시취득(原始取得)이다.

(3) 취득시효의 당사자

취득시효의 당사자는 '시효완성 당시의 점유자'가 현재의 점유자가 아니라 '시효완성 당시의 소유자'를 상대로 해야 한다. 따라서 원고가 자신이 토지를 점유하기 전에 이미 취득시효를 완성하였고 주장하면서 자기에게 직접 취득시효를 원인으로 한 소유권이전등기를 하라는 청구를 하는 경우에는 주장자체로 이유가 없어 청구기각이 된다.

(4) 토지의 일부에 대한 취득시효

한편 1필의 토지의 일부에 대하여도 취득시효가 인정되고, 이러한 경우에는 그 일부분이 다른 부분과 구분되어 시효취득자의 점유에 속한다는 것을 인식하기에 족한 객관적인 징표가 계속하여 존재할 것이 필요하다. 이 경우에는 분필절차를 거쳐야 하므로 소송 중에 분할측량감정이 필요하다.

제5장

범죄와 사회질서

범죄와 사회질서

Ⅰ. 범죄의 3가지 성립요건

일반적으로 비도덕적 또는 반사회적인 나쁜 행위가 당연히 범죄를 성립시키는 것은 아니다. 범죄가 성립되기 위해서는 ① 구체적 법률에서 규정한 범죄의 구성요건에 해당하여야 하고(구성요건 해당성 문제) ② 위법성이 있으며(위법성 조각사유 문제) ③ 책임을 물을 수 있어야 한다(책임성 문제).

1. 구성요건 해당성 문제

사회적으로 비난받는 행위라고 하더라도 범죄로 처벌하기 위해서는 형법이나 특정법률에 범죄가 되는 금지행위가 구체적으로 명시되어 있어야 하고, 그 명시된 금지행위에 해당하는 실행행위가 있어야 범죄의 구성요건에 해당한다고 말한다.

역사적으로 어느 사회에서나 금기시되는 전통범죄(살인, 폭행, 절도, 사기 등)를 범죄로 구성하는데는 아무 문제가 없다. 그러나, 시대상이 급변하면서 새로운 유형의 범죄가 발생할 경우가 주로 문제된다. 예를 들어 통신매체를 이용한 성적 수치심을 일으키는 행위가 발생했어도 구체적 법률에 범죄로 규정되지 않았을 때에는 범죄로 처벌할 수 없었지만, 성폭력처벌법에 해당 조항이 만들어지면서 SNS상에서 성희롱에 해당하는 행위를 하면 범죄로 처벌할 수 있게 되었다.

이와 반대로 전통범죄에 해당하는 간통죄가 성 평등의식이 높아지면서 오랜 사회적 진통 끝에 범죄가 아닌 것으로 폐지된 사례도 있다.

2. 위법성 조각사유 문제

법률에 규정된 구성요건에 해당하는 금지행위를 저지른 것이 위법해야 한다. 형법에서는 위법성을 조각(阻却:배제한다는 뜻)하는 경우를 다섯 가지로 규정해 놓고 있는데, 여기에 해당하면 위법한 행위가 아니게 되고, 결과적으로 범죄자로서 처벌할 수 없게 된다.

형사법에서 범죄를 처벌한다는 것은, 개인의 자유의 남용으로 인하여 공익이 침해될 때 개인의 자유를 법률로써 제약하여 공익을 보호하는 것이며, 선량한 국민의 자유를 위하여 범죄인의 자유권을 강제적으로 제약하기 때문에 해석과 적용에서 매우 신중하게 다루어져야 한다.

1) 정당방위

정당방위 개념이 형사법체계에 처음 도입되었을 당시의 시대상황과 현대화되고 도시화된 요즘 시대상황이 많이 달라졌기 때문에 최근 정당방위냐 과잉방위냐를 놓고 많은 논란이 되고 있다. 정당방위가 인정되기 위한 요건은, ① 강도가 침입하여 위협을 가했거나 먼저 폭력을 휘두르는 등 현재의 부당한 침해가 있어야 하고 ② 자기와 타인의 침해된 법익을 방위하기 위해 강도를 야구방망이로 때리거나 폭력에 맞서 주먹이나 발차기로 제압하는 행위를 하는 등 법에 위반되는 행위를 하고 ③ 법에 위반되는 방어행위를 하는데 상당한 이유가 있어야 한다.

가해행위를 하는 범인에 맞서 대항하는 경우 등에서 많이 문제되는데, 실제 사례에서는 상당한 이유가 있었느냐 여부가 핵심이다. 총기휴대가 허용된 미국에서는 집안에 침입한 괴한에게 대항하여 총을 쏘아 죽이는 경우와 같은 심각한 경우에도 정당방위가 폭넓게 인정되지만, 한국은 치안이 비교적 잘 되어 있다는 배경과 가해자가 죽거나 다친 경우처럼 피해가 클 경우에는 정당방위를 잘 인정하지 않고, 대부분은 과잉방위라고 하여 형을 감면해주는 정도에 그치고 있다. 현행 수사기관과 재판기관에서는 위기에 빠진 범죄피해자를 구해주는 정의롭고 용감한 의인을 인정하는데 관대하지 못한 것이 현실이다.

2) 정당행위

정당행위는 법령에 의한 행위 또는 업무로 인한 행위 또는 사회상규(상식)에 위배되지 않는 행위를 말하며, 처벌하지 않는다. 의사의 치료행위 자체나 격투기 경기에서 타격행위 등은 정당행위로 본다. 그러나, 정당행위를 빙자한 위법행위가 있을 수도 있으므로 사회상규(상식)가 어디까지 인정될 것인가를 놓고 구체적 사안별로 따져 보아야 한다.

3) 긴급피난

자동차에 치일 위험에 빠진 학생을 돕기 위해 확 밀쳤는데 운 나쁘게 학생의 머리가 심하게 부딪쳐 뇌 손상을 입은 경우와 같이 위난상태에 빠진 법익을 보호하기 위해서 다른 법익을 침해하지 않고는 달리 피할 방법이 없을 때 인정되는 것을 긴급피난이라고 한다. 실제의 사안에서 피해자가 도와주었던 사람에게 문제를 제기하는 경우에 법은 누구의 편을 들어주어야 할까? 긴급한 상황이라는 이유로 피해자의 정당한 법익을 침해했기 때문에 아주 경미한 피해를 당한 경우를 제외하고는 매우 예외적으로 인정될 수 밖에 없을 것이다.

4) 자구행위

법정절차에 따라 청구권을 보전하는 것이 불가능한 경우에 스스로의 힘으로 자기의 권리를 구제하는 행위를 말한다. 현대국가는 개인의 사적인 법 집행을 허락하지 않고 피해자 또는 권리가 있는 사람은 국가가 정한 법적 절차에 따르도록 설계되어 있는데, 피해자 또는 권리가 있는 개인이 법정절차에 앞서 스스로의 힘으로 자신의 권리를 지킨다는 점에서 이론상으로는 자구행위가 인정되지만, 현실적으로 인정되는 사례는 거의 없고, 대부분 과잉자구행위로 판단될 것이다.

5) 피해자의 승낙

피해자가 자기의 법익에 대한 침해 행위를 허용·동의한 경우에는 가해자의 행위는 위법이 되지 않는다. 셰익스피어의 <베니스의 상인>에 나오는 사례처럼 채무자 안토니오가 빚을 갚지 못하자 자신의 살을 1파운드 잘라 내게 하는 행위가 피해자의 승낙에 해당될까? 피해자의 승낙은 반드시 윤리적·도덕적으로 사회상규에 반하는 것이 아니어야 하며, 자유로운 상태에서 승낙이 이루어져야 하므로 1파운드의 살을 자르는 것처럼 자유권 또는 생명권을 해치도록 승낙한 경우, 위법성을 배제하는 계약으로 인정되지 못할 것이다.

3. 책임성 문제

범죄의 구성요건에 해당하고 위법한 행위라 하더라도 범죄행위자에게 법적으로 책임을 물을 수 있어야 한다. 2015년 발생한 '캣맘' 살인사건에서 10세 미만의 형사미성년자가 아파트 옥상에서 돌을 던진 행위와 같이 법적 책임을 물을 수 없는 사정이 있다면 범죄 자체가 성립되지도 않고, 14세 미만의 소년범에 대해서는 소년보호처분도 하지 못하게 된다. 이와 관련하여 체격과 인지력이 예전과 비교되지 않기 때문에 형사미성년자의 나이와 소년범의 나이를 낮추어야 한다는 논의가 많다.

II. 범죄의 형태

범죄의 개념은 다양한데, 사회적 의미로는 형벌을 받게 되는 행위, 법률적으로는 구성요건에 해당하는 위법하고 책임있는 행위를 말한다. 범죄의 형태를 개념적으로 분류하는 여러가지 방법 가운데 대표적인 몇 가지를 소개한다.

1. 정범과 공범

정범은 법률에 범죄라고 규정하고 있는 구성요건에 해당하는 행위, 즉 폭행, 절도, 살인 같은 실행행위를 행한 사람을 말한다. 혼자가 아닌 2명 이상이 범죄를 저지르는 경우를 공범이라고 한다. 공범은 정범에 어떤 형태로든 가담하여 범죄를 저지른 사람을 말한다.

형법에서는 세 가지 종류의 공범을 규정하고 있다.

공동정범은 2인 이상이 공동하여 죄를 범한 경우이며, 이들은 각자를 그 죄의 정범으로 처벌한다.

교사범은 범죄의사가 없는 다른 사람에게 범죄를 저지르도록 교사(敎唆)하여 죄를 범하게 한 사람으로, 정범과 동일한 형으로 처벌한다. 증거를 남기지 않는 교사범을 실제로 처벌하는 것은 매우 어렵다.

종범은 절도범인을 도와 주변에서 망을 본 사람처럼 정범의 범죄를 도와 준 사람으로, 정범의 형보다는 줄여준다.

2. 고의범과 과실범

고의범(故意犯)은 범죄를 하기 전에 그 행위를 범할 의사를 가지고 하는 범죄이고, 대부분의 범죄는 고의가 있을 것을 전제로 한다.

과실은 정상적인 주의를 태만히 하여 범죄사실을 인식하지 못한 경우에 해당하므로 과실범을 처벌한다고 법률에 특별히 규정된 경우에만 예외적으로 범죄로 처벌한다. 교통사고는 과실범의 대표적 사례이다.

음주운전으로 인해 교통사고가 발생한 경우는 과실범으로 분류되어 그동안 비교적 가볍게 처벌해 왔는데, 음주운전 교통사고의 심각성이 사회적 문제가 되면서 고의범인 살인죄로 처벌하자는 주장이 공감을 얻고 있다.

3. 기수와 미수, 예비, 음모

기수는 범죄의 구성요건을 형식적으로 실현하여 완성한 것이고, 미수는 그 실현이 완성되지 못한 것이다. 형법은 기수범의 처벌을 원칙으로 하며, 미수범은 특별히 처벌한다는 법률 규정이 있는 경우에 한하여 처벌하며, 기수범 보다는 가볍게 처벌할 수 있다.

예비는 범행장소의 심사, 범행의 도구의 구입 등과 같은 범죄의 실현을 위한 일체의 준비행위를 말하고, 아직 실행행위가 개시되지 않은 것이다.

음모는 2인 이상의 사람이 일정한 범죄를 실행할 것을 모의한다는 것인데, 단순히 고의가 생긴 것만으로는 범죄가 되지 않는다. 그러나 음모죄 자체를 처벌하는 경우가 있는데, 내란음모죄, 외환음모죄 등이 그것이다.

예비와 음모는 원칙적으로 법률에 특별한 규정이 있는 경우에만 처벌할 수 있다.

4. 형사범과 행정범

형사범은 살인, 절도범과 같이 자연적으로 발생하는 범죄이다.

행정범은 형사범과는 달리 그 행위 자체는 반드시 반사회적·반도덕적인 것이 아니라 하더라도 행정상의 목적을 달성하기 위하여 법률에 의해 규정된 의무에 위반되기 때문에 처벌을 받게 되는 것이다. 현대국가에서는 행정범이 증가하는 추세이다.

Ⅲ. 형벌의 종류와 집행

수사기관은 범죄를 저질렀다고 의심되는 범죄인을 기소하고, 법관은 증거에 따라 재판한 결과 범죄를 저지른 사람이라고 판정된 범죄인에게 책임에 합당한 형을 선고하고, 검사는 최종 선고된 형을 집행하게 된다.

형벌은 범죄를 저지른 사람으로부터 박탈되는 법익의 종류에 따라 생명형·자유형·명예형·재산형으로 구별하는데, 형법은 생명형인 사형, 자유형인 징역·금고·구류, 재산형인 벌금·과료·몰수, 명예형인 자격상실·자격정지의 9가지를 인정하고 있다.

1. 형벌의 종류

1) 생명형

사형은 가장 무거운 형벌이고, 사람의 생명을 박탈하는 것이므로 생명형이라고 한다. 현행 형법은 사형제도를 전제로 규정되어 있다.

문명사회로 발전할수록 사형제도의 존폐를 놓고 찬반 논쟁이 생기고 있다. 사형폐지론은 인간 생명의 존엄성, 형벌의 목적을 처벌이 아닌 교화로 보는 입장, 재판과정에서 생길 오판의 가능성, 정치적 반대자들에 대한 악용의 가능성 등을 근거로 인권의식이 발달한 선진국 중심으로 주장되고 있다. 이에 반해 전통적인 사형존치론은 사회의 안전을 위해 극악한 범죄를 예방하고 저지른 범죄에 응분의 책임을 물어야 한다는 등을 근거로 완전히 폐지할 수는 없다는 주장을 펴고 있다. 우리 나라는 사형제도가 법에 존치되어 있으나, 1997년에 마지막 사형집행이 있었던 이후 실제로 20년 이상 사형집행이 이루어지지 않고 있는 국가이므로 사실상 사형폐지국가로 분류되고 있다. 유엔은 공식적으로 사형제도를 폐지할 것을 선언한 바 있다.

2) 자유형

자유형에는 징역·금고 및 구류가 있다.

징역은 정역(定役:일정한 작업)에 복무하게 하고, 금고는 정역에 복무하게 하지 않는 것을 말한다. 정역이란 교도소 내에서 일정한 작업을 하는 것을 말하는데, 노동 자체를 천하게 여길 때 파렴치범에게 부과된 형벌이다.

그러나, 요즘에는 작업을 부과하는 정역은 죄에 대한 응보로써 고통을 주는 것이 아니고 범죄인을 교육 개선하여 사회에 복귀시키기 위한 것이라고 생각하고 있기 때문에 금고형을 선고받았다고 할지라도 수형자의 신청에 의하여 작업을 부과할 수 있도록 하고 있다.

구류는 그 기간이 1일 이상 30일 미만이다.

징역제도는 근대적 형벌체계의 중심을 이루고 있으면서 범죄인으로 하여금 개과천선시키려는 교육적 내용이 중요한 목적으로 되어 있지만, 출소자의 재범 발생과 사회 부적응 등 기대효과가 적기 때문에 징역제도의 개선을 요구하는 논의가 선진국 중심으로 활발하다. 특히 범죄인을 가두는 교도소를 유지하는데 막대한 세금이 투입되는 점에서 자유형의 개선 필요성이 높다.

3) 명예형

범죄인의 명예 또는 자격을 박탈하는 것을 내용으로 하는 형벌이며, 자격형이라고도 한다. 자격상실과 자격정지가 있다.

여기서 자격이란 ① 공무원이 되는 자격 ② 공무원의 선거권과 피선거권 ③ 법률로 요건을 정한 공법상의 업무에 관한 자격 ④ 법인의 이사·감사 또는 지배인 기타 법인의 업무에 관한 일정 직책을 맡는 자격을 말한다. 자격상실이나 아직 자격정지기간이 남아 있는 경우에 명예를 회복하기 위해서 복권(復權)이 필요하다.

4) 재산형

범죄인에게서 일정한 재산을 박탈하는 것을 내용으로 하는 형벌인데, 벌금·과료 및 몰수의 3종류를 인정하고 있다.

벌금은 재산형의 대표격이며, 벌금을 납입하지 않은 사람에게는 3년 이하의 기간을 정해 노역장에 유치하여 작업에 복무하게 한다. 노역장에 가두는 기간이 3년까지로 정해져 있어서 고액의 벌금형을 받은 범죄인에게 일당 수 천만 원 또는 수 억원에 해당하는 속칭 황제노역이라는 비판이 생기게 되었다.

과료는 벌금에 비해 그 금액이 적고 또한 비교적 경미한 범죄의 경우에 부과된다.(일상생활에서 자주 경험하는 과태료는 형벌의 성질을 가지지 않으며, 행정법령 위반에 대하여 과해지는 금전벌(金錢罰)이므로 과료와 구분하여야 한다.)

몰수는 다른 형에 덧붙여 매기는 것을 원칙으로 한다. 다만 예외적으로 행위자에게 유죄의 재판을 아니할 때에도 몰수의 요건이 있는 때에는 몰수만을 선고할 수 있다. 전두환·박근혜·이명박 등 전직대통령, 또는 최순실 사건 등에서 불법으로 축재한 재산을 추적하여 몰수하는 것이 중형의 자유형을 선고하는 것 못지 않게 중요한 관심사가 되고 있다.

2. 형의 선고와 유예

재판과정에서 증거에 따라 범죄인으로 확정될 경우 책임에 상응하는 형을 선고받아야 하지만, 범죄인의 사회 복귀를 위해 형을 선고하지 않는 선고유예제도와 형의 집행을 하지 않는 집행유예제도가 있다.

1) 선고유예

범행이 경미한 범죄인에 대하여 일정한 기간 동안 형의 선고를 유예하고 그 유예기간을 특정한 사고 없이 경과하면 형의 선고 자체를 면제해 주는 제도를 말한다. 형의 선고유예는 1년 이하의 징역이나 금고, 자격정지 또는 벌금의 형을 선고할 경우에 개전(改悛)의 정이 현저한(뉘우치는 빛이 뚜렷한) 사람에게 한다. 자격형 이상의 형을 받은 전과가 있는 경우에는 선고유예를 내릴 수 없다.

2) 집행유예

집행유예는 형을 선고하므로 선고유예와 다르고, 형을 선고하되 일정한 기간 형의 집행을 유예하고 그 유예기간을 특정한 사고 없이 경과한 때에는 형의 선고는 효력을 잃게 되는 제도를 말한다. 만약 집행유예의 선고를 받은 사람이 그 유예받은 기간 내에 다시 범죄를 저질렀다면 집행유예는 취소되며, 선고되었던 형을 처음부터 다시 살아야 한다. 범죄인에게 집행유예 제도가 주는 현실적 이익이 매우 크기 때문에 전관예우 논란과 유전무죄·무전유죄 논란의 한가운데 있는 제도이다. 판사의 자의적인 집행유예 선고의 폐단을 방지하기 위하여 미국처럼 구속력 있는 양형기준법을 만들어야 할 필요성이 높아지고 있다.

3. 형의 집행

범죄인에 대하여 재판절차를 거쳐 실형이 선고되면 집행을 하여야 한다. 집행은 그 재판을 한 법원에 대응한 검찰청의 검사가 지휘하는 것이 원칙이다. 2개 이상의 형의 집행은 자격상실·자격정지·벌금·과료와 몰수 외에는 그 중 한 개의 형을 먼저 집행하는 것이 원칙이다.

1) 형 집행정지

형 집행정지는 인도적인 차원에서 수형자에게 형의 집행을 계속하는 것이 가혹하다고 보여지는 일정한 사유가 있을 때에 검사의 지휘에 의하여 형벌의 집행을 일시적으로 정지하는 제도인데, 주로 건강이 악화되었을 때 사용한다. 형 집행정지의 사유가 없어지면 다시 나머지 수형생활을 마저 해야 하고, 사회에 있었던 정지기간은 형기에 포함되지 않는다

2) 가석방

자유형을 집행 받고 있는 사람이 모범적이고 개전(改悛)의 정이 현저하다고 인정되는 때에는 형기 만료 전이라도 조건부로 석방하는 제도를 말한다. 가석방은 이미 반성하고 있는 자에 대한 쓸데없는 구금을 가급적 피함으로써 수형자에게 장래의 희망을 가지도록 하여 사회 복귀를 돕기 위한 형사정책적인 제도이다.

3) 사 면

대통령이 국가의 원수의 지위와 특권에 의하여 형벌권을 없애거나 혹은 형벌권의 효력을 없애는 것을 말한다. 헌법에는 대통령은 사면법이 정하는 바에 의하여 사면(赦免)·감형(減刑)·복권(復權)을 명할 수 있고, 국회의 동의를 얻어 일반사면을 명할 수 있다고 되어 있다.

일반사면은 죄의 종류를 정하여 유죄의 선고를 받은 모든 사람에게 형의 선고효력을 없애주며, 아직 형의 선고를 받지 아니한 사람에게는 공소권을 없애주는 것을 말하며, 자주 행사되는 것은 아니다.

특별사면은 특별히 정한 사람에 대하여 형의 집행을 면제하거나 유죄선고의 효력을 없애주는 것이며, 보통 사면이라고 할 때는 특별사면을 말한다.

복권은 상실 또는 정지되었던 자격을 회복시켜 주며, 형의 집행을 종료하거나 면제받은 사람에 대하여 시행한다.

대통령의 사면권은 법 앞에 평등이라는 법치주의 원칙을 침해하고, 삼권분립의 정신에도 위반된다는 비판과 함께 실제 정치인과 경제인에 대한 사면권 행사에 대한 부정적 논란이 거듭되고 있어 사면권 행사를 엄격하게 하고 축소시키는 방향으로 사면법 개정논의가 이루어지고 있다.

IV. 형사사건의 처리절차

범죄와 형벌에 관련된 사건을 형사사건이라고 한다. 형사사건은 공익을 보호하기 위해 범죄인의 자유를 강제로 박탈할 수 있는 사안이므로 인권보호와 실체적 진실을 발견하기 위한 상세한 절차를 형사소송법과 관련 법규에 규정하고 있다. 형사사건의 처리절차는 크게 수사절차와 재판절차로 나누어진다. (첨부한 사건처리흐름표 1,2,3을 참조하면 이해가 쉽다)

1. 형사사건과 수사절차

형사사건이 발생하면 최초 수사를 개시하는 과정에서부터 혐의가 인정되어 기소하거나 혐의가 인정되지 않아 불기소하는 과정까지 여러 절차가 진행이 되는데, 중요한 내용들을 단계별로 알아 본다.

형사사건은 국가기관이 공권력을 사용하여 사람을 체포하거나 구속할 수 있고, 최종적으로 국민의 자유권과 재산권 등 범죄혐의자나 피고인의 인권에 중대한 영향을 미칠 수 있으므로 형사사건에 연루된 사람의 인권을 침해하지 않도록 여러가지 상세한 절차와 인권보호규정을 만들어 놓고 있다. 형사소송절차가 범죄연루자에 대한 인권보호는 철저한데 반해 범죄피해자에 대한 보호규정은 없어 피해자 보호차원에서 많은 문제 제기가 있었다. 2006년부터 범죄피해자보호법이 시행되고 있어 어느 정도 법의 보호를 받고 있지만, 만족할 만한 정도는 아니다.

1) 수사기관

형사사건에 대한 수사를 취급하는 기관을 수사기관이라 한다. 파스칼은 17세기 철학책 '팡세'에서 법에 대해 "피레네 산맥 이쪽의 정의는 저쪽에서 불의가 된다."고 말했는데, 형사사건을 다루는 수사기관의 종류와 구조, 권한과 절차는 국가 마다 다르다고 보면 된다. 재산이나 가족관계를 둘러싼 민사사건과 달리 인권을 다루는 형사사건은 역사적 연혁과 민족적 또는 문화적 배경이 모두 다르기 때문이다.

우리 나라에서 일반적으로 수사기관은 크게 경찰과 검찰이 있고, 환경사범, 위조상품, 보건사범, 관세사범 등 특정한 행정분야 사건들과 관련해서는 매우 다양한 수사기관이 있는데, 이를 특별사법경찰관이라고 한다.

경찰(특별사법경찰 포함)은 모든 형사사건에 대해 검사의 수사지휘를 받도록 되어 있는데, 경찰은 정권이 바뀔 때마다 검사의 수사지휘권에서 벗어나 독립적으로 수사권을 행사할 수 있도록 요구하고 있고, 수사권한의 독립성을 두고 검찰과 경찰은 오랜 갈등관계에 있어 권력기관 사이의 권한 싸움 때문에 국민에게 많은 피해가 발생하고 있다.

따라서, 검·경 수사권 조정은 단순히 권력기관 사이에 권한 나누기 차원이 아니라 검찰 개혁과 경찰 개혁 차원에서 진행되어야 하며, 그 결과 국민의 인권이 더욱 보호되고 신장되는 방향으로 이루어져야 한다.

2) 수사개시의 원인

수사개시를 할 수 있는 원인에는 인지와 고소·고발이 있다. 수사기관이 범죄 발생의 단서를 포착하여 혐의사실로 정식으로 입건하는 것을 인지라고 하고, 이때 조사받는 사람을 피의자로 부른다. 인지하기 이전에 내사를 진행하기도 하는데, 이때 조사받는 사람을 피내사자로 부른다.

형사사건을 접수하는 단계를 입건이라고 하는데, 수사기관이 사건을 인지하면 곧바로 입건이 되며, 수사기관은 주도적으로 피의자의 혐의를 입증하기 위해 강제적인 수사방법까지 동원할 수 있다.

이에 반해 고소·고발사건은 고소·고발이 있었다고 바로 입건되는 것이 아니라 수사기관이 중립적인 입장에서 수사를 하고, 혐의가 인정될 가능성이 있으면 비로소 입건하게 된다.

(1) 고 소

피해자 또는 고소권자가 수사기관에게 수사를 개시해달라고 촉구하는 것을 고소라 한다. 고소는 소추·처벌을 요구하는 적극적 의사표시이어야 하며, 단순한 범죄의 피해신고 또는 진정서의 제출 등은 고소가 아니다.

일반적으로 고소는 수사개시의 단서가 되는 데 불과한 것이나, 형법에 사자(死者)명예훼손죄, 모욕죄 등 몇몇 친고죄를 규정하고 있는데, 친고죄는 반드시 고소가 있어야 검사가 기소할 수 있는 소송조건이 된다. 친고죄를 인정하는 이유는 피해자나 피해자 가족의 의사와 명예를 존중할 필요가 있거나, 그 죄질이 경미한 경우가 있기 때문이다.

범죄 피해자는 누구나 고소를 할 수 있는 것이 원칙이나, 다만 자기 또는 배우자의 직계존속은 고소하지 못한다.

최근 성폭력 범죄가 심각해지면서 2013년 6월 성폭력처벌법 개정을 통해 성폭력범죄 관련 친고죄 조항이 모두 삭제되어 친고죄와 반의사불벌죄 규정이 사라지게 되었다. 그 이후에는 피해자의 고소가 없어도 성범죄의 처벌이 가능하다. 가정폭력행위자(가정폭력처벌법)와 아동학대행위자(아동학대처벌법)도 직계존속에 대하여 고소할 수 있게 개정되었다.

고소는 제1심 판결선고 전까지는 언제든지 취소할 수 있지만, 일단 고소를 취소하면 다시 고소하지 못한다.

(2) 고 발

직접 피해자가 아닌 다른 사람이나 기관, 단체가 수사의 개시를 촉구하는 것을 고발이라 한다. 제3자는 누구나 범죄가 있다고 생각될 때는 고발을 할 수 있다. 공무원이 직무수행상 범죄를 발견한 때에는 고발의 의무가 있다.

고발은 일반적으로는 수사의 단서에 불과하지만, 특별법규에 의하여 고발이 소송조건이 되는 경우가 있다. 예컨대 관세사범·조세사범에 대한 소관 공무원의 고발은 반드시 필요하다. 고발도 고소의 경우와 같은 이유로 자기, 또는 배우자의 직계존속에 대해서는 고발하지 못한다.

(3) 고소 · 고발과 무고죄

고소 · 고발을 하였는데 객관적 진실에 맞지 않는 허위사실을 토대로 신고하였다면 고소인 · 고발인에게 무고죄를 묻게 된다. 허위고소가 남발되면 고소를 당한 피해자의 인생이 파탄 날 수도 있기 때문에 억울한 피해자를 구제하고 고소의 남용을 견제하려는 제도이다.

그러나, 신고자가 그 신고내용을 허위라고 믿었다 하더라도 그것이 객관적으로 진실한 사실에 부합할 때에는 허위사실의 신고에 해당하지 않아 무고죄는 성립하지 않는다.

성폭력, 아동폭력, 가정폭력 피해자들이 무고죄에 해당할 지 모르는 위험성 때문에 제대로 신고나 고소를 못하거나 법적 보호를 받을 수 없었는데, 친고죄와 반의사불벌죄 조항이 폐지됨으로써 무고죄의 위험에서 비교적 자유로워졌다.

3) 송 치

경찰(특별사법경찰 포함)은 수사한 결과와 증거자료를 반드시 검찰에 보내야 하는데, 이를 송치라고 한다. 현행법에 검사가 모든 형사사건의 종결권을 가지고 있기 때문에 궁극적인 사건 종결을 위해 송치라는 절차가 필요하게 된다.

형사사건에 연루된 사람이 경찰서에서 조사를 받고 다 끝났는줄 알았는데 나중에 검찰청에서 또 부르는 경우가 있게 된다. 그것은 검사만이 수사를 종결할 수 있는 권한이 있기 때문에 추가조사를 할 필요가 있으면 검찰청에서 부르게 되는 것이다. 경찰은 송치할 때 송치의견(기소, 불기소 또는 기소중지 등)을 붙이지만, 검사는 송치의견을 참고하되 그 의견에 따라야 할 필요는 없다.

4) 체 포

수사과정에서는 피의자에 대해 강제적으로 신체의 자유를 박탈할 필요가 생기는데, 사람의 신체를 구속하여 자유를 박탈하는 것을 체포라고 한다. 체포에는 구속영장에 의한 체포와 현행범인에 대한 체포 그리고 긴급체포가 있다. 긴급체포는 48시간 이내에 구속영장을 청구하여야 한다.

사법경찰관이 체포하여 구속한 경우에는 10일 이내에 검사에게 인치하거나 석방하여야 하며, 검사가 체포하여 구속한 경우에는 10일 이내에 공소를 제기하거나 석방하여야 한다. 다만 검사는 10일간 더 연장할 수 있다.

체포는 국민의 자유권을 침해하므로 그 행사에 매우 신중해야 한다. 독재 정권 또는 권위주의 정부 아래에서 인권 보다는 사회안전을 구실로 체포를 함부로 하는 경향이 있었다.

5) 구속과 불구속

구속은 일정한 장소에 강제적으로 가두는 것을 말한다. 보통 구속은 수사기관에서 하는 구속을 말하지만, 공소제기 후에 법원에서 하는 구속(법정구속)과 형의 집행을 위한 구속도 있다.

구속 이외의 상태를 불구속이라고 한다. 현행 헌법에 무죄추정의 원칙이 선언되어 있고, 형사소송법에 불구속 수사의 원칙이 명시되어 있지만, 현실적으로는 잘 지켜지지 않고 있다.

(1) 구속전 피의자심문제도

흔히 영장실질심사라고 한다. 무분별한 구속으로 인한 인권침해를 막기 위해 1997년부터 도입이 된 제도이다. 사회적으로 큰 물의를 빚은 사건의 피의자들이 영장실질심사를 받으러 법원에 출석하는 장면이 언론에 많이 보도되고 있다. 판사가 영장을 발부하면 구속상태에서 수사를 받게 되고, 영장을 기각하면 불구속 상태에서 수사를 받게 된다. 이 제도의 도입 당시 약 7% 대를 보이던 구속율은 최근 약 1% 대를 보이면서 구속사건이 대폭 줄어들었다.

(2) 체포와 구속의 적부심사제도

수사기관에서 수사중인 상태에서 체포 또는 구속이 부당하다고 주장하면서 법원의 판단을 다시 받아보는 제도이다. 일단 검사가 법원에 기소한 이후에는 적부심사제도를 이용할 수 없고, 보석제도를 활용해야 한다.

6) 기소와 불기소

검사는 범죄의 증명이 충분하다고 판단하면 기소를 하게 된다. 현행법에는 기소는 검사만이 할 수 있다(기소독점주의). 검사의 권한이 막강한 만큼 검사의 자의적 판단과 독선이 우려된다는 비판이 있어 공직자비리수사처 신설 등 기소권을 분산시킬 여러 대안이 검찰 개혁차원에서 논의되고 있다.

불기소에는 혐의 없음(범죄를 구성하지 않거나 충분한 증거가 없는 경우), 공소권 없음(사망, 공소시효 경과 등 재판권이 없는 경우), 죄가 안됨(범죄를 구성하지만 형사미성년자 등 책임이 없는 경우), 그리고 기소유예(범죄는 인정되지만 한번 용서하여 기소를 보류하는 경우)가 있다. 또한 기소중지(피의자나 참고인이 어디 있는지 알지 못하는 경우 사건진행을 잠시 중지하는 제도)가 있는데, 기소중지 기간에도 공소시효는 정지되지 않고 계속 진행한다. 다만 범인이 형사처분을 면할 목적으로 해외에 있는 경우는 공소시효가 정지되도록 되어 있어 해외도피를 차단하는 효과를 거두고 있다.

공소시효가 완성되면, 실체법상 형벌권이 소멸되므로 검사는 공소를 제기할 수 없게 되고, 만약 공소제기 후에 이러한 사실이 발견된 때에는 소송조건의 흠결을 이유로 면소(免訴) 판결을 하게 된다. 사회적 공분을 일으키는 강력범죄가 빈발하자 2007년 12월 공소시효가 대폭 늘어나는 방향으로 개정되었다.

그 이후에도 중대한 범죄로 인해 피해를 입은 범죄피해자의 입장을 강화하기 위하여 내란의 죄, 외환의 죄 등 헌정파괴범죄, 13세 미만의 사람 및 신체적 또는 정신적인 장애가 있는 사람에 대하여 형법에서 정한 강간, 강제추행, 준강간, 준강제추행, 강간에 준하는 상해, 살인의 죄를 범한 경우, 사람을 살해한 범죄 등에는 공소시효를 적용하지 않는 것으로 개정되었다.

7) 검사의 불기소에 대한 불복

검사의 불기소 처분에 대해 검찰 내부의 상급기관에 대해 불복할 수 있는 방안이 있지만, 재정신청과 같이 검찰 외부의 기관에 대해 불복하는 방안의 확대가 필요하다.

(1) 항고와 재항고

고소나 고발을 처리하는 검사의 불기소처분에 불만이 있는 고소인이나 고발인이 관할 고등검찰청장에게 재심을 요구하는 것을 항고라고 한다. 항고가 받아들여져 기소하거나 다시 항고기각이 내려지게 된다.

항고기각 결정에 대해 검찰총장에게 재심을 요구하는 것을 재항고라고 한다.

(2) 재정신청

재정신청은 검사의 불기소처분에 불복하는 고소인, 고발인이 고등법원에 공소제기의 여부를 재판으로 결정해줄 것을 신청하는 제도이며, 검사 기소독점주의에 대한 견제장치라고 할 수 있다. 검찰 항고가 기각되면 검찰 재항고제도를 거치든지 곧바로 재정신청을 하든지 선택하면 된다. 예외적으로 항고 이후 재수사가 이루어진 다음에 다시 불기소처분의 통지를 받은 경우, 항고 신청 후 항고에 대한 처분 없이 3개월이 경과한 경우, 검사가 공소시효 만료일 30일 전까지 공소를 제기하지 아니하는 경우에 한하여 항고를 거치지 않고 곧바로 재정신청이 가능하다.

고소인은 모든 범죄에 대해 재정신청이 가능하며, 고발인은 형법 제123조부터 제125조까지의 범죄와 특별법에서 재정신청대상으로 규정한 죄에 대해서만 재정신청이 가능하다.

고등법원의 공소제기 결정이 있으면 검사는 그 결정에 따라 공소를 제기해야 한다. 재정신청제도는 매우 제한적으로 인정되었다가 2011년 이후 현행제도처럼 대폭적으로 확대 적용하는 방향으로 개선되었다.

2. 형사사건과 재판절차

경찰(특별사법경찰 포함) 단계의 송치사건과 검찰 단계의 인지사건, 또는 고소·고발사건을 검사가 수사한 결과 범죄혐의가 인정된다고 판단되면 검사는 피의자에 대하여 법원에 기소를 하게 된다. 기소 이후 재판단계에서는 피의자를 피고인이라 부른다.

1) 정식(통상)재판절차와 약식재판절차

검사가 기소한 형사사건에 대해서는 정식재판절차 즉, 형사소송법에 규정된 절차가 진행된다. 그러나, 정식재판절차는 오랜 시간이 걸리고 처리비용 부담도 막대하기 때문에 죄질이 가벼운 경미한 사안에서는 보다 경제적인 약식재판절차를 통해 벌금형을 신속하게 확정하게 된다.

약식재판절차는 법원에 출석할 의무 없이 모두 서면으로 처리되기 때문에, 피고인 입장에서도 비교적 편리하다. 피고인이 무죄라고 생각하거나, 유죄임을 인정하지만 벌금을 줄이고자 한다면 약식명령(벌금)을 고지받은 날로부터 7일 이내에 정식재판을 청구할 수 있다. 또한, 법원은 약식재판절차로 처리할 수 없는 사안에 대해서는 직권으로 정식재판절차에 회부한다.

2) 정식(통상)재판절차

(1) 진술거부권 고지 및 인정신문

피고인의 신분을 확인하고, 피고인에게 불리한 사실에는 진술을 거부할 수 있다고 알려준다.

(2) 모두진술

검사가 공소장에 의하여 공소사실 요지와 증거의 개요를 낭독한다.

(3) 증거조사

검사는 혐의가 입증될 경우 사건 기록을 법원으로 넘기고, 국가를 대표하여 소추관이 되어 혐의를 입증해야 한다. 피고인은 검사의 공격에 대해 방어하는 입장에서 무죄 또는 형을 적게 받기 위해 증거를 놓고 다투게 된다. 이 과정에서 변호인은 피고인을 도와 변호하는 역할을 한다.

만일 형사피고인이 스스로 변호인을 구할 수 없는 경우에는 국가가 국선변호인을 붙여준다. 모든 국민은 헌법상 변호인의 조력(도움)을 받을 권리가 있기 때문이다.

증거조사의 주체는 법원이며, 유죄의 심증과 양형자료를 얻기 위하여 인증, 물증, 서증 등 각종의 증거를 조사하게 된다.

증거조사의 순서는 검사가 신청한 증거를 조사한 후 피고인 또는 변호인이 신청한 증거를 조사하고, 이것이 끝난 후 법원이 직권으로 결정한 증거를 조사한다. 증인의 조사방법은 신문이고, 증거서류는 요지의 고지 및 낭독이며, 증거물의 조사는 제시에 의한다.

(4) 구 형

증거조사가 끝나면 검사가 증거와 범행의 죄질 등을 종합하여 피고인의 책임에 합당한 형을 요구한다.

(5) 변호인의 의견

변호인은 피고인을 도와 무죄를 주장하거나 유죄이지만 딱한 정상이 있으니 선처해달라고 의견을 피력한다.

(6) 피고인의 최후진술

정식재판절차의 마지막 절차인데, 피고인이 판사에게 직접 억울하다든지 범행을 저지르게 된 사연이나 범행을 뉘우치는지 등을 말함으로써, 판사의 최종 결심에 영향을 준다.

(7) 선 고

모든 증거와 법정에서 이루어진 진술과 피고인의 법정 태도 등을 종합하여 형벌의 종류와 형량을 정하여 선고한다.

구속상태에서 재판받다가 무죄 또는 형의 집행유예를 선고받으면서 풀려나기도 하고, 불구속 상태에서 재판받다가 징역(금고)형의 실형을 선고받으면 법정 구속을 당하기도 한다.

3) 보 석

법원의 재판단계에서 보증금(보증서 제출도 가능)을 납부하고 구속된 피고인을 풀어주는 제도이다. 보석조건을 지키지 아니하면 보증금의 일부 또는 전부를 몰수하며, 사건에 따라 주거지 제한 등의 추가조건을 붙여 풀어줄 수 있다.

3. 상소의 종류

형사 재판 진행은 3심제이다. 따라서, 1심 재판에 불복하면 항소할 수 있고, 2심 재판에 불복하면 대법원에 상고할 수 있다.

1) 항 소

1심 재판의 판결에 대해 불복할 경우, 2심에서 다시 한번 재판을 받을 수 있고, 2심 재판을 받고자 하는 의사표시를 항소라 한다. 항소법원은 항소이유에 포함된 사유에 관하여 심판하여야 한다. 그러나 판결에 영향을 미친 사유에 관하여는 항소이유서에 포함되지 아니한 경우에도 직권으로 심판할 수 있다.

피고인만 항소한 경우에는 원심판결 보다 더 무거운 형을 선고하지 못하도록 불이익변경금지의 원칙이 적용된다. 그 결과 '밑져야 본전'이라는 심정으로 항소가 남용되고 있는 실정이다.

2) 상 고

　2심 재판의 판결에 불복할 경우, 3심(대법원)에서 다시 한번 재판을 받을 수 있는데, 이를 상고라 한다. 다만 상고심은 구제를 목적으로 하지만 사실관계를 다투는 경우는 허용되지 않고 하급법원의 법령해석·적용의 통일을 기하기 위해 법령에 위배한 사항이 있는지 여부를 다룬다.

　상고가 이유 있다고 판단될 경우에 내리는 파기의 재판은 이송 또는 환송의 판결로 한다. 다만 대법원은 소송기록 및 원심법원과 제1심 법원이 조사한 증거에 의하여 충분하다고 인정한 때에는 이송이나 환송을 하지 아니하고 피고 사건에 대하여 직접 판결할 수도 있다.

3) 항 고

　항고란 판결에 대해 불복하는 것이 아니라 법원이 내리는 여러가지 결정에 대해 불복하는 것을 말한다. 2심에 해당하는 항고와 3심에 해당하는 재항고가 있다.

　항고법원은 항고절차가 규정에 위반되었거나 또는 항고가 이유 없을 때에는 결정으로써 항고를 기각하여야 하고, 항고가 이유 있을 때에는 결정으로 원결정을 취소하고, 필요할 때에는 다시 재판을 하여야 한다.

◆ 사건처리흐름도-1

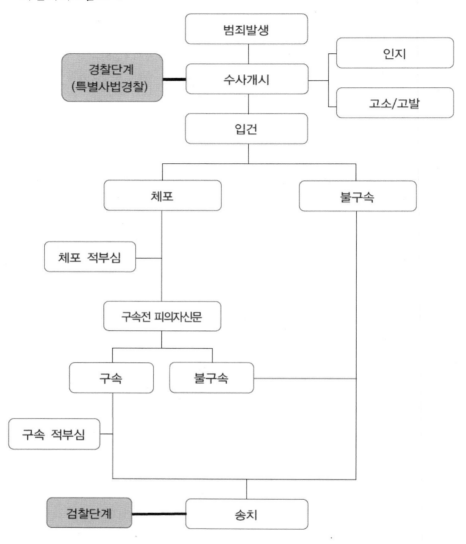

◆ 사건처리흐름도-2

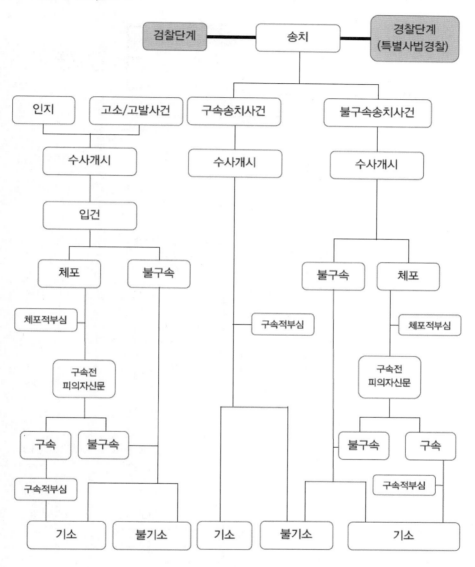

◆ 사건처리흐름도-3

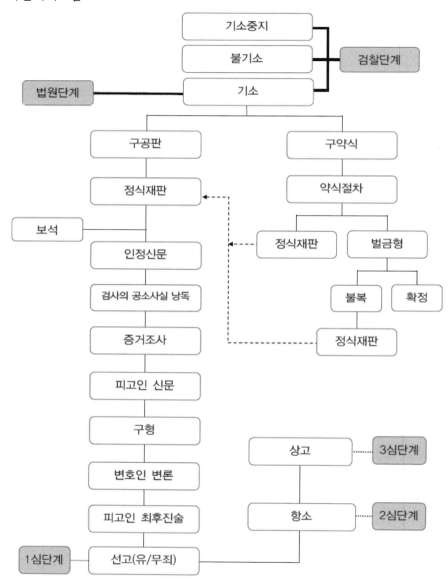

제6장

상행위와 기업경영

상행위와 기업경영

Ⅰ. 상법총칙

1. 상법의 이념과 특성

상법은 먼저 기업에 관한 법이므로 직접경제 활동을 참여하지 않는 일반시민의 생활은 그 규제 대상에서 제외하는 것처럼 생각한다. 즉 상법은 상인의 법이고 민법은 일반 불특정 다수의 시민의 법이라는 관념이 일반 대중을 지배하여 왔다.

그러나 상법은 "기업의 유지·강화"와 "거래의 신속·안전"을 이념으로 하고 있으며, 민법은 국민의 사법적 경제생활에 관한 일반적 기초적인 사항을 규율의 대상으로 하고 있다 하겠다.

그러므로 민법은 일반사법이고 상법은 특별사법이라고 한다.

> **상법 제1조(상사적용법규)** 상사에 관하여 본 법에 규정이 없으면 상관습법에 의하고 상관습법이 없으면 민법의 규정에 의한다.

2. 상 인

상인은 기업의 주체로서 상인에는 당연상인(고유의 상인)과 의제상인(형식적 의의의 상인)이 있다. 이 양자는 상인으로 인정되는 실정법상의 근거를 달리할 뿐 상법의 적용에 있어서는 그 사이에 아무런 차이도 없다.

이와 같이 우리의 상법은 제4조의 당연상인(當然商人)에 관해서는 실질주의 입법을 제5조의 의제상인(擬制商人)에 관해서는 형식주의 입법을 하고 있다.

1) 당연상인

상법은 '자기명의로 상행위를 하는 자'를 당연상인으로 규정하고(제4조)있다. 여기서 자기명의란 스스로 권리의무의 주체가 되는 것을 말하고, 상행위는 제46조의 22가지 기본적 상행위와 담보부사채신탁법상의 사채총액의 인수행위를 말한다.

2) 의제상인

점포나 기타 유사한 설비에 의하여 상인적 방법으로 상행위 이외의 영업을 하는 자를 의제상인으로 규정하고 있다(제5조). 제4조의 당연상인은 입법정책상 제5조의 의제상인의 규정을 구체화한 것으로 의제상인에 포함된다고 볼 수도 있다.

> 변호사·의사·공인회계사·예술가 등의 자유직업인은 임금을 받을 목적으로 노무에 종사하기 때문에 상인으로 보지 않는다.

회사는 상행위를 하지 않더라도 상인으로 간주하며, 회사 중 상행위를 영업으로 하는 회사는 상사회사(商社會社)로서 당연상인에, 상행위 이외의 행위를 영업으로 하는 회사는 민사회사(농업회사·수산회사 등)로서 의제상인에 포함시킨다. 그리고 상인은 영업규모를 기준으로 하여 완전상인과 소상인으로 구분하기도 한다.

3. 상업사용인

상업사용인이란 특정상인에 종속하여 그 상인의 대외적인 영업활동을 보조하는 자를 말한다. 여기서 특정한 상인을 영업주라 한다.

상법은 대리권의 범위를 표준으로 하여 지배인·부분적 포괄대리권을 가진 사업사용인·물건을 판매하는 점포사용인(은행점원. 물건판매점원)등이 있다.

(1) 상업사용인은 반드시 고용계약에 의해 고용된 자이어야 하는 것은 아니다.

(2) 대리권이 없이 영업주에 종속된 자는 상업사용인이 아니다.(예: 운전기사. 경비원등)

(3) 상업사용인은 독립된 상인인 대리상, 중개인, 위탁매매인과 다르다.

1) 지배인

지배인은 특정한 상인의 기업에 종속하여 그 영업에 관한 재판상 또는 재판외의 모든 행위를 할 수 있는 권한을 가진 '상업사용인'이다(상법 제11조1항). 지배인은 가장 상위의 상업사용인이다. 지배인의 대리권은 영업주의 영업에 관한 포괄적인 것이다.

2) 부분적 포괄대리권을 가진 사업사용인

영업전반에 걸쳐 재판상, 재판외 대리권을 가진 지배인인과 구별되는. 흔히 회사의 차장, 과장, 계장, 대리 등의 명칭을 가진 상업사용인이 이에 해당되며 지배인에 의하여 선임된다.

3) 물건판매점포사용인

물건을 판매하는 점포의 사용인을 말하며, 흔히 "점원"이라고 부른 사람을 말한다. 지배인이 선임 가능, 등기사항은 아니다.

점포의 사용인은 그 판매에 관한 모든 권한이 있는 것으로 본다.

물건판매점포의 사용인도 영업주와의 사이에 반드시 고용계약이 있어야 한다.

4. 기업의 물적 설비

앞에서 본 바와 같이 기업에는 그 주체가 되는 상인과 그를 보조하는 인적설비(상업사용인)외에 물적 설비가 필요하다. 기업조직의 물적 설비로서는 가장 중요한 것은 자본일 것이나 상법총칙 편에서는 상호·상업 장부·영업소·상업 등기 등이 있다.

1) 상호(商號)

상호란 상인이 영업상 다른 상인과 식별되고 자기를 표시하기 위하여 사용하는 명칭이다. 상호는 명칭이므로, 문자로 표시되고 발음될 수 있는 것이어야 하므로 기호나 도안 등은 상호가 될 수 없다. 상호는 상인이 다른 상인과 식별되기 위한 것이므로, 상호는 곧 상인의 신용 등을 나타내어 중요한 경제적 가치를 갖게 된다.

상호는 영업상의 명칭이 아닌 성명·아호·예명 등은 상호가 아니며 또 상품 자체를 표시하는 기호인 상표와 구별된다.

2) 상업장부(商業帳簿)

상업장부란 상인이 영업상의 재산상태 및 손익상황을 명확하게 하기 위하여 상법상의 의무로서 작성하는 장부이다. 상인은 영업상의 재산 및 손익의 상황을 명백히 하기 위하여 회계장부 및 대차대조표를 작성하여야 한다.

상인은 재판상의 증거로서 남겨두기 위하여 10년간 상업장부와 영업에 관한 중요한 서류를 보존할 의무를 부담한다(상법 제33조). 단, 전표나 이와 유사한 서류는 5년간 보존하는 것으로 완화하고 있다.

(1) 회계장부

회계장부는 일정기간의 영업과 재산 및 손익의 변동을 명백히 하는 것을 목적으로 하므로 이른바 동태적 장부이다. 이 회계장부는 영업상 및 그 상인의 영업에 관련된 재산에 영향을 미치는 사항은 하나도 빠트림이 없이 기재함을 원칙으로 한다. 이 회계장부는 상법상 의무규정으로 상인이 작성하는 상업장부의 하나이다.(상29조)

(2) 대차대조표

대차대조표는 일정시기에 상인의 영업용재산을 자산과 부채로 구분하여 현재 가지고 있는 재산액과 가져야 할 재산액을 대조하여 보고하는 회계보고서로 차변에 자산과 대변에 부채 및 자본으로 구성, 기업 활동에 필요한 자금을 어디서 얼마나 조달하여 투자했는지 등을 알 수 있게 해 준다. 이와 같이 대차대조표는 재산의 상태와 손익계산을 명백히 하는 적요표(摘要表)이다. 이는 일정시기에 있어서 영업과 재산 및 손익의 상황을 명백히 하는 장부이므로 정태적 장부이다.

> 모든 상인은 회계장부 및 대차대조표를 작성하여야 한다.(상업장부는 소상인을 제외한 모든 상인에게 작성의무가 있다.

3) 영업소

영업소란 기업의 존재와 활동을 공간적으로 통일하는 일정한 장소이며, 상인의 영업의 본거지를 말한다. 즉 영업에 관하여 지휘명령이 내려지고, 영업의 목적인 기본적인 거래가 평소 행하여지는 장소를 말한다. 단순한 제조공장, 상품인도 소, 철도의 역이나 박람회 등의 매점은 영업소가 아니다. 어떤 장소를 영업소라고 할 수 있는가, 없는가는 영업의 중심이라고 할 수 있는 실질을 구비하고 있는지의 여부에 따라 결정될 문제이다.

영업소에는 본점과 지점이 있다. 영업소는 상행위로 인한 채무이행의 장소 등이다.

4) 상업등기

상업등가란 영업에 관한 중요한 사항을 상업의 규정에 의하여 상업등기부에 하는 등기를 말한다.(상34조) 상업등기는 일정한 사항을 공시할 목적으로 상법의 규정에 의하여 등기할 사항을 법원의 상업등기부에 등기하는 것으로, 상호 · 무능력자(미성년자) · 지배인 · 법정대리인 · 주식회사 · 합명회사 · 합자회사 · 유한회사 · 외국회사에 관한 상업등기부를 두고 있다.

(1) 등기의 효력

① 일반적 효력

등기사항의 등기 후에는 선의의 제3자에게 대항할 수 있으나 등기 전에는 그 등기사항으로 선의 제3자에게 대항할 수 없다.(등기 사항의 등기 후에도 정당한 사유가 있는 선의의 제3자에게는 그 등기사항으로 대항하지 못한다.)

② 특수적 효력

상업등기의 대부분의 등기사항은 기존의 법률관계를 공시하기 위한 것이지만, 일정한 등기 사항은 등기 자체만으로 효력이 발생하는 경우가 있는데, 이것을 상업등기의 특수적 효력이라고 한다.

5) 영업양도

영업양도란 양도인이 가지는 영업의 이전을 목적으로 하는 채권계약을 말한다. 단순히 영업용 재산만을 이전하는 것은 영업양도가 아니며, 영업의 동일성을 유지하면서 일체로서 이전하는 경우에만 이를 영업양도라고 한다. 영업양도는 양도인의 상인자격을 전제로 하고 양도인이 상인이 아닌 경우 적용하지 않는다.

II. 회 사

1. 회사의 개념

회사란 상행위 그 밖의 영리를 목적으로 하여 영업을 수행하는 사람은 상인이라하고, 사단법인 형태로 설립된 상인을 회사라고 한다.(상169조)

따라서 회사는 영리를 목적으로 하고 사단의 성격을 갖추고 있으며 법인격이 부여되며, 법인격을 갖춘 회사는 스스로 권리, 의무의 주체가 되어 법률행위를 할 수 있고 소송에서 당사자 능력도 가진다. 따라서 회사는 영리성, 사단성, 법인성의 3가지 속성을 가져야만 상법에서 규정하는 회사가 된다.

회사는 상행위 그 밖의 영리를 목적으로 하고 법에 의해 권리능력이 부여되며, 공동의 목적을 가지고 구성된 단체이다. 만약 개인사업자가 법인등기를 하지 않은 상태로 사업자등록만 하고 사업을 하는 경우에는 상법의 회사가 될 수 없으며, 영리를 추구하지 않는 민법의 사단법인 및 재단법인도 상법의 회사가 될 수 없다.

1) 사단법인

일정한 목적을 위하여 결합한 사람들의 단체에 법인격을 인정한 것을 말합니다.

2인 이상의 사원이 있어야 하며 사원이 1인으로 되면 당연히 해산하게 되는 것이 원칙이다. 사단법인은 구성원으로 이루어진 총회가 자기의사를 결정하고 집행기관이 이를 대내외적으로 집행하는 등 자율적으로 활동한다. 사단법인은 자치법규(정관)를 가지고 있어야 하며, 대내적인 문제는 우선적으로 정관에 따라 해결한다. 사단법인에서는 인적 결합이 동일성을 상실하지 않는 한 정관이 자주적으로 변경되어도 법인으로서의 동일성은 상실되지 않는다.

사단법인에는 회사와 같이 상법의 적용을 받는 영리법인, 학술·종교·사교 등 비영리사업을 목적으로 하고 민법의 적용을 받는 비영리사단법인등이 있다.

사단법인은 근거법에 따라 민법상의 사단법인, 상법상의 사단법인 즉 상사회사, 기타 특별법상의 사단법인으로 구별할 수 있으며, 영리목적에 따라 비영리사단법인과 영리사단법인으로 구별할 수 있으나, 보통은 민법상의 비영리사단법인을 말한다.

2) 재단법인

일정한 목적을 위해 출연된 재산을 기초로 하여 설립된 법인을 말합니다.

재단법인은 재산을 그 본체로 한다는 점에서 사람의 집단을 본체로 하는 사단법인과 다르다. 따라서 재산이 있는 한 그 출연자와 관계없이 존속하면서 독자적으로 법적 활동을 하게 되므로 항구적 사업을 하게 된다.

공익법인에 한정하지 않고 학술, 종교, 자선, 기예, 사교, 기타 영리 아닌 사업을 목적으로 설립할 수 있도록 하고 있으므로, 반드시 공익을 목적으로 하지 않는 재단법인도 설립할 수 있다. 재단법인의 정관에는 목적, 명칭, 사무소의 소재지, 자산에 관한 규정, 이사의 임면에 관한 규정 등을 반드시 기재하여야 하며, 설립허가 후 3주 내에 일정한 사항에 관하여 설립등기를 하여야 한다. 다라서 재단법인의 운영은 사단법인과 큰 차이 없이 이사가 그 법인을 대표하여 업무를 집행하고 감사가 이를 감사한다. 다만, 재단법인은 인적 단체가 아니어서 사원총회가 없으므로 자기의사를 가질 수 없고 설립자가 정한 바에 따라 활동하게 된다. 따라서, 정관의 변경에 있어서 사단법인과 다른 점이 생긴다.

2. 회사의 종류

상법이 정하는 회사의 종류에는 주식회사(상288조) 합명회사(상78조), 합자회사(상268조), 및 유한회사(상543조), 유한책임회사(상179조)가 있다. 그 가운데 합명회사, 합자회사 및 유한회사, 유한책임회사는 소규모 비공개회사를 위한 것이며, 주식회사는 대규모 공개회사를 위한 것이다. 소규모 비공개회사를 위하여 정하여진 합명회사, 합자회사 및 유한회사 가운데 합명회사 및 합자회사는 인적회사라고 하는데 대하여 주식회사와 유한회사, 유한책임회사는 물적 회사로 주식회사는 전형적인 물적 회사라고 한다.

그 이유는 합명회사 및 합자회사는 회사의 신용의 기초가 출자자인 사원에게 있는데 대하여 유한회사는 회사의 신용의 기초가 출자자인 사원에게 있지 않고 회사의 재산에 있기 때문이다.

1) 주식회사

주식회사의 출자자인 사원을 주주라 한다. 주식회사는 자본과 주식 및 유한책임이라는 3가지 특색을 가지고 있는 회사이다.

주주는 처음 주주가 되는 때에 회사와의 사이에 약속한 주식의 인수가액을 한도로 회사에 출자할 의무를 부담한다(상303조). 주주는 회사에 대하여 그 이상의 출자를 할 의무가 없으므로 회사로부터 추가출자의 요청을 받는다 할지라도 그에 대한 의무는 없으며, 회사의 채권자에 대하여는 당초부터 변제할 책임을 부담하지 않는다.

따라서 주식회사가 도산하여도 주주로서는 자기가 이미 회사에 출자한 금액만을 손해 보게 되며 그 이상의 손해를 부담하지 않는다. 그런데 출자의무를 부담하는 자도 설립 시 또는 신주발행시에 최초의 주주가 되는 자에 한한다. 그 자로부터 주식을 양수받아 주주가 된 자 및 그 이외의 자는 회사의 채권자에 대하여는 물론 회사에 대하여도 전혀 변제하거나 출자할 의무를 부담하지 않는다. 따라서 주식회사가 도산하여도 주주는 자기가 회사에 출자한 금액이 제로가 되든지 주식을 취득한 때에 상대방에게 지급한 금액이 제로가 될 뿐이며 그 이상의 손해를 입는 일이 없다. 이처럼 주주는 회사에 출자의무를 부담하나 이것은 주주의 인수가액을 한도로 하는 유한 책임이며, 그 밖의 회사 채권자 등에 대하여는 아무런 책임을 지지 않는다.

(1) 주식회사의 설립

주식회사는 발기인이 정관을 작성하여 공증인의 인증을 받은 후 각 주식에

대한 인수가액의 전액과 현물출자의 이행을 완료한 후 설립등기로 성립한다. (상172조)

(2) 주식회사 기관의 구성

주식회사의 필요적 기관으로는 주주총회·이사회·대표이사 및 감사가 있고, 임시 기관으로는 검사인과 감사인이 있다. 의사결정기관으로는 주주총회, 업무집행기관으로는 이사회 및 대표이사, 감사기관으로는 감사가 있다.

① 주주총회

회사의 공동소유자인 주주로 구성되는 주주총회는 회사의 기본적 사항에 관한 의사결정을 하고, 이사와 감사를 선임하는 주식회사의 최고기관이다. 정관이나 주주총회의 결의에 의해서도 이사 선임권을 주주총회 아닌 다른 기관에 위임할 수 없다.

이사는 주주총회의 보통 결의에 의하여 선임된다. 주주총회는 정기총회와 임시총회가 있고, 이사회의 결정에 따라 대표이사가 소집한다.

② 이사회

이사회는 이사로 구성되며, 대표이사를 선임 회사의 업무집행에 관한 의사결정을 하는 기관이다. 이사회는 의사록을 작성하여 본점에 비치, 공시하여야 한다. 상법 또는 정관에서 주주총회의 권한으로 되어 있는 사항을 제외하고 회사의 업무집행에 관한 모든 권한은 기관으로서의 이사회에 속하며, 업무집행의 권한을 가지는 상설적·필요적 기관이다.

구체적으로는 주주총회의 소집, 지배인의 선임 및 해임, 대표이사의 선정 및 공동대표의 결정, 이사와 회사 간의 거래승인, 신주발행, 사채모집, 지점의 설치·이전 또는 폐지 등의 결정 등이 이사회의 권한사항이다.

③ 대표이사

대표이사는 대외적으로 회사를 대표하고 대내적으로 업무집행을 하는 회사의 필요적 상설 기관으로, 주주총회나 이사회의 결의사항을 구체적으로 집행하며, 이사회와 평등하게 병립하는 업무집행의 실행기관을 말한다.

또한 대표이사는 대표권 이외에 업무집행권과 업무결정권의 권한을 가지며, 사장·부사장·전무·상무, 기타 회사의 대표권이 있는 것으로 오인할 만한 명칭을 사용한 표현대리이사의 행위에 대하여서는 회사는 선의의 제3자에 대하여 책임을 져야 한다.

④ 감 사

감사는 크게 민법상의 감사와 상법상의 감사로 나뉜다.

후자는 다시 주식회사의 감사와 유한회사의 감사로 나누며, 감사는 회사의 업무 및 회계의 감사를 주된 임무로 하는 주식회사의 필요적 상설기관이다. 감사의 자격에는 제한이 없으나, 감사기관의 성질상 이사·지배인·기타 사용인의 직무를 겸하지 못한다(상411조).

(3) 주식회사의 특징

자본, 주식, 유한책임의 3가지가 주식회사의 근본적 특질을 이루고 있다. 자본이라 함은 회사에서 발행한 주식의 액면총액이다. 주식이라 함은 자본구성 단위로서의 금액, 주주의 지위(주주권)의 뜻이 있다. 유한책임이라 함은 회사의 사원인 주주는 회사에 대하여 일정액의 출자의무를 부담할 뿐 그 이외에는 사원으로서 아무런 의무를 부담하지 않는것을 말 한다.

(4) 주식회사의 해산

회사의 존립기간의 만료 및 그 밖의 정관에서 정한 사유가 발생한 경우, 합병, 파산, 법원의 명령 또는 판결, 회사의 분할 또는 합병, 주주총회의 결의에 의해 해산한다.(상517조)

2) 합명회사

2명이상의 사원이 공동으로 정관작성, 설립등기(상178조)로 설립하며, 무한책임사원으로 구성(상212조), 무한책임사원은 합명회사의 업무를 집행, 업무집행사원을 정하지 않은 경우, 각 사원이 회사를 대표하고, 여러 명의 업무집행사원을 정한 경우에는 각 업무집행사원이 회사를 대표한다.(상200조, 제207조) 합명회사는 가장 신뢰할 수 있는 사원끼리 모여서 조직하게 되므로 사원의 수도 자연히 적게 된다.

또한 사원은 공동이익을 각자가 협력해서 달성하여야 하므로 업무집행의 의무를 진다.

사원의 출자는 금전출자·현물출자 이외에 신용출자(회사를 위하여 보증과 어음·수표의 인수 및 배서를 하고, 물적담보를 제공하는 등의 신용행위)·노무출자(노무를 제공하는 것)를 내용으로 한다. 출자의 이행은 회사성립 후에도 할 수 있다. 합명회사의 정관을 변경하기 위해서는 총사원의 동의가 필요하다,

(1) 합명회사의 설립

합명회사는 신뢰관계로 맺어진 소수인으로 구성되고 사원이 무한책임을 지기 때문에 설립절차가 간단하다. 합명회사는 정관의 작성과 설립등기를 함으로써 성립된다. 주식회사와 달리 출자의 이행이 회사의 성립요건이 아니며 발기인이 따로 없다.

사원은 자연인에 한한다. 정관에 기재할 절대적 기재사항은 목적, 상호, 사원의 서명과 주소, 사원의 출자 목적과 그 가격 또는 평가의 표준, 본점과 지점의 주재지, 정관의 작성 연월일, 각 사원의 기명날인 등이다.

(2) 합명회사의 청산

청산이란 해산한 회사의 법률관계를 정리하고, 그 재산을 처분하는 절차이다. 합병과 파산으로 해산한 경우에는 청산절차가 필요 없지만 그 밖의 사유로 해산한 경우에는 청산을 하여야 한다.

(3) 합명회사의 해산

합명해사의 해산은 회사의 존립기간의 만료, 그 밖의 정관으로 정한 사유가 발생한 경우, 총사원의 동의, 사원이 1명으로 된 때, 합병, 파산, 법원의 명령 또는 판결에 의해 해산된다.(상227조)

3) 합자회사

합자회사는 합명회사와 마찬가지로 인적회사의 구성을 갖고 있다. 무한책임사원(無限責任社員)과 유한책임사원(有限責任社員)으로 구성되는 이원적 조직의 회사를 말한다.

서로 책임이 다른 사원으로 구성되는 점에서 다른 종류의 회사와는 다른 특색이 있다.

합자회사는 유한책임사원이 있다는 점에서 합명회사와 구별되나, 무한책임사원이 있다는 점에서 합명회사와 같다. 유한책임사원은 그 출자액을 한도로 회사 채권자에 대하여 책임을 부담하나(상279조), 유한책임사원은 회사의 업무를 집행하거나 회사를 대표하는 권한이 없다.(상278조) 또한 유한책임사원은 회사의 경영에 대하여 직접적인 권한을 가지지 않으나 감시권을 가지며, 회사 자체가 소규모의 인적신용을 중시하는 기업이므로 유한책임사원의 지분양도는 제한되어 무한책임사원 전원의 동의를 요한다(상276조).

합자회사에 있어서 유한책임사원 전원이 퇴사한 경우에는 무한책임사원 전원의 동의에 의하여 합명회사로 조직 변경하여 회사를 계속할 수 있다(상286조 2항). 또한 유한책임사원의 출자는 재산출자(금전·현물)에 한정된다(상272조). 합자회사는 유한책임사원이 구성되어 있다는 점을 제외 하고는 합명회사와 같으므로 합명회사에 관한 규정이 준용된다.

(1) 합자회사의 설립

합자회사의 설립에는 무한책임사원이 될 자와 유한책임사원이 될 자가 공동으로 정관을 작성하여야 하며, 합자회사는 정관의 작성에 의해 회사의 실체가 설립된다.

정관에는 절대적 기재사항을 기재하고 총사원의 기명날인 또는 서명을 해야 한다.

① 목적
② 상호
③ 사원의 성명, 주민번호 및 주소
④ 사원의 출자의 목적과 그 가격 또는 평가의 표준
⑤ 사원의 유한책임 또는 무한책임
⑥ 본점의 소재지
⑦ 정관의 작성연월일

(2) 합자회사의 해산

합자회사의 해산은 합명회사와 같으나 이에 추가되는 것은 무한책임사원 또는 유한책임사원의 전부가 퇴사한 때이다.(상285조1항)

유한책임사원의 전원이 퇴사하여 해산사유가 발생한 경우에는 잔존 무한책임사원만으로 그의 전원의 동의를 얻어 합명회사로 조직변경하여 회사를 계속할 수도 있다.(상286조2항)

(3) 합자회사의 청산

합자회사도 해산에 의해 청산절차에 들어가며, 이에는 임의청산과 법정청산의 2가지가 인정된다. 청산인은 무한책임사원 과반수의 결의로 선임하며, 이를 선임하지 않은 때는 업무집행사원이 청산인이 된다. 이와 같이 무한책임사원 또는 사원 이외의 제3자도 청산인이 될 수 있다. 정관의 규정에 의해 유한책임사원이 업무집행사원이 된 때는 법정청산인이 될 수 있지만 대표권은 없다고 본다.

4) 유한회사

유한회사는 주식회사의 주주와 같이 출자액을 한도로 하여 간접·유한책임을 지는 사원만으로 조직된 회사이다. 유한회사는 물적 회사에 인적 회사의 요소를 가미한 중간형태의 회사로 다시 말하면 사원 전원의 책임이 간접·유한인 점, 분화된 기관을 가지고 있는 점 등 많은 점에서 주식회사와 비슷하나 그 복잡·엄격한 규정이 완화되고 지분(持分)의 양도가 자유롭지 못한 점 등, 인적 회사와 비슷한 폐쇄적·비공개적 성격을 가지고 있는 점에서는 이와 상이하다. 유한회사가 주식회사와 다른 점을 들어보면 다음과 같다.

① 설립절차가 간단하고 발기설립에 해당하는 방법만이 인정된다는 것
② 설립 또는 자본증자 시에 사원의 공모를 인정하지 아니하는 것
③ 출자에 대한 사원의 연대책임을 인정하고 있다는 것
④ 지분의 양도가 자유롭지 못하고 또한 지분의 유가증권화가 인정되지 않는 것
⑤ 기관의 구성이 간이화된 것
⑥ 사원총회의 권한이 크며 그 절차 및 결의방법이 간이화되어 있는 것
⑦ 계산 서류의 비공개성 등 공시주의가 완화되어 있는 것
⑧ 건설이자배당의 제도가 없는 것
⑨ 사채(社債) 발행을 인정하지 않는 것 등이다.

(1) 유한회사의 설립

설립절차는 정관작성·이사 및 감사 선임·출자이행·설립등기 등으로 구성된다.

① 정관작성 : 2명 이상의 사원이 하며, 전사원이 기명날인해야 한다. 정관은 공증인의 인증이 있어야 효력을 갖게 되며 목적, 상호, 사원의 성명과 주소, 자본총액, 출자 1좌 금액, 각 사원의 출자좌수, 본점의 주소 등은 반드시 기재되어야 한다. 위의 절대기재사항 이외에도 상대기재사항으로 출자·재산인수·설립비용 등 설립사항이 있고, 이들은 정관에 기재되지 않

으면 효력이 없다.

② **이사 및 감사의 선임** : 이사는 정관에 직접 지정할 수 있으며, 지정하지 않은 경우 회사 성립 전에 사원총회를 통해 선임해야 한다.

감사는 임의기관이며, 선임하는 경우 이사선임 경우와 같은 방법으로 한다.

③ 출자이행 : 이사는 사원으로 하여금 출자금액을 납입 또는 현물 출자하도록 해야 한다.

④ 설립등기 : 출자 전액의 납입 및 현물출자 이행날로부터 2주 내에 한다. 설립등기의 사항은 법으로 정하고 있으며, 설립등기를 함으로써 유한회사가 설립된다.

(2) 유한회사의 해산

유한회사의 해산원인은 다음과 같다.

① 존립기간의 만료 기타 정관으로 정한 사유의 발생

② 사원이 1인으로 된 때

③ 법원의 명령 또는 판결과 사원총회의 결의 등이다(609조).

유한회사에서는 주식회사의 경우와 달리 사원이 1인으로 된 때가 해산원인으로 되어 있으므로 일인회사(一人會社)는 인정되지 않는다. 그러나 이러한 경우에는 새로이 사원을 가입시켜서 회사를 계속할 수 있다. 또 존립기간의 만료 기타 정관에 정한 사유의 발생 또는 사원총회의 결의로써 해산한 때에는 사원총회의 특별결의로써 계속할 수 있다(610조).

(3) 유한회사의 청산

유한회사의 청산은 인적 회사에서와 같은 임의청산은 전혀 인정되지 아니하고 반드시 엄격한 법정청산(法定淸算)의 절차에 의하여야 한다.

또한 청산절차는 대체로 주식회사에 관한 규정이 준용된다(613조). 청산회사에서 이사는 그 지위를 잃고 청산인이 이에 대체되는 것이지만 사원총회·감사·검사인 등 기관은 청산중에도 존속하고 주식회사의 경우와 달리 각자 회사의 집행기관을 구성한다.

청산인에는 주식회사의 경우와 같이 법정청산인·정관에 의한 청산인·사원총회의 선임에 의한 청산인과 법원의 선임에 의한 청산인이 있다.

5) 유한책임회사

유한책임회사는 2011년 개정상법에 의해 도입된 기업형태이다. 유한회사는 회사의 주주들이 채권자에 대하여 자기의 투자액의 한도 내에서 법적인 책임을 부담한다는 점에서는 주식회사와 동일하지만, 주식회사가 상대적으로 경직된 지배 구조를 갖고 있는 것과 달리 최저자본금제도가 없으며, 이사나 감사 등의 기관을 둘 필요도 없는 등 상대적으로 유연하며 탄력적인 지배구조를 그 특성으로 하기 때문에 소규모 기업에 적합하다.

또한 사원의 책임에 있어서는 유한회사, 주식회사와 같이 사원이 출자액을 한도로 간접·유한책임을 부담하는 회사이면서도 회사 설립 및 운영에 있어서는 합명회사, 합자회사처럼 단순하여 중소기업에 적합한 형태이다.

또한 유한책임회사는 총사원의 동의에 따라 주식회사로의 조직변경이 가능하다(상287조의43), 각 사원들이 출자금액만을 한도로 책임을 지게 되는 회사(상287조의7)이다.

(1) 유한책임회사의 설립

유한책임회사의 설립에는 먼저 상호, 본점소재지, 자본금, 사업의 목적, 업무집행자 및 사원에 관한 사항을 먼저 정해야 한다.

또한 자본금 납입증명으로는 금융기관의 잔고증명서가 필요없고, 사원 또는 사원 아닌 자 중에서 업무집행자 1인을 정하면 되므로 설립이 간편하다.

(2) 유한책임회사의 해산

유한책임회사의 해산은 먼저 정관의 사유에 의하여, 그리고 총사원의 동의가 있을 때, 파산에 의하여, 법원의 해산명령과 판결이 있을 때, 회사의 합병, 사원이 전혀 없을 때 해산사유가 된다.

(3) 유한책임회사의 청산

일정한 해산사유가 발생한 회사가 회사의 법인격을 소멸시키는 절차를 "청산"이라고 하고, 청산절차에 들어간 회사를 "청산중의 회사"라 한다.

회사의 청산은 법원이 감독한다(비송법118조제1항).

(4) 청산회사의 권리능력

청산중의 회사는 청산의 목적범위 내에서만 권리와 의무를 가진다(상287조45항 및 제245조). 또한 수인의 지분상속인이 있는 경우에는 회사의 해산 후 사원이 사망한 경우에 그 상속인이 수인인 때에는 청산에 관한 사원의 권리를 행사할 자 1인을 정해야 한다.

이를 정하지 아니한 때에는 회사의 통지 또는 최고는 그 중의 1인에 대하여 하면 전원에 대하여 그 효력이 있다(상287조45항 및 제246조).

3. 주주와 주식(株主)

주주는 기업의 이익과 손해에 대하여 자신의 지분만큼 책임을 지게 된다, 전체의 주식 중 자신이 가진 지분만큼 이익을 배분받거나, 기업의 손해에 대한 만큼의 비용을 잃게 되기도 한다. 자신이 가진 지분만큼만 이익, 손해 등을 책임지는 것이기 때문에 엄청난 손해를 봤다 하더라도 자신이 가진 지분 이상의 책임은지지 않아도 되는 것이다.

또한 주식을 발행 받아 주주가 되기 위한 출자는 현금으로 하는 것이 원칙이지만 물건으로도 할 수 있는데 후자를 현물출자라고 부른다.

주식을 가진 사람을 주주(株主)라고 한다. 말 그대로 주식의 주인. 주주는 소유한 주식의 양에 비례하여 주주총회를 통해 회사의 경영권에도 참여할 수 있다.

1) 주 주

주주란 주식회사를 구성하는 사원이며, 주주총회를 거쳐 이사를 선임하고 이사회를 구성하여 경영진을 임명한다. 주주총회에서 의결권을 행사할 수 있는 주식을 보통주라고 하는데 주식임에도 우선적으로 돈을 받을 권리는 있지만 의결권은 없는 우선주도 있다.

주주들의 의결권 행사는 1인 1표제를 채택하는 경우와 1주 1표제를 채택하는 경우가 있다. 예외적으로 1주가 1표 이상의 권리를 행사하는 경우도 있다.

그러므로 주주란 주식을 인수 또는 양수함으로써 주식이 표창하는 권리의무의 주체가 되는 자를 말한다. 즉 사원으로서의 지위의 귀속자를 주주라 한다. 주주인가 여부는 실질적 법률관계에 의하여 정하여지며 명의의 여하를 불문한다. 그러나 회사와의 관계에 있어서는 주주명부상의 주주만이 주주로서의 지위를 가지게 된다(상353조1항 제354조1항).

2) 주주의 자격과 수

주주의 자격에는 제한이 없다. 그러므로 자연인은 물론이고 법인 또는 행위무능력자나 외국인도 주주가 될 수 있다.

주주회사의 설립을 위하여 3인 이상의 발기인이 있어야 하므로(상288조) 회사의 설립 시에는 3인 이상의 주주가 존재하게 되지만 성립한 다음에는 주주의 수가 3인 미만이 되거나 회사가 발행한 주식의 전부를 1인의 주주가 소유하여 「1인 회사」가 되더라도 무방하다.

3) 주주의 권리

주식에 투자하여 주식을 보유하게 될 경우 특정기업의 주주 자격을 얻게 되며, 의결권 및 장부열람권 등의 공익권과 이익분배청구권, 신주인수권, 잔여재산분배청구권 등의 자익권을 갖게 된다.

> "자익권(自益權)"이란 주주가 회사로부터 경제적인 이익을 얻기 위한 권리를 말하며, "공익권(共益權)"이란 주주가 회사의 지배나 경영에 관여할 수 있는 권리를 말한다.

4) 공익권과 자익권

(1) 공익권(共益權)

회사 또는 주주 공동의 이익을 위해 회사의 운영에 관여하는 공익권(共益權)은 경영참여를 위한 권리와 경영감독을 위한 권리로 분류된다.

① 경영참여를 위한 권리
- **주주제안권** : 의결권 없는 주식을 제외한 발행주식 총수의 100분의 3 이상에 해당하는 주식을 가진 주주가 이사에게 주주총회일의 6주 전에 서면 또는 전자문서로 일정한 사항을 주주총회의 목적사항으로 할 것을 제안할 수 있는 권리를 말한다(상363조의2).
- **의결권** : 주주가 총회에 출석하여 결의에 참가할 수 있는 권리를 말하며, 의결권은 1주마다 1개로 한다(상369조).

② 경영감독을 위한 권리
- **재무제표열람권** : 주주와 회사채권자가 영업시간 내에 언제든지 재무제표를 열람하거나 회사가 정한 비용을 지급하고 그 서류의 등본이나 초본의 발급을 청구할 수 있는 권리를 말한다(상448조제2항).
- **회계장부열람권** : 발행주식의 총수의 100분의 3 이상에 해당하는 주식을 가진 주주가 이유를 붙인 서면으로 회계의 장부와 서류의 열람 또는 등사를 청구할 수 있는 권리를 말한다(상466조제1항).
- **위법행위유지(留止)청구권**: 이사가 법령 또는 정관에 위반한 행위를 하여 이로 인해 회사에 회복할 수 없는 손해가 생길 염려가 있는 경우에 감사 또는 발행주식의 총수의 100분의 1 이상에 해당하는 주식을 가진 주주가

회사를 위해 이사에 대하여 그 행위를 유지(留止)할 것을 청구할 수 있는 권리를 말한다(상402조).

- **대표소송권** : 발행주식의 총수의 100분의 1이상에 해당하는 주식을 가진 주주가 회사에 대하여 이사의 책임을 추궁할 소의 제기를 청구할 수 있는 권리를 말한다(「상법」제403조부터 제406조까지)
- **이사해임결의권** : 주주가 주주총회에서 출석한 주주의 의결권의 3분의 2 이상의 수와 발행주식총수의 3분의 1 이상의 수의 결의로 이사를 해임할 수 있는 권리를 말한다(「상85조제1항)
- **이사 등의 해임청구권** : 이사가 그 직무에 관하여 부정행위 또는 법령이나 정관에 위반한 중대한 사실이 있음에도 불구하고 주주총회에서 그 해임을 부결한 때에는 발행주식의 총수의 100분의 3 이상에 해당하는 주식을 가진 주주가 총회의 결의가 있은 날부터 1개월 내에 그 이사의 해임을 법원에 청구할 수 있는 권리를 말합니다(상385조제2항)

(2) 자익권(自益權)

주주 개인의 경제적 이익을 얻기 위해 인정되는 자익권(自益權)은 출자금(또는 투하자본)에 대한 수익을 위한 권리와 투하자본의 회수를 위한 권리로 분류된다.

① 투하자본의 수익을 위한 권리
- **이익배당청구권** : 회사에 이익이 발생할 경우 주주가 그 이익의 배당을 청구하는 권리를 말합니다(상462조).
- **건설이자배당청구권** : 회사가 그 목적인 사업의 성질에 의하여 회사의 성립 후 2년 이상 그 영업전부를 개시하기가 불능하다고 인정한 때에는 정관으로 일정한 주식에 대하여 그 개업 전 일정한 기간 내에 일정한 이자를 그 주주에게 배당할 수 있는 권리를 말합니다(상463조).
- **신주인수권** : 주주가 그가 가진 주식 수에 따라서 신주의 배정을 받을 수 있는 권리를 말합니다(상418조).

② 투자자본의 회수를 위한 권리
- **잔여재산분배청구권** : 회사의 청산 시 회사의 남은재산에 대해 각 주주가 가진 주식의 수에 따라 분배받을 수 있는 권리를 말한다(상538조).
- **주식매수청구권** : 주식회사의 합병·영업양도 등 주주의 이익과 중대한 관계가 있는 법으로 정하고 있는 사유에 대하여 주주총회의 결의가 있는 경우, 이에 반대한 주주가 자기 소유주식을 공정한 가격으로 매수할 것을 회사에 청구할 수 있는 권리를 말한다(상335조의6, 제374조의1항)

5) 주주의 의무

주주는 주주총회의 차석의무도 없으며, 회사를 위해 뭔가를 해야할 어떠한 의무도 없다. 그리고 책임도 없다. 단 주주가 회사에 대하여 부담하는 유일한 의무는 주식의 인수가액에 대한 납입의무뿐이다(상331조).

(1) 주주명부

주주명부는 주주 및 주권에 관한 사항을 명확하게 하기 위하여 그의 작성과 설치가 요구되는 장부이다. 기명주권을 발행한 경우에 주주명부에는
① 주주의 성명과 주소
② 각 주주가 가진 주식의 종류와 그 수
③ 주권이 발행된 경우에는 주권의 번호
④ 각 주식의 취득연월일을 기재하여야 한다.(상352조 제1항)
그리고 주주와 회사채권자는 영업시간 내에는 언제든지 주주명부의 열람 또는 복사를 청구할 수 있다.(상396조제2항) 주주명부는 기명주식이전의 대항요건(상제337조)·기명주식의 등록질·신탁재산의 표시(신탁법 제3조제2항)등에 있어서 중요한 의의가 있으며 주주 또는 질권자에 대한 통지 최고의 기준이 된다(상353조 제1항).

(2) 주주명부 폐쇄

주주명부의 폐쇄란 일정한 시기에 주주 또는 질권자로서 권리를 행사할 자를 확정하기 위하여 일정기간(폐쇄기간)동안 주주명부의 기재변경을 정지시키는 것을 말한다.

6) 주식(株主)

주식(株式)이란 사원인 주주가 주식회사에 출자한 일정한 지분 또는 이를 나타내는 증권을 말한다. 주식회사의 지분인 주식과 인적 회사의 지분은 모두 사원의 지위를 의미한다는 점에서는 같다, 주식회사에서는 자본이 정해지고 특정인이 주식을 인수함으로써(출자) 사원이 되는 순서로 전개된다.

주식이라고 할 때는 두 가지의 의미가 있다. 첫째, 주식은 자본의 구성부분이다. 즉, 주식회사의 자본은 비율적 단위로 세분화되는데 이것을 주식이라 한다.

상법에 의하면 주식회사의 자본은 주식으로 분할하여야 하고, 주식은 금액으로 표시되며, 1주의 금액은 5천 원 이상 균일하여야 한다.

7) 주식의 종류

회사는 이익의 배당 잔여재산의 분배, 주주총회에서의 의결권행사, 산환 및 전환 등에 관하여 내용이 다른 종류의 주식을 발행할 수 있다.(상344조제1항)

정관으로 각 종류주식의 내용과 수를 정해야 한다.(상344조2항)

(1) 보통주

회사의 이익, 이자의 배당, 잔여재산의 분배에 관해 표준이 되는 보통의 주식으로 경영참가, 이익배당청구권, 분배 청구권, 신주인수권을 가진다.

(2) 우선주

이익배당, 잔여재산의 분배 등에 있어 다른 종류의 주식에 대해 우선적 지위가 인정되는 주식으로 보통주에 우선해서 배당이나 잔여재산을 받을 수 있고 의결권이 없다.

(3) 후배주

이익배당, 잔여재산의 분배 등에 있어 다른 종류의 주식에 비해 열등한 지위에 있는 주식으로 발기인 주식이라고도 합니다. 잔여이익배당에만 참여할 수 있다.

(4) 혼합주

이익배당, 잔여재산의 분배 등에 있어 어떤 권리는 보통주보다 우선하고 다른 권리에 대해서는 열등한 지위에 있는 주식이며 배당에는 우선적 지위가 부여되나 재산 분배에는 지위가 낮다.

(5) 액면주식

정관과 주권에 1주의 금액이 기재된 주식으로 발행주식 권면(금액을 표시) 액이 자본금이 된다.

(6) 무액면주식

주권에 주 금액의 기재가 없고 주식 수만 기재된 주식으로 액면금액이 없으므로 원칙적으로 기업의 경제 가치를 반영하는 발생 시점에 시장가치와 자본금이 발행가액으로 결정된다.

(7) 기명주식

주주의 성명이 주주명부 및 주권에 기재된 주식(원칙)으로 회사에서는 주식을 얼마나 보유하고 있는지 알 수 있다.

(8) 무기명주식

주주의 성명이 주주명부 및 주권에 기재되지 않은 주식(정관의 정함이 있는 경우에만 발행 가능)으로 주식을 실질적으로 보유하고 있는 투자자가 누구인지 확인하는데 어렵다.

4. 회사의 합병

회사의 합병에는 2개의 경우로 나누어진다. 우선 2개 이상의 회사가 상법의 특별한 규정에 의하여 청산절차를 거치지 않고 합쳐져 그 중 한 회사가 다른 회사를 흡수하는 흡수합병과, 두 개의 회사가 합쳐져서 신설회사를 설치하는 것을 신설합병 이라고 한다.

대개 신설합병보다는 흡수합병을 하는 경우가 많다. 신설합병의 경우에는 회사설립절차가 복잡하고, 비용도 많이 들고, 세금부담도 있으며, 당초 회사가 갖고 있는 영업에 관한 허가나 인가 등 무형의 권리를 잃는 위험도 있어서 흡수합병을 하는 경우가 많다.

1) 합병의 효력

회사의 합병은 합병 후 존속하는 회사 또는 합병으로 인하여 설립되는 회사가 그 본점소재지에서 전조의 등기를 함으로써 그 효력이 생긴다(상234조)

2) 합병의 효과

합병 후 존속한 회사 또는 합병으로 인하여 설립된 회사는 합병으로 인하여 소멸된 회사의 권리의무를 승계한다(상235조).

존속회사의 변경등기, 소멸회사의 해산등기 및 신설회사의 설립등기를 하면 회사의 합병의 효력이 생긴다(상603조 및 제234조).

3) 이사 · 감사의 임기

합병을 하는 회사의 일방이 합병후 존속하는 경우에 존속하는 회사의 이사 및 감사로서 합병전에 취임한 자는 합병계약서에 다른 정함이 있는 경우를 제외하고는 합병후 최초로 도래하는 결산기의 정기총회가 종료하는 때에 퇴임한다(상527조의4).

4) 합병이 제한되는 경우

(1) 상법 및 특별법에는 다음과 같이 합병이 제한되는 경우가 있다.
(2) 해산(解散) 후의 회사는 존립 중의 회사를 존속하는 회사로 하는 경우에 한하여 합병할 수 있다(상174조제3항).
(3) 다른 회사와의 합병으로서 일정한 거래분야에서 경쟁을 실질적으로 제한하는 행위는 금지됩니다(독점규제 및 공정거래에 관한 법률 7조제1항제3호).
(4) 회생절차 중인 회사는 회생계획에 '합병'에 관한 사항을 정해 합병할 수 있습니다(채무자 회생 및 파산에 관한 법률 제193조, 제210조 및 제211조).
(5) 「자본시장과 금융투자업에 관한 법률」의 주권상장회사가 다른 회사와 합병하려는 경우, 금융위원회에 합병사실이 발생한 날의 다음 날까지 그 내용을 기재한 보고서를 제출해야 한다.

III. 보 험

보험계약은 당사자 일방이 약정한 보험료를 지급하고 재산 또는 생명이나 신체에 불확정한 사고가 발생할 경우에 상대방이 일정한 보험금이나 그 밖의 급여를 지급할 것을 약정함으로써 효력이 생긴다.(상638조)
상인이 가장 간단하게 리스크에 대처하는 방법은 보험에 가입하는 것이다.

이처럼 오늘날 보험은 상인이 당면하는 다양한 위험을 해지하는 대표적인 장치이다. 이와 함께 보험의 주된 기능은 여러 사고에 대비하게 함으로써 보험가입자를 경제적 파멸로부터 보호하고 안전성을 부여하는 것이다. 이는 또한 위험발생에 대한 불안을 제거해 줌으로써 경제적·정신적 윤활작용을 하여 각 경제 주체의 활동을 촉진시키는 결과를 가져 온다.

보험은 동일한 종류의 위험하에 있는 다수인(보험계약자)이 위험단체를 구성하여 통제적 기초 위에서 산출된 일정률의 금액(보험료)을 미리 지출하여 자금을 만들어 두고 특정인(피보험자)에게 발생한 사고(보험사고)에 대하여 일정한 금액(보험금)을 지급하여 경제생활의 불안을 제거 또는 경감하는 제도라 하겠다.

1. 보험의 종류

보험은 경영주체의 유형에 따라 공영보험과 민영보험, 보험대상이 사람인지 여부에 따라 생명보험과 손해보험, 보험의 주된 목적이 위험보장인지 저축인지에 따라 보장성보험과 저축성보험으로 분류 된다. 상법은 보험을 화재보험, 운송보험, 해상보험, 책임보험, 자동차보험, 등을 포함하는 손해보험(상665조 및 739조)과 생명보험, 상해보험, 등을 포함하는 인보험(상727조 및 739조)으로 나누어 규율하고 있다.

보험법에서는 보험을 달리분류하고 있다 즉 인 보험(생명보험·상해보험)과 손해보험에 대하여 알아보기로 하겠다.

공적보험 : 국민연금 · 국민건강보험 · 고용보험 · 산재보험 4대보험이라고 한다.

---

1) 인(人) 보험

인 보험(人保險)은 피보험자의 생명이나 신체를 위협하는 사고가 발생한 경우 보험자가 피보험자에게 일정한 금액, 기타의 급여를 지급할 것을 약정하고 보험계약자는 이에 대하여 보수를 지급할 것을 약정하는 보험이다(상727조,

638조). 따라서 이 계약은 쌍무(雙務)·낙성(諾成)계약이다.

인 보험은 사람의 생명이나 신체에 관한 것을 보험의 목적으로 하는 점에 있어서 손해보험과 차이가 있다. 상법은 인 보험으로 생명보험과 상해보험만을 나누어 규정하고 있다(상727조 이하)

(1) 생명보험

생명보험(life insurance)은 위험보장을 목적으로 사람의 생존 또는 사망에 관하여 약정한 금전 및 그 밖의 급여를 지급할 것을 약속하고 대가를 수수하는 계약을 말한다. 생명보험은 일반적으로 피보험자를 기준으로 개인보험과 단체보험으로 구분된다. 또한 보험금액의 지급방법에 다라 일시금보험과 연금보험으로 분류할 수 있다.

타인의 사망을 보험사고로 하는 보험은 그 타인의 서면에 의한 동의를 받아야 한다.(상731조) 만 15세 미만자, 심신상실자, 또는 심신박약자는 동의 능력이 없으므로 이러한 자의 동의에 의한 보험계약은 언제나 무효이다(상732조).

(2) 상해보험

상해보험(accident insurance)은 계약자가 보험료를 지급하고 보험자가 피보험자의 신체의 상해에 관한 보험사고가 생길 경우에 보험금액의 지급 또는 기타의 급여를 할 것을 약정함으로써 효력이 상기는 보험으로서 상법상 인 보험에 속한다(상737조).

상해보험계약의 보험자는 피보험자의 상해에 대하여 보험금액 기타의 급여의 책임을 진다. 여기서 기타의 급여란 치료 또는 의약품의 급여와 같이 현금 이외의 급여를 말한다.

또 보험자는 생명보험과 같이 보험금액을 일시금(사망의 경우) 또는 연금(질병)의 형식으로 지급할 수 있다. 상해보험의 경우에 피보험자와 보험계약자가 동일인이 아닌 때(타인의 신체에 관한 보험)에는 인 보험증권의 기재사항 중 피보험자의 주소와 성명 대신에 피보험자의 직무 또는 직위만을 기재할 수 있다(상738조). 상해보험에 있어서도 15세 미만자·심신상실자 또는 심신박약자를 피보험자로 하는 사망보험의 무효를 규정한(상732조) 규정을 제외하고는 생명보험에 관한 규정이 준용된다(상739조). 그러나 위에서 본 바와 같이 상해보험은 순수한 정액보험의 경우도 있으나 손해보험의 성격을 가지는 경우도 있으므로 생명보험에 관한 규정의 준용만으로는 부족하고 상해보험에 관한 보다 상세한 규정을 둘 필요가 있다.

2) 손해보험

손해보험(property and liability insurance)은 위험보장을 목적으로 질병 및 상해 등을 제외한 우연한 사건으로 발생하는 손해에 대하여 금전 및 그 밖의 급여를 지급할 것을 약속하고 대가를 수수하는 계약이다.

상법이 규정하고 있는 손해보험에는 화재보험, 운송보험, 해상보험, 책임보험, 자동차보험 등이 있다. 재보험도 손해보험의 일종이다. 이처럼 손해보험은 보험사고로 인한 피보험자의 재산상의 손해보상을 책임진다는 점에서 손해보상 계약의 일종이다. 손해보험에는 '이익 없는 곳에 보험 없다'는 원칙에 따라 피보험 이익의 존재가 필요하다.

이처럼 화재·자동차사고 등 각종 사고 발생에 따른 재산상의 손실위험에 공동대처하기 위한 상호 보장적 성격의 사회제도로서 장기저축기능과 상호보장기능이 혼합된 생명보험과는 그 성격이 다르다. 보험자는 보험사고가 생긴 경우에 일정한 요건 하에 피보험자에게 보험금을 지급할 의무를 부담하며, 손해액의 산정은 손해발생의 때와 장소에 있어서의 가액을 표준으로 하는 것이 원칙(상676조)이고, 보험자가 손해를 보상한 때에는 보험대위(保險代位)가 인정된다(상682조).

2. 보험 계약

보험계약은 당사자의 일방(보험계약자)이 약정한 보험료를 지급하고 상대방(보험자)이 재산 또는 생명이나 신체에 관하여 불확정한 사고가 생길 경우에 일정한 보험금액 기타의 급여(給與)를 지급할 것을 약정함으로써 효력이 생기는 계약이라고 정의한다(상638조). 보험계약은 적법한 청약과 승낙에 의하여 성립한다. 다만, 보험자가 보험계약자로부터 보험계약의 청약과 함께 보험료 상당액 전부 또는 일부의 지급을 받은 때에는 다른 약정이 없으면 30일 내에 그 상대방에 대하여 낙부의 통지를 발송하여야 한다. 만약 위 기간 내에 낙부통지를 하지 않은 경우에는 승낙한 것으로 본다.

1) 보험계약의 성립

보험자가 보험계약자로부터 보험계약의 청약과 함께 보험료 상당액의 전부 또는 일부의 지급을 받은 때에는 다른 약정이 없으면 30일내에 그 상대방에 대하여 낙부의 통지를 발송하여야 한다. 그러나 인 보험계약의 피보험자가 신체검사를 받아야 하는 경우에는 그 기간은 신체검사를 받은 날부터 기산한다. 또한 보험자가 위 규정에 의한 기간 내에 낙부의 통지를 해태한 때에는 승낙한 것으로 본다.

보험자가 보험계약자로부터 보험계약의 청약과 함께 보험료 상당액의 전부 또는 일부를 받은 경우에 그 청약을 승낙하기 전에 보험계약에서 정한 보험사고가 생긴 때에는 그 청약을 거절할 사유가 없는 한 보험자는 보험계약상의 책임을 진다. 그러나 인 보험계약의 피보험자가 신체검사를 받아야 하는 경우에 그 검사를 받지 아니한 때에는 그러하지 아니하다(상638조2항).

2) 보험계약의 요소

(1) 보험자

보험계약자의 위험인수하고, 약속한 보험사고 발생시 보험금을 지급할 자.

(2) 보험계약자

자기명의로 보험계약을 체결하고, 1차적인 보험료지급의무를 지는 자로 보험계약에는 자격제한이없다.(법인, 개인, 미성년자, 금치산자, 한정치산자도 가능하나, 다만 그 대리인이 법률행위를 해줘야 유효한 법률행위가 성립한다)

(3) 피보험자

손해보험에서 보험금 청구권을 갖는 자로 사고발생시 경제적인 손해를 감수할 자를 말하며, 인 보험에서는 보험에 붙여지는 자로, 다만 부상과 후유장해 시에는 보험금 청구권자를 말한다.

(4) 보험수익자

피보험자의 사망 시, 보험금청구권자이며, 보험수익자의 지정, 변경권은 보험계약자가 행사한다.(타인을 위한 생명보험계약, 다만 피보험자의 서면에 의한 동의가 필수요건이다)

(5) 보험의 목적

보험사고 발생의 대상이 되는 물건, 재산 또는 사람의 신체, 생명을 말한다. 손해보험의 경우 일반 재물보험의 경우에는 보험의 목적이 물건이 될 것이며, 손해보험의 책임보험의 경우에는 보험의 목적이 피보험자의 전 재산이 될 것이다. 또한 인 보험의 경우에는 사람의 신체나 생명을 말한다.

(6) 보험료와 그 지급방법

보험료란 사고발생률에 대한 보험단체 구성원의 위험담보의 대가로서 보험자에게 지급하는 금액을 말한다. 그런가 하면 보험료의 지급방법은 계약체결 당시에 최초 또는 전부의 보험료를 지급하여야 하며 보험계약의 특성상 보험료의 지급 없이는 보험자의 책임개시 의무도 발생하지 않는다.

(7) 보험기간의 시기와 종기

보험기간이라 함은 보험자의 책임이 개시되는 시기를 말한다. 우리 상법은 보험자의 책임개시는 최초 또는 전부의 보험료 지급 없이는 보험자의 책임이 개시되지 않는다고 규정하고 있다. 따라서 보험자의 책임의 시기는 보험료의 최소한 보험료의 지급이 있어야 할 것이며, 보험기간의 종기는 약관에 규정된 보험기간의 종료시점을 말한다.

3. 보험계약의 효과

보험자가 보험계약 성립시계약자의 청구가 없더라도 지체 없이 보험증권을 작성하여 보험계약자에게 교부할 의무를 말한다(상640조1항). 다만 보험계약자가 보험료를 지급하지 않는 경우에는 교부의무가 없으며 보험기간 연장의 경우 보험증권 에 그 사실을 기재하여 교부에 갈음할 수 있다.

보험증권은 보험계약의 성립과 내용을 증명하기 위하여 보험자가 소정의 사항을 기재하고 서명, 날인 하여 보험계약자에게 교부하는 증권이다.

1) 보험증권의 뜻

보험증권은 보험계약이 성립한 후에 보험계약의 내용을 증명하기 위하여 보험자가 발행하는 일종의 증거증권이다. 보험계약은 요식계약이 아니고 낙성계약이므로 보험증권의 발행은 계약당사자의 편의를 위한 것이지 계약의 성립요건도 아니고, 보험자만이 기명날인하는 것이므로 계약서도 아니다.

2) 계약의 청약과 승낙

보험계약은 적법한 청약과 승낙에 의하여 성립한다. 다만, 보험자가 보험계약자로부터 보험계약의 청약과 함께 보험료 상당액 전부 또는 일부의 지급을 받은 때에는 다른 약정이 없으면 30일 내에 그 상대방에 대하여 낙부의 통지를 발송하여야 한다. 만약 위 기간 내에 낙부통지를 하지 않은 경우에는 승낙한 것으로 본다.

(1) 고지의무

보험계약 당시에 보험계약자 또는 피보험자는 계약에 관한 중요한 사실을 고지하여야 할 의무를 진다. 고지의무는 보험계약서의 선의계약성 또는 사행계약성에 따른 보험계약의 전제조건으로서의 간접의무이다. 또한 고지의무자와 상대방 보험계약자와 피보험자가 고지의무자이며, 보험자와 고지수령권한을 가진 자가 그 상대방이다.

고지의 시기 및 방법에 있어서는 고지는 보험계약 성립 시 까지 하여야 하며, 그 방법에는 서면이든 구두에 의하든 제한이 없다. 그러나 고지할 중요한 사항은 보험자가 그 사실을 알고 있었으면 계약을 체결하지 않았거나 또는 동일한 조건으로 계약을 체결하지 않았을 것이라고 객관적으로 생각되는 사정을 말한다.

(2) 고지의무 위반

보험계약자 또는 피보험자가 중요한 사항을 고의 또는 중대한 과실로 고지하지 않았거나 부실고지를 한 경우에는 보험자는 그 사실을 안 날로부터 1월 내, 계약성립일로부터 3년 내에 한하여 보험계약을 해지할 수 있다.(상651조)

(3) 통지의무

보험기간 중에 보험계약자 또는 피보험자가 사고발생의 위험이 현저하게 변경 또는 증가된 사실을 안 때에는 지체 없이 보험자에게 통지하여야 한다. 이를 해태한 때에는 보험자는 그 사실을 안 날로부터 1월내에 한하여 계약을 해지할 수 있다. 또한 보험자가 제1항의 위험변경증가의 통지를 받은 때에는 1월 내에 보험료의 증액을 청구하거나 계약을 해지할 수 있다(상652조).

4. 보험계약의 종료, 취소, 무효

계약이 유효하게 성립하려면 위에서 언급한 계약의 요건을 충족해야 하고 계약당사자는 합의된 계약 내용대로 이행하여야 한다. 그러나 계약이 진행되는 도중에 계약을 파기해야 할 경우가 발생하며 또는 계약의 내용대로 이행할 수 없는 경우가 발생하게 된다. 이런 경우 남은 계약기간에 대해 계약 효력을 중지(계약의 해지)해야 하거나, 처음부터 계약이 없었던 것처럼 계약을 해소(계약의 해제)할 필요성이 생기게 된다.

1) 계약의 해지

보험계약에 있어, 장래에 대해서 계약의 효력을 소멸시킬 필요성이 발생하게 되는데 이런 경우 당사자의 의사표시를 해지(解止)라고 한다. 즉, 보험계약을 계속해서 유지할 수 없는 사건이 발생할 경우 보험계약자나 보험회사는 보험계약을 해지할 수 있는데 이럴 경우 지금까지 진행되어 왔던 보험계약은 유효하지만 장래의 남은 기간에 대한 계약은 그 효력을 잃게 된다. 보험계약이 해지되면 장래에 대하여 보험계약이 종료되며 보험회사는 잔여기간분에 대한 보험료(해약환급금)를 환급하게 된다.

2) 계약의 종료

보험계약이 해지되고 해지환급금이 지급되지 아니한 경우에 보험계약자는 일정한 기간 내에 연체보험료에 약정이자를 붙여 보험자에게 지급하고 그 계약의 부활을 청구할 수 있다(상638조2).

3) 계약의 취소

계약의 취소란 일단 성립한 계약에 법률이 정한 취소의 원인이 존재하여 취소권자의 의사표시에 의하여 계약이 처음부터 없었던 것으로 되는 것을 말한다.
예를 들어, 착오나 사기·강박에 의해 계약을 체결하는 등 의사표시 과정에서 문제가 발생하거나, 미성년자·한정치산자·금치산자와 같이 의사표시 당사자에게 문제가 발생한 경우에는 의사표시 당사자가 계약을 취소할 수 있도록 하고 있다. 계약이 취소된 경우에는 계약의 무효와 같이 계약이 처음부터 없었던 것으로 간주된다.

4) 보험계약의 무효

(1) 보험사고의 객관적 확정

보험계약 당시에 보험사고가 이미 발생하였거나 또는 발생할 수 없는 것인 때에는 그 계약은 무효이며, 상법에서 규정하고 있다. 이 규정은 강행규정 성질을 가지고 있으며, 추인이 불가능하다. 그러나 보험사고 발생 또는 발생 불가능 사실을 알지 못한 채 보험계약을 체결하였다면 그 계약은 유효하다.

(2) 사기에 의한 초과·중복보험

손해보험에서 보험계약자의 사기에 의하여 초과보험 또는 중복보험이 체결된 경우 그 계약은 무효이며, 보험자는 그 사실을 안 때까지의 보험료를 청구할 수 있다. 일반적으로 사기에 의한 계약은 취소의 대상이 되지만, 보험계약에 있어서는 도박을 방지하기 위해 무효로 규정하고 있다.(보험법669조)

(3) 심신상실자 등을 피보험자로 하는 사망보험

15세 미만자, 심신상실자 또는 심신박약자의 사망을 보험사고로 한 보험계약은 무효다.

이들의 서면동의가 있었는가의 여부 또는 보험수익자를 누구로 지정했는가를 불문하고 무조건 무효가 된다. 보험자는 당연히 보험료를 청구할 수 없으며, 이미 수령한 보험료가 있다면 반환하여야 한다.(보험법732조)

다만, 심신박약자가 보험계약을 체결하거나 단체보험의 피보험자가 될 때에는 의사능력이 있는 경우에는 유효하고, 15세 미만자, 심신상실자 또는 심신박약자의 상해나 질병을 대상으로 하는 보험계약도 유효하다.

(4) 타인의 사망보험시 그 타인의 서면동의가 결여된 경우

타인의 사망을 보험사고로 하는 보험계약에는 보험계약 체결 시에 그 타인의 서면에 의한 동의를 얻어야 하며 이에 위반하여 체결된 보험계약은 무효이다. 또한 타인의 서면동의 없이 그 타인의 사망을 보험사고로 하는 보험계약 체결을 허용하는 경우 보험금 지급조건 자체가 공서양속에 반할 수 있고 피보험자인 그 타인에 대한 살해의 위험과 보험계약이 도박화 할 우려가 있기 때문이다.

(5) 계약 일반에 공통적인 무효사유

보험계약이 선량한 풍속 기타 사회질서에 반하거나 법률이 금하고 있는 불법적인 이익의 보험계약의 체결은 무이다. 따라서 보험계약자가 처음부터 오로지 보험금을 부정하게 취득하기 위해 다수의 보험계약을 체결한 경우에 그 보험계약은 무효이다.

IV. 유가증권 어음 · 수표법

현대사회 자본주의 국가에서 유가증권제도가 없다면 자금의 조달이나 금융거래는 거의 기대 할 수 없게 될 것이다. 이에 비하여 사회주의 국가에 있어서는 유가증권 거래라는 것은 사실상 존재하지 않는다. 유가증권의 종류인 어음 수표는 상거래의 신속성과 개인이나 회사의 신용 수단으로서 널리 사용되고 있다. 그러나 정작 사람들은 어음과 수표의 정확한 사용법과 규정을 몰라 낭패를 보는 경우가 많은 실정이다. 이제부터 우리 생활에 유용하게 사용되는 어음 수표의 공통점과 차이점에 대해서 알아보고자 한다.

1. 어음·수표의 개념

1) 어음의 의의

일정한 금액의 지급을 목적으로 하는 유가증권으로서 환어음과 약속어음이 있음. 어음은 그 권리가 증권에 화현(化現)되어 긴밀하게 결합되어 있기 때문에 수표와 함께 완전유가증권이라고 한다. 어음은 그 요식증권성에 따라 엄격한 법정기재사항을 갖추어야 하므로 그 하나라도 흠결이 있으면 불완전어음으로 무효가 된다.

환어음이란 발행인이 기명날인을 하고 지급인에 대하여 일정한 금액을 수취인에게 지급할 것을 의뢰하는 형식의 어음을 말한다.

2) 수표의 의의

은행 등 금융기관에 당좌예금을 자금으로 하여 일정금액의 지급을 의뢰하는 증권을 말한다. 이러한 수표는 순수한 지급결제의 도구로서 이용되고 있는 성격을 지니고 있으므로 다음과 같은 특색이 있다. 항상 일람출급(제시하면 곧 지급한다는 성격)으로. 지급제시기간이 매우 짧다(10일). 또한 인수가 금지되어 있으며(신용의 이용을 금함). 제시기간이 지난 후에도 발행인이 지급위탁을 취소하지 않는 한 당좌예금을 자금으로서 지급할 수 있다.

2. 어음·수표의 종류

1) 어음의 종류

어음을 실제로 작성하여 발행할 경우에는 약속어음이나 환어음 중 어느 한 가지를 택해서 발행하게 되는 데, 이는 어음법에 그 근거를 두고 있다.

그러나 상거래 행위에 있어서 어음은 사용목적(거래목적)에 따라 그 명칭을 달리하고 있다.

(1) 환어음

환어음은 발행시 당사자가 반드시 3인(발행인, 수취인, 지급인)이어야 한다.

왜냐하면 환어음은 다른 사람에게 대신 지급하여 달라고 요구하는「지급위탁증권」이기 때문이다. 따라서 환어음을 발행하는 발행인은 다른 사람으로부터 받을 채권이 있을 경우에 그 사람을 지급인으로 하여 환어음을 발행하여 거래상대방에게 교부하게 되는 것이다.

(2) 약속어음

약속어음이라 함은 발행인이 그 소지인에 대하여 자기 스스로 일정금액(어음금액)을 지급할 것을 약속하는 어음으로서「지급약속증권」이라 한다.

이점이 환어음과 본질적인 차이가 있으며 약속어음에 있어서는 발행인과 수취인만 있으면 되고, 발행인이 나중에(만기일) 가서 지급인이 되는 것이다.

(3) 상업어음

기업 간 상거래를 하고 대금 결제를 위해 발행되는 어음을 말하며 흔히 진성어음이라고 한다. 진성어음의 대표적인 경우로 대기업이 하청업체로부터 물건을 납품 받고 현금대신 발행하는 어음을 꼽을 수 있다. 상거래를 할 때만 발행할 수 있다는 점에서 단기 운전자금 확보를 목적으로 발행하는 융통어음과는 구별 된다.

(4) 백지어음

어음행위가 후일 어음소지인으로 하여금 어음요건의 전부 또는 일부를 보충시킬 의사로써 고의로 이를 기재하지 않고 어음이 될 서면에 기명날인 또는 서명하여 어음행위를 한 미완성의 어음을 말한다.

요건으로는 백지어음행위(백지발행, 백지인수, 백지배서, 백지보충 등)자의 기명날인 또는 서명이 있어야 한다.

2) 수표의 종류

수표란 발행인이 지급인인 거래은행에 대하여 수취인 또는 소지인에게 일정한 금액을 지급하는 지급증권을 말한다. 수표에는 자기앞수표와 당좌수표, 기타 가계수표, 선 일자수표, 여행자수표, 우편수표 등이 있다.

(1) 자기앞수표

은행을 지불인으로 발행한 수표로 은행이 지급 책임을 지며, 수표금액이 큰 경우 지급은행에 확인을 하여야 한다.(도난, 위조수표에 대비) 또한 수표 금액이 큰 경우 근거서류 또는 분실 시의 대비책으로 은행명, 수표번호를 기록 또는 사본한 후 보관 하여야 한다.

(2) 당좌수표

실무상 가장 많이 활용되며 당좌거래가 있는 은행에서 교부한 수표 용지에 기명날인한 수표를 말한다. 또한 수취 시 10일 이전에 발행된 수표는 수취를 거절할 수 있다. 왜냐하면 지급제시기간이 지나면 수표상의 권리는 무효가 되기 때문이다.

(3) 가계수표

일정한 자격을 갖춘 개인이 은행에 가계종합예금계좌를 개설한 후 일정한 금액의 한도 내에서 발행한 수표를 말한다. 일정한 금액이 넘을시 한도 초과로 지급이 거절된다.

(4) 선 일자수표

선 일자수표는 발행인이 미래의 날을 기재하여 발행한 수표를 말한다. 기재일자 이전에도 제시하면 지급을 받을 수 있다.

(5) 횡선수표

횡선수표란 수표 면에 2개의 평행선을 긋고 또는 다시 그 안에 어떤 특정은
행의 은행명을 기재한 수표를 말하는데 이는 도난이나 분실을 방지할 목적으
로 사용 한다. 횡선수표의 지급방법으로는 추심에 의해서만 가능하다.

3. 어음·수표의 기재사항

1) 절대적 기재사항

어음법에 의하면 환어음에는 ① 환어음을 표시하는 문자, ② 일정한 금액을
무조건으로 지급 위탁하는 문구, ③ 지급인, ④ 만기, ⑤ 지급지, ⑥ 수령인,
⑦ 발행인과 발행지, ⑧ 발행인의 기명날인 등이 절대적 기재사항으로 요구되
고 있다(어음법 제1조, 제2조 제1항).

그리고 약속어음에는 ① 약속어음임을 표시하는 문자, ② 일정한 금액을 무
조건으로 지급을 약속하는 문구, ③ 만기, ④ 지급지, ⑤ 수령인, ⑥ 발행일과
발행지, ⑦ 발행인의 기명날인이 절대적 기재사항으로 요구된다(어음법 제75조,
제76조 제1항).

또 수표법에 의하면 수표에는 ① 수표임을 표시하는 문자, ② 일정한 금액을
무조건으로 지급 위탁하는 문구, ③ 지급인, ④ 지급지, ⑤ 발행일과 발행지,
⑥ 발행인의 기명날인이 절대적 기재사항으로 요구되고 있다(수표법 제1조, 제2
조 제1항).

2) 임의적 기재사항

임의적 기재사항이라 함은 어음의 절대적 기재사항과 같이 기본어음에 그
기재가 흠결하면 그 어음이 무효가 되는 것이 아니라, 기재를 하면 그 사항에
대하여 어음·수표상의 효력이 생기는 것을 말한다. 이를 유익적 기재사항이라

고도 한다.

어음법·수표법이 규정한 임의적 기재사항은 ① 지급인의 명칭에 부기한 지(어음법 제2조 제3항, 수표법 제2조 제2항), ② 발행인의 명칭에 부기한 지(어음법 제2조 제4항, 제76조 제4항, 수표법 제2조 4항), ③ 지급장소(어음법 제4조, 제27조, 제77조, 제2항, 수표법 제8조), ④ 이자문구(아음법 제5조, 제77조 제2항), ⑤ 수표에 있어서 수령인의 명칭 및 지시문구(수표법 제5조 제1항 제1호), ⑥ 배서금지문구(어음법 제11조 제2항, 제77조 제1항 제1호, 수표법 제5조 제1항 제2호), ⑦ 일람을 위한 제시의 일시금지(어음법 제22조 제 3항), ⑧일람을 위한 제시기간의 변경(어음법 제23조 제2항, 제78조 제2항), ⑨ 일람출급어음의 지급제시기간의 변경 또는 지급제시의 일시금지(어음법 제34조, 제77조 제1항 제2호)⑩ 거절증서 불요문구(어음법 제46조, 제77조 제1항 제4호, 수표법 제 42조) 등이 있다.

3) 무익적 기재사항

무익적 기재사항은 어음에 기재하여도 어음법상의 효력이 생기지 아니하는 사항을 말한다.

어음법은 ① 어음에 기재하여도 효력이 없다는 점을 명문으로 규정하는 사항을 가지고 있다. 예컨대, 발행일자후정기출급 및 확정일 출급어음의 이자문구(어음법 제5조 제1항, 제77조 제2항, 수표법 제7조), 이율의 기재가 없는 이자문구(어음법 제5조 제2항), 환어음의 지급무담보문구(어음법 제9조 제2항, 수표법 제12조) 등이다. 그리고 ② 어음에 기재하면 기재한대로 효력이 생기지만 그 기재가 없어도 당연히 어음법상의 효력이 생기는 사항을 인정하고 있다.

4) 유해적 기재사항

유해적 기재사항은 어음에 기재하면 어음 전체를 무효로 하는 사항을 말한다. 어음법이 명문으로 인정한 것이 있다. 예컨대, 어음의 분할지급을 기재하거나 어음법이 인정하지 아니하는 만기의 종류를 기재하면 그 환어음은 무효가 된다(어음법 제33조 제2항).

그리고 어음제도의 본질에 반하는 사항을 기재한 어음은 무효가 된다. 예컨 대, 일정한 금액을 지급할 뜻에 조건을 달거나(어음지급의 단순성, 무조건성에 위 반), 어음금의 지급을 원인관계상의 채권에 대한 지급으로 한다는 뜻을 기재하 는 것(어음의 무인성에 위반) 등이다.

4. 어음 · 수표의 배서와 양도

어음에 배서하는 방식은 그 어음을 특정인(被背書人)에게 양도하는 취지의 문언을 기재하고 기명날인 또는 서명하면 된다. 즉 어음의 배서방법은 기명식 이다. 실무에서는 어음용지의 뒷면에 양도 문언이 인쇄되어 있으므로 그 란에 기명날인 또는 서명하고 피 배서인(被背書人)의 명의를 기입하면 된다.

1) 어음의 배서

어음의 소지인은 만기일 전에 어음상의 권리를 자유롭게 타인에게 양도할 수 있는데, 어음을 양도할 때에는 어음의 뒷면에 양도의 의사를 표시하고 기명 날인하여 양수인에게 교부 하게된다. 이것을 어음의 배서라고하며 양도인을 배서인, 양수인을 피배서인 이라고 한다.

2) 추심위임배서

소유하고 있는 어음의 대금추심을 거래은행에 의뢰하기 위하여 어음의 뒷면 에 배서하고, 어음을 은행에 넘겨주는 것을 추심위임배서라고 한다.

추심(Collection)이란 은행이 소지인의 의뢰를 받아 수표 또는 어음을 지급인 에게 제시하여 지급하게 하는 것을 말한다. 이 경우 어음소지인은 거래은행에 대금추심을 의뢰하였을 뿐 어음상의 권리는 소멸하는 것이 아니므로 매출채권 계정에는 아무런 기입을 하지 않는다.

그러나 은행으로부터 추심이 완료되었다는 통지를 받으면 어음채권을 소멸시키고 예금계정에 입금 처리하면 된다.

3) 배서양도

어음의 소지인이 당해 어음의 만기일 전에 상품매입대금이나 외상매입금 등을 지급하기 위하여 어음상의 채권을 타인에게 양도하는 것을 배서양도라고 한다. 어음을 타인에게 배서양도하면 어음상의 채권이 소멸되므로 매출채권계정의 대변에 기입하고, 반대로 어음을 타인으로부터 배서양수하면 어음상의 채권이 발생하므로 매출채권계정의 차변에 기입한다.

어음을 배서양도한 경우 어음상의 채무자가 만기일에 어음금액을 결제하지 않으면 부도가 발생하는데, 이때 배서인은 피 배서인에게 어음금액을 상환해야하는 의무가 발생한다.

어음을 다른 사람에게 배서양도할 때 부담하는 상환의무는 어음이 부도가 나면 채무가 되고, 어음이 부도가 나지 않으면 채무가 되지 않는 특수한 성경의 채무이다.

4) 배서의 효력

배서는 배서에 의해서 어음상의 권리가 전부 피배서인에게 이전하는 효력을 지니고 있다. 배서인은 만기 전에 인수 거절이나 기타 지급이 불확실하다고 인정되는 사유 발생 시에 또는 만기에 지급이 거절된 경우에 배서인 자신 이후의 모든 권리자에 대해서 어음 금액 또는 기타 일정 금액을 상환할 책임을 지게 된다.

어음이 발행인에 의해 발행되어서 배서인 1, 배서인 2를 거쳐 최종소지인에게 갔을 때 최종소지인은 배서인 1, 배서인 2에게 담보책임을 물어 소구권을 청구할 수 있게 된다.

> **소구권** : 어음이나 수표의 지급이 거절됐을 경우 배서인 또는 발행인 등에게 변상을 청구할 수 있는 권리를 말한다.

5. 어음·수표의 위조와 변조

권한 없이 타인의 기명날인 또는 서명을 모용 하여 어음행위를 하는 것으로 기명날인 또는 서명에 관한 허위의 외관을 조작하는 것을 위조라고 하며, 어음수표의 성립한 어음의 내용을 변경하는 것을 변조라고 하며, 변조의 대상은 어음행위의 필요적 기재사항 및 임의적 기재사항이다

1) 위조의 효과

(1) 피위조자의 책임

피위조자는 원칙적으로 누구에 대하여도 어음상의 책임을 지지 아니한다. 피위조자에게 중과실이 있거나 위조 상대방이 선의인 경우에도 같다. 즉 위조의 항변은 물적 항변(절대적 항변)이다.

(2) 위조자의 책임

- **어음상의 책임** : 어음·수표의 문언성에 따라 위조자는 어음·수표상의 책임이 없다
- **민법·형사상의 책임** : 위조자는 위조행위로 인하여 손해를 입은 소지인에 대하여 민법상불법행위에 의한 손해배상책임을 부담한다. 위조자는 형법상 유가증권위조죄로서 처벌을 받게 된다.
- **위조어음 위에 기명날인 또는 서명한 자의 책임** : 위조어음 위에 기명날인 또는 서명한 자는 어음소지인에게 어음채무를 부담한다.
- **위조어음의 지급인의 책임**

2) 위조의 입증책임

입증책임배분의 원칙(적극적 사실의 주장자가 입증 책임진다)에 따라, 어음소지인이 입증 책임져야한다는 것이 다수설이다.

3) 변조의 효과

(1) 변조 전에 기명날인 또는 서명한 자의 책임

변조 전의 어음에 기명날인 또는 서명을 한자가 문언에 따라 어음상의 책임을 지는 것은 법 문상 명백하다(절대적 항변) 원 문언이 변조 후 문언보다 무겁거나 또는 변조의 결과 어음이 훼멸된 경우에도 원 문언에 따라 어음상의 책임을 부담한다.

(2) 예 외

변조 전의 기명날인 자, 또는 서명자가 어음면의 기재변경에 대하여 사전에 동의하 거나 추인을 한 경우에는 변조 후의 문언에 따라 어음상의 책임을 부담한다.

변조전의 기명날인 자, 또는 서명자에게 변조에 대하여 귀책사유가 있는 때에는 변조후의 문언에 따라 그 책임을 진다.

(3) 변조자의 책임

- **어음상의 책임** : 어음소지인이 변조하고 기명날인 또는 서명을 한 경우
  언제나 변조 후의 문언에 따라 어음상의 책임을 져야 한다(통설)

어음소지인이 변조만 하고 기명날인 또는 서명을 하지 않은 경우에는 어음의 문언증권성에서 어음상의 아무런 책임을 지지 않는다(다수설)

(4) 민법·형사상의 책임

변조자는 변조로 인하여 제3자에게 손해를 발생시킨 경우에는 민법상 불법

행위에 기한 손해배상책임을 진다. 형법상 유가증권 변조 죄의 책임을 지기도 하고 사기죄의 책임을 지기도 한다.

(5) 변조어음의 지급인의 책임

지급인에게 고의 과실이 없으면 지급인은 면책된다.

지급인에게 과실이 있으면 변조 전의 기명날인 자, 또는 서명자는 지급인에 대하여 변조로 인하여 초과 지급된 부분에 대하여 손해배상 청구권을 갖는데, 변조 후의 금액을 지급받은 자에 대하여도 부당이득반환청구권을 갖는다.

4) 변조의 입증책임

통설과 판례는 변조사실이 어음면상 명백한지 여부에 따라 입증책임을 부담하는 자를 구별하여 설명한다. 변조의 사실이 어음면상 명백하면 어음소지인이 입증책임을 부담하나, 명백하지 않으면 변조의사실을 주장하는 자(어음채무자)가 입증책임을 부담한다.

6. 어음·수표의 시효

어음과 수표는 유통증권이므로 소지인의 지위는 견고하고 그 형식은 엄격하며, 이와 같은 권리는 오래 동안 존속하여서는 안 되며, 될 수 있는 대로 신속하게 처리되어야 하기 때문에 단기시효로 소멸되도록 하고 있다.

1) 어음의 시효기간

어음소지인의 발행인 및 이의 보증인에 대한 청구권은 만기일로부터 3년이다, 또한 어음소지인의 배서인에 대한 소구권, 거절증서의 작성일로부터 1년이다(어음법70,77).

2) 수표의 시효기간

수표소지인의 배서인, 발행인, 보증인에 대한 소구권으로, 제시기간 경과 후의 제1일부터 6개월이다. 또한 수표의 채무자의 다른 채무자에 대한 소구권은 (수표 환수일 or 그 자가 제소된 날부터) 6개월이다. 또한 수표는 제시기간 경과 후의 제1일부터 1년이며, ※ 기산점은 초일불산입이다.(이득상환청구권은 소멸시효 소멸로부터 10년이다)

3) 어음시효의 중단

어음시효의 중단은 민법상의 시효중단규정이 적용되므로 민법 일반에서 인정되는 중단사유와 같다(민법168조). 그러나 배서인이 전배서인이나 발행인에게 가지는 재상환청구권의 소멸시효중단은 재상환청구권자가 아직 어음을 환수하지 않은 경우에도 인정할 필요가 있고, 지나치게 단기로 소멸하게 하면 재상환청구권자에게 불리한 결과를 초래하므로 「어음법」은 특별히 소송고지에 의한 소멸시효 중단제도를 인정하고 있다(어음법80조). 따라서 재상환청구 의무자가 소송의 고지를 받으면 시효는 중단되고, 재판이 확정되면 다시 시효가 진행하여 6개월의 시효가 적용된다. 어음소지인의 발행인 및 이의 보증인에 대한 청구권은 만기일로부터 3년이다, 또한 어음소지인의 배서인에 대한 소구권, 거절증서의 작성일로부터 1년이다(어음법70,77).

가족관계에 관한 법률제도

제7장

가족관계에 관한 법률제도

Ⅰ. 친 족

1. 친족의 의의

친족이란 혼인(婚姻)과 혈연(血緣)을 기초로 하여 상호간에 관계를 가지는 사람을 말하며, 일반적으로 친척(親戚)이라고도 한다.

친족에는 혈통이 직상·하(直上下)로 연결되는 직계친(直系親 : 부모·자녀·손자 등)과 혈통이 공동시조(共同始祖)에 의해 갈라져 연결되는 방계친(傍系親 : 형제자매·백숙부·종형제·조카 등)이 있다. 그러므로 부모를 포함하여 부모와 같은 항렬이상에 속하면 존속 친(尊屬親)이라 하며, 자녀를 포함하여 자녀와 같은 항렬이하에 속하면 비속 친(卑屬親)이라 하고, 자기와 같은 항렬에 있는 사람 즉, 형·제·자·매·종형·종제 등은 존속도 비속도 아니다.

1) 친족(親族)

친족이란 혼인과 혈연에 의하여 맺어진 사람들을 지칭하는 것으로 광의로 배우자, 혈족, 인척을 말한다. 민법은 "배우자, 혈족 및 인척을 친족으로 한다."고 규정하고 있다.(민767조)

혼인으로 결합된 부부를 배우자라 하며, 사실혼부부는 특별법에서 배우자로 보는 경우가 있으나 첩은 배우자가 아니다.

2) 혈족(血族)

혈족이란 혈연관계에 있는 자를 말하며, 자기와 혈통이 이어져 있는 자를 말한다. 민법상 혈족에는 법정혈족(法定血族)과 실제로 혈통이 이어져 있는 자연혈족(自然血族)이 있다.

법정혈족이란 예컨대 친자라고 하는 자연의 혈통연결이 없음에도 불구하고 친자라고 하는 혈통이 이어져 있다고 법적으로 의제되어, 이것을 통하여 기타의 친족관계를 형성하는 자를 말한다. 예컨대 양자로 들어가면 양부모 등은 법정혈족이다.

또 동생의 아들을 양자로 한 경우에는 3촌의 방계혈족(傍系血族)이라는 혈통의 연결이 있으나, 새롭게 친자 등의 혈연이 의제되어 법정혈족이 된다.

자연혈족의 관계가 발생하는 경우는 다음과 같다.

(1) 혼인 중에 출생한 경우에는 출생과 동시에 혈족관계가 발생한다.

(2) 혼인 외에 출생한 경우에는 생부 또는 생모의 인지나 이에 갈음하는 인지의 재판이 있어야만 비로소 혈족관계가 발생한다(혼외 모자관계는 원칙적으로 인지를 요하지 않으며 출생과 동시에 발생한다고 하는 것이 통설·판례의 입장이다). 또 자연혈족은 직계혈족(直系血族)과 방계혈족(傍系血族)으로 나누어진다(민768조).

(3) 직계혈족은 다시 직계존속과 직계비속으로 구분된다.

3) 인척(姻戚)

인척이란 혼인관계를 통하여 맺어진 친척관계로 혈족의 배우자(형수. 매형), 배우자의 혈족(처남, 처제), 배우자의 혈족의 배우자(처남댁, 동서)를 말한다.

친족관계는 출생·혼인·인지·입양 등으로 발생하고, 사망·혼인의 취소·이혼·입양의 취소·파양 등으로 소멸한다. 그러나 배우자가 사망한 경우에는 처의 재혼 등 특별한 경우가 아닌 한 잔존한 배우자는 사망한 배우자의 혈족과 인척관계가 소멸하지 않는다.(김동석. 김희철 법과현대생활 329참고)

4) 친족의 범위

친족의 범위는 혼인과 혈연을 기초로 하여 넓게 확대되지만 민법은 혈족과 인척 중에서 일정한 범위를 정하여 이를 법률상의 친족으로 하고 있다.

민법 777조에서 한정하고 있는 친족의 범위는 다음과 같다. 8촌 이내의 혈족, 4촌 이내의 인척, 배우자를 말한다. 여기서 인척이라는 것은 자기 혈족의 배우자, 배우자의 혈족 등을 의미한다.

그러나 민법상에서의 가족 범위는 배우자, 직계혈족, 형제자매, 직계혈족의 배우자, 배우자의 직계혈족 등이다.

II. 혼인의 법률문제

1. 약 혼

1) 약혼의 의의

약혼이란 장차 혼인하려는 당사자사이의 계약. 합의. 약정을 말하는 것으로, 당사자 사이의 신분상의 계약으로 낙성·쌍무·불요식계약이다. 따라서 실질적인 혼인생활을 하면서 다만 혼인신고만을 하지 않고 있는 이른바 사실혼과는 다르다.

2) 약혼의 성립

약혼은 혼인하려는 당사자 사이의 합의로 성립한다. 이는 양 당사자 간에 직접 이루어져야 하는 제3자 대리는 허용되지 않으며, 제3자에 의해 합의가 이루어지는 정혼은 무효이다. 약혼은 성년에 이른 남녀는 자유로이 약혼할 수 있고, 만18세 이상이면 부모 또는 후견인의 동의를 얻어 약혼할 수 있다.(민800

조,801조)

이중의 약혼은 원칙적으로 허용되지 않는다. 또한 배우자 있는 자가 약혼하는 것은 무효이다.

3) 약혼의 효과

약혼은 강제이행을 청구하지 못한다. 혼인은 자주성과 독립성을 유지하기 위하여 당사자의 자유로운 의사에 의하여 이루어지기 때문이다. 약혼에 의하여 당사자 쌍방은 서로 성실하게 교재하고 가까운 시기에 혼인할 의무를 부담한다.

약혼으로 친족관계는 발생하지 않으며, 약혼 중에 출생한 자는 혼인 외의 자가 되고, 부모의 혼인에 의한 준정으로 혼인 중의 자가 된다.

4) 약혼의 이행

약혼은 장래 혼인할 것은 약정한 것이므로, 혼인함으로써 모든 것이 이행되는 것이고, 만일 혼인에 이르지 않은 경우에는 이로 인한 책임 있는 상대방에 대하여 손해배상을 청구할 수 있을 뿐 강제이행을 청구할 수 없다.(민803조)

5) 약혼의 해제(파혼)사유

민법 제804조의 규정에 따른 약혼해제(파혼)사유는 다음과 같습니다.
1. 약혼 후 자격정지 이상의 형의 선고를 받은 때
2. 약혼자가 금치산 또는 한정치산의 선고를 받은 때
3. 약혼자가 성병, 불치의 정신병 등 불치의 병이 있을 때
4. 약혼자가 다른 사람과 약혼 또는 혼인할 때
5. 약혼자가 다른 사람과 간음한 때
6. 약혼자의 생사가 1년 이상 분명하지 않은 때

7. 약혼자가 정당한 이유 없이 혼인을 거절하거나 미루는 경우.

8. 이 밖에 결혼할 수 없는 중대한 사유가 있을 때

등을 말한다. 위와 같이 파혼되는 사유가 상대방의 귀책사유에 의한 경우에는 그 상대방에 대하여 정신적. 경제적 손해에 대한 배상을 청구할 수 있다.(민 806조)

2. 혼 인

1) 혼인의 의의

혼인은 한 남자와 한 여자의 법적으로 인정된 결합이고, 따라서 법률상의 절차에 따르는 계약적 합의로 간주된다. 즉 혼인이란 남녀의 육체적 · 정신적 · 경제적인 면에서 전인격적인 결하관계를 말한다. 우리 민법은 인간의 존엄과 남녀평등의 입장에서 혼인에 있어서 일부일처제를 가족법상 대원칙으로 인정하고 있으며, 혼인의 자주성을 명백히 하고 있다.

2) 혼인의 성립

현행 민법상 혼인이 성립하려면 혼인법이 정하는 실질적 요건과 형식적 요건(신고)이 구비되어야 한다. 오늘날에는 법만이 혼인과 방종한 비혼인적 성관계를 명백히 구별하여 혼인을 보호할 수 있다.

따라서 혼인법은 먼저 법이 보호할 가치가 있는 요건을 정하고 있는데, 실질적 요건은 일정한 남녀 간의 성적 결합이 특히 혼인으로서 국가의 보호를 받기 위한 결합관계 그 자체의 법정기준이며, 형식적 요건은 법정된 실질적 요건을 구비한 결합 여부를 확인함과 아울러 혼인성립의 시기를 명확히 하여 그것을 제3자에게 공시하는 절차이다.

3) 혼인의 요건

혼인이 유효하게 성립하기 위해서는 다음과 같은 요건과 함께 형식적인 혼인신고가 이루어 져야 한다.

첫째, 당사자 간에 혼인할 의사의 합치가 있어야 한다.

혼인할 의사(혼인의사)란 일남·일녀 간에 부부관계를 성립시킬 의사이며, 부부관계라 함은 당해 사회에서 일반적으로 부부관계라고 생각되는 남녀의 정신적·육체적 결합이다.

둘째, 혼인적령에 달해야 한다.

남자는 만 18세가 여자는 만16세 된 사람은 혼인할 수 있다(제807조). 부적령자의 혼인신고는 호적공무원이 수리를 거부해야 한다(제813조). 부적령 혼인은 당사자 또는 그 법정대리인이 취소를 청구할 수 있으며(제817조), 취소될 때까지는 혼인이 유효하게 성립된 것으로 본다.

셋째, 배우자가 있는 자는 다시 혼인하지 못한다(제810조).

일부일처의 결합을 혼인의 본질로 하기 때문에 당연하다. 중혼(重婚)이라 함은 신고 된 혼인에 관한 것이므로 사실혼 관계에 있는 자가 거듭 신고에 의한 혼인을 하거나 반대로 신고에 의한 혼인관계에 있는 자가 거듭 사실혼 관계를 맺는 것은 중혼이 아니다.

넷째, 성년자는 자유로이 혼인할 수 있으나 혼인적령에 달한 미성년자나 금치산자가 혼인할 때에는 부모의 동의를 얻어야 하며, 부모 중 일방이 동의권을 행사할 수 없을 때에는 다른 일방의 동의를 얻어야 하고, 부모가 모두 동의권을 행사할 수 없는 때에는 후견인의 동의를 얻어야 하며, 부모 또는 후견인이 없거나 동의할 수 없는 때에는 친족회의 동의를 얻어야 한다(제808조). 그러나 한정치산자가 혼인할 경우에는 누구의 동의도 필요로 하지 않는다.

다섯째, 근친자 사이의 혼인이 아니어야 한다.

즉 8촌 이내의 혈족 사이에서는 혼인하지 못한다. 친 양자제도는 양자와 친생부모와의 친족관계를 단절시키지만, 자연혈족에 해당되므로 우생학적인 측면에서 입양전에 8촌 이매의 혈족과 혼인은 금지된다고 할 것이다. 또한 "동성

동본인 혈족 사이에서는 촌수 여하를 불문하고 혼인할 수 없다.(제809조 1항)

여섯째, 여자가 재혼할 경우는 재혼금지기간을 경과해야 한다는 규정이다.

이 조항에 의하면 여자는 혼인관계가 종료한 날로부터 6개월을 경과해야만 다시 혼인할 수 있다(제811조). 이기간을 대혼기간(待婚期間) 또는 과거기간(寡居期間)이라고 한다.

일곱째, 중혼이 아니어야 한다.

우리 민법은 일부일처제를 취하고 있기 때문에 배우자 있는 자는 다시 혼인하지 못한다.

4) 혼인의 무효와 취소

혼인의 무효와 취소는 혼인신고가 된 후의 문제이다. 즉 혼인신고가 되기 이전에는 사실혼의 문제이다. 혼인의 무효사유는 당연히 무효라고 보지만 취소혼의 경우는 취소되기 전까지는 유효한 혼인이 된다.

(1) 혼인무효의 사유(민815조)

혼인은 다음의 각 호의 어느 하나의 경우에는 무효로 한다. 혼인이 무효가 되면 혼인으로서의 어떠한 효과도 발생하지 않는다. 따라서 무효인 혼인관계에서 태어난 자녀는 혼인 외의 출생자가 되며, 상속 등의 권리변동도 무효가된다.

① 당사자간에 혼인의 합의가 없는 때
② 혼인이 제809조1항의 규정을 위반한 때(혼인적령기의 미달)
③ 당사자간에 직계 인척관계가 있거나 있었던 때
④ 당사자간에 양 부모계의 직계혈족 관계가 있었던 때

(2) 혼인의 취소사유(민816조)

① 중혼(배우자 있는 사람이 중복하여 혼인 신고한 경우)
② 혼인적령에 미달한 때, 부모등의 동의를 얻지 아니한 때, 제809조 2항과

3항에 위반한 때.

 ③ 혼인당사자의 일방에 악질 기타 중대한 사유가 있는 혼인(예컨대, 완치가
  불능한 정신병이 있는 경우)

 ④ 사기 · 강박에 의한 혼인(예컨대, 대졸이고, 초혼이라고 해서 이를 믿고 결혼했
  는데 사실은 중졸에 재혼이었던 경우)이 혼인 취소사유에 해당한다.

(3) 혼인의 무효나 취소의 효과

 가정법원에 혼인무효의 소 내지 혼인취소의 소를 제기하여야 하며. 무효나
취소 판결이 확정되는 경우 혼인무효의 경우에는 소급해서 처음부터 부부관계
가 없었던 것으로 되지만, 혼인 취소의 경우에는 소급효가 없기 때문에 이미
발생한 혼인의 효력에는 영향이 없다. 즉, 이미 출생한 자녀는 부모의 혼인이
취소되더라도 여전히 혼인중의 출생자로 인정받는다.

5) 혼인의 효력

 법률상 부부간의 관계를 규율하는 데 있어서는 부부공동체주의와 부부별체
주의의 두 가지 입법주의가 있다.

 전자는 부부관계는 두 개의 인격이 결합된 일체관계로 보아 부부는 신분 ·
재산 · 성 · 주소를 같이 하여야 하는 주의이다. 이 주의에 의하면 부부의 인격
이 처의 인격을 흡수하여 부의 인격만이 남게 된다. 이에 반하여 후자는 부부
관계를 독립적이고 대등한 계약관계로 보아 부부의 재산을 각자 소유 · 관리 ·
사용 · 수익 · 처분하게 되며, 각자의 법률상의 인격을 제한받지 않는 주의이다.

(1) 일반적 효력

① 친족관계의 발생

 우선 혼인을 하면 부부는 서로 배우자로서의 친족이 된다. 즉 부부는 상대방
의 4촌 이내의 혈족과 4촌 이내의 혈족의 배우자 사이에 인척관계가 생긴다.

② 호적의 변동

혼인이 성립하면 가족관계등록부에 혼인에 관한 사항이 기록되어 배우자의 성명과, 출생연월일, 주민등록번호 등이 표시되고 서로에 대한 상속권이 발생한다.

③ 동거의무

부부는 혼인을 하면 법적으로 함께 동거하며 부양하고 서로 협조하며 정조를 지킬 의무가 발생한다. 동거의무란 단순히 장소적으로 같은 공간에 있기만 하면되는 것이 아니라 부부로서 생활공동체를 형성해야 한다는 의미이다.

④ 부양의무

부양의무란 자녀를 포함하는 부부일체로서의 공동생활에 필요한 것을 부부가 서로 공여하는 것으로서의 상대방의 생활을 자기의 생활과 같은 정도로 보장하는 것이다. 부부일방이 부양의무를 이행하지 않는 경우 상대방은 가정법원에 부양에 관한 심판을 청구할 수 있고 가정법원의 부양지급 심판에 대해서는 강제이행도 가능하다.

⑤ 성년의제

미성년자가 혼인하였을 때에는 성년에 달한 것으로 본다.(민862조) 그러므로 친권 행사가 가능하고, 후견인도 될 수 있다. 그러나 양친이 될 수 있는 능력은 없다.

⑥ 정조의무

부부가 모두 정조의무가 있다. 부부의 일방이 정조의무를 위반하는 경우 상대방은 부정행위를 이유로 이혼을 청구할 수 있고, 손해배상청구도 가능하다.

(2) 재산적 효력

우리 민법은 부부간의 재산관계에 관하여 부부제산계약제도(약정재산제)와 법정재산제를 이원적으로 규정되고 있다.

① 부부재산계약

혼인재산제는 부부가 혼인신고 전에 자유로운 계약으로 부부간의 재산관계를 정하는 제도로써 부부재산계약의 당사자는 장차 혼인하려는 자로써 미리 등기하여야 제3자에 대하여 대항할 수 있다.

혼인신고 후에는 변경할 수 없는 것이 원칙이나 정당한사유가 있을 경우 법원에 허가를 얻어 변경할 수 있다.

② 법정재산제

법정재산제 부부재산계약이 체결되지 않았을 경우에 자동적으로 적용되는 민법의 부부간의 재산관계에 관한 제도로써 우리민법은 부부별산제를 채택하고 있다.

③ 법정재산에 의한 별산제

부부의 일방이 혼인 전부터 가진 고유재산과 혼인 중 자기명의로 취득한 재산은 그 고유재산으로 한다. 그러나 전업주부의 경우 너무 가혹하다는 비판이며, 판례는 이를 수정 적용하여 명의 외 부부일방이 자신의 기여도나 이의를 입증하면 그 등기상의 추정이 깨어지고 공유가 되며 누구의 재산인지 불분명한 경우에도 공유로 한다.

④ 생활비용의 부담

특별한 약정이 없으면 부부가 공동으로 부담한다.

⑤ 일상가사 대리권과 연대책임

부부는 일상적인 가정생활을 영위하는데 필요한 법률행위인 일상가사에 대하여 서로 대리권이 있고, 부부중의 일방이 일상가사에 관하여 법률행위를 한 때에는 연대책임을 진다.

따라서 전기·가스·수도 요금 등은 그 명의에 상관없이 부부공동의 연대책임을 진다.

6) 혼인의 해소

혼인의 해소란 완전히 유효하게 성립된 한 혼인관계가 그 후 발생된 사유에 의하여 소멸되는 것을 말한다. 따라서 혼인을 소멸시키는 원인에는 좁게는 당사자의 사망과 이혼이 있으며, 넓게는 혼인의 취소까지 포함된다.

혼인의 해소원인은 부부의 사망, 실종선고, 이혼이 있으나 앞의 두 가지는 자연소멸원인인데 반하여, 후자는 법정소멸 원인인 점에서 구별된다.

(1) 배우자의 사망에 의한 혼인해소

한쪽 배우자가 사망하면 혼인관계는 종료하고 이에 따라 부부 사이의 동거·부양·협조·정조의 의무가 소멸한다. 또 부부 사이의 부부재산 계약이나 법정재산제도 그 효력을 잃게 된다. 하지만 의무의 소멸이나 효력의 상실은 혼인이 해소된 이후에 대해서만 인정되는 것이어서(즉 소급하여 소멸하거나 상실하는 것은 아니다), 혼인 중에 이미 발생한 일상가사 채무는 계속 존재한다. 그리고 생존하고 있는 배우자는 재혼할 수 있고, 사망한 배우자의 상속인이 될 수 있다.

그리고 한쪽 배우자가 사망했다는 사실만으로 '생존한 배우자'와 '사망한 배우자의 혈족 및 그 혈족의 배우자' 사이에 발생한 인척관계가 소멸하는 것은 아니다. 단, 생존한 배우자가 재혼한 경우에는 종전의 인척관계가 소멸한다.

(2) 실종선고에 의한 혼인해소

부부일방이 실종선고를 받은 경우에는 실종기간의 종료와 동시에 사망한 것으로 보기 때문에 사망의 경우와 마찬가지로 혼인은 해소된다. 그러나 실종자가 생존한 경우 등의 원인이 있으면 그 실종선고가 취소될 수 있기 때문에 문제가 있게 된다.

또한 실종선고가 취소된 경우 재혼 당사자 쌍방이 선의인 경우, 재혼은 부활하지 않고 후혼은 유효하다. 그러나 재혼당사자 쌍방 또는 일방이 악의인 경우 전혼은 부활하며, 후혼은 중혼으로 취소할 수 있다는 견해와 무효라는 견해가 있다.

7) 사실혼

사실혼이란 사실상 혼인생활을 하고 있으나 혼인신고가 없기 때문에 법률상 혼인으로 인정되지 않는 부부관계이다. 즉 실제 부부와 같은 생활을 하지만 혼인신고를 하지 않은 남녀 간의 관계를 말한다.

사실혼은 혼인신고만 안 했을 뿐 실제로 부부가 되려는 합의와 부부 생활이 있어야하기 때문에 단순한 남녀 간 동거와는 다른 개념이다. 또한 첩관계와도 다르다. 첩관계는 본처가 있는 남성이 혼인 의사는 없이 다른 여성을 두고 경제적 원조를 하면서 성적관계를 계속하는 관계이다. 그러나 사실혼은 혼인신고를 마친 법률혼과 비슷한 효과가 있다. 부부처럼 동거·부양 의무가 있고 사실혼 관계를 파기한 자는 상대방에게 손해배상을 청구할 수도 있다.

공무원연금법, 군인연금법 등에는 유족연금을 받을 수 있는 자격에 사실혼의 배우자도 포함시키고 있으며, 주택임대차보호법에서는 임차인 사망 시 사실혼 배우자의 권리 승계도 인정하고 있다.

하지만 형식혼주의를 따르는 우리나라에서 사실혼 관계가 불안정한 위치에 있는 것은 사실이다. 혼인신고를 하지 않았기에 배우자 가족들과 친족 관계가 발생하지 않고, 재산 상속권은 없으며 사실혼 파기 시 재산 분할에서 불이익을 받을 수도 있다.

또한 법정에 오면 사실혼 관계를 직접 입증해야 한다는 어려움도 있다.

(1) 사실혼의 성립

사실혼 상태에서도 동거·부양·협조·정조의무, 일상가사채무의 연대책임 등 부부공동생활을 전제로 하는 일반적인 혼인의 효과가 인정되지만, 인척관계의 발생 등 혼인신고를 전제로 하는 혼인의 효과는 인정되지 않는다.

사실혼의 문제는 현실적으로 자생하여 버린 결합관계를 어떻게 합리적으로 처리하느냐의 문제이다. 선량한 풍속 기타 사회질서에 반하지 않는 한 보호되어야 할 것이다. 그러나 사실혼은 사실상의 부부관계로서 혼인의사를 가지고 동거하는 사실이 있으면 성립한다 할 것이다. 즉 사실혼관계는 당사자의 합의에 의하여 성립하는 관계이며, 신고를 마친 법률상의 혼인으로서의 합의까지는 요구하지 않는다.

(2) 사실혼의 효과

사실혼부부에게는 혼인신고를 전제로 하는 효과는 발생하지 않는다. 따라서 호적에 입적하는 문제, 인적관계의 발생문제, 상속문제 등은 발생하지 아니한다. 다만 상속에 관하여는 인정해야 한다는 견해가 있다. 사실혼부부는 또한 성년의제도 인정되지 않고, 중혼도 성립하지 않으며, 서로에 대한 후견인도 될 수 없다.

사실혼부부 사이에서 출생한 자녀는 "혼인 외의 자"가 된다. 부(父)의 인지가 없으면 자(子)는 모(母)의 성과 본을 따른다.(일조각. 김동석 참고)

그러나 혼인의 신분적 효과인 동거·부양·협조의무가 있고 또한 정조의무가 있다고 보아야 할 것이다. 이러한 당사자 사이의 관계는 제3자에 대해서도 보호되어야 한다.

◆ **사실혼 관계에 있는 배우자의 입원비 부담?**(대판1995.3.28. 94므1584)

Q : 갑 녀와 을 남은 혼인하고 혼인신고는 하지 않았으나 애정을 가지고 3년이나 살아왔다. 그러나 반년 전부터 갑 녀가 아파서 입원하게 되자, 을 남은 마음이 변하여 입원비를 주지 않고 병원에 오지도 않고 있다. 이러한 경우 갑 녀는 어떻게 해야 하는가?

A : 갑 녀의 경우 법률상의 부부는 아니지만, 실질적으로는 부부나 다름이 없다고 하겠다. 따라서 사실혼 당사자도 혼인에 준하여 동거·부양·협조의무가 있으므로 치료비 청구를 할 수 있다.

---

(3) 성립조각

사실혼은 본래 법적 구속력이 없으므로 그 해소를 조각 할 수 없다. 그렇지만 사실혼관계존부확인의 소에 의하면 정당한 혼인으로 강제하는 길도 있으니 결국은 사실혼의 일방적 해소의 경우에 사실혼을 파기 하는 자에게 손해배상 책임을 묻는 것이 일반적인 실정이다. 판례는 동일가옥에서 정교관계를 가지면서 외견상 부부로서 사실혼관계를 유지하여 왔으나 일방이 혼인 신고의사가 없는 경우는 단순한 동거로만 보고 있다.(대판 1978.10.31. 78므37)

(4) 사실혼의 해소

합의 또는 일방적 통보에 의한 해소 : 법률혼 부부인 경우에는 살아 있는 동안 부부관계를 해소하려면 이혼절차를 거쳐야 한다. 그러나 사실혼 부부인 경우에는 혼인신고라는 법적 절차를 밟지 않았기 때문에 이혼신고 없이도 부부 사이에 헤어지자는 합의가 있거나 부부 중 일방이 상대방에게 헤어질 것을 통보하면 사실혼 관계를 해소시킬 수 있다.

3. 이 혼

오늘날의 이혼 문제는 곧 가정의 안정성에 대한 위협과 더불어 청소년문제 등의 사회문제를 야기 시키고 있다. 그러나 이러한 혼인관계의 소멸에는 배우자의 사망, 실종선고, 이혼, 등이 있다. 이혼의 방법에는 부부가 협의에 의하여 이혼하는 협의상 이혼과 민법에 규정된 일정한사유와 혼인생활을 계속하기 어려운 중대한이유가 있을 경우 재판에 의하여 이혼하는 재판상 이혼이 있다. 이혼은 부부의 생존 중에 혼인관계를 장래에 향하여 소멸시키는 것을 말한다.

1) 협의이혼

부부는 협의에 의하여 이혼할 수 있다(민834조). 협의상이혼에는 당사자의 이혼 의사의 합치가 있어야 하며 당사자 쌍방이 이혼의사에 대한 가정법원의 확인을 받아 호적법에 정한 바에 의하여 신고하여야한다. 3개월 이내에 신고하지 않으면 그 확인은 효력을 상실한다.

이와 같이 협의 이혼은 합의와 신고만으로 유효하게 성립되기 때문에 개인의 자유와 인격의 존중을 지향하는 것으로 볼 수 있다. 즉 협의이혼은 부부가 이혼과 자녀의 친권·양육 등에 관해 합의해서 법원으로부터 이혼의사확인을 받아 행정관청에 이혼신고를 하는 방식으로 이루어진다.

2) 성립요건

(1) 실질적 요건

부부사이의 이혼에 관한 자유로운 의사의 합치(合致)가 있어야 한다.

부부가 협의이혼을 하려면 진정한 의사로 이혼할 것에 합의해야 한다. 이 때 협의이혼은 부부가 자유로운 의사에 따라 합의한 것으로 충분하며 이혼사유(예를 들어 성격불일치, 불화, 금전문제 등)는 묻지 않는다.

이혼의사는 가정법원에 이혼의사확인을 신청할 때는 물론이고 이혼신고서가 수리될 때에도 존재해야 한다. 예를 들어, 가정법원으로부터 협의이혼의사를 확인받았더라도 이혼신고서가 수리되기 전에 이혼의사를 철회한 경우에는 이혼이 성립되지 않는다.

의사능력이 있을 것 : 이혼의사의 합치에는 의사능력이 있어야 한다.

따라서 피성년후견인도 의사능력이 있으면 부모나 후견인의 동의를 받아 이혼할 수 있다(민808조2항 및 제835조).

> ※ 미성년자가 혼인할 경우에는 부모 또는 후견인의 동의가 있어야 하지만, 혼인하면 성년으로 간주되므로(민826조의2) 이혼할 경우 부모 등의 동의 없이 자유롭게 할 수 있다.

이혼숙려기간이 경과한 후 이혼의사확인을 받을 것 : 법원으로부터 이혼에 관한 안내를 받은 부부는 안내를 받은 날부터 다음의 이혼숙려기간이 지난 후에 이혼의사를 확인받을 수 있다(민836조의2제2항).

① **양육해야 할 자녀**(임신 중인 자녀를 포함. 이하 같음)가 있는 경우: 3개월

② **양육해야 할 자녀가 없는 경우**: 1개월

자녀의 친권과 양육에 관해 부부간 합의가 이루어지지 않는 경우에는 가정법원이 직권으로 이를 결정할 수도 있습니다(민837조제4항 및 제909조제4항).

(2) 형식적 요건(이혼신고)

실질적 요건을 갖추었더라도 이혼신고를 하지 않으면 협의이혼이 성립하지 않는다(민836조제1항). 즉, 부부가 이혼에 합의했지만 이혼신고를 하지 않은 경우에는 장기간 별거해서 사실상 이혼상태라고 하더라도 법적으로는 부부관계가 지속된다.

이혼신고는 부부 중 어느 한 쪽이 가정법원으로부터 확인서 등본을 교부 또는 송달받은 날부터 3개월 이내에 그 등본을 첨부해서 등록기준지 또는 주소지 관할 시청·구청·읍사무소 또는 면사무소에 신고해야 하며, 이 기간이 경과하면 가정법원의 확인은 효력을 잃는다(가족관계의 등록 등에 관한 법률 제75조 및 「가족관계의 등록 등에 관한 규칙」 제79조).

(3) 가장이혼(假裝離婚)의 효력

가장이혼이란 부부가 실제로는 이혼할 의사가 없으면서 채무회피, 해외이민 등의 목적으로 일시적으로 이혼하기로 합의해서 이혼하는 것을 말한다.

> 판례는 이혼신고의 중대성에 비추어 그 가장이혼이 누구나 납득할 수 있을 정도로 부부 사이에 진정한 이혼의사의 합치 없이 이루어진 것이라는 증거를 제시해야 무효가 되고, 그렇지 않고 일시적으로나마 법률상 부부관계를 해소하려는 당사자 간의 합의 하에 협의이혼신고를 한 것이라면 그 이혼은 유효한 것으로 보고 있다.(대법원 1993.6.11.선고 93므171 판결, 대법원 1976.9.14. 선고 76도107 판결)

(4) 사기·강박에 의한 이혼의 효력

사기 또는 강박으로 인해 이혼의 의사표시를 한 경우에는 그 이혼은 취소할 수 있다(민838조 및 제839조).

판례는 협의이혼의사의 확인은 어디까지나 당사자들의 합의를 근간으로 하는 것이고 법원의 역할은 그들의 의사를 확인해서 증명해 주는데 그치는 것이므로, 이혼합의의 효력은 민법상의 원칙에 의해 결정되어야 할 것이고 이혼의사 표시가 사기, 강박에 의해 이루어졌다면(민838조에 근거해서 취소할 수 있는 것으로 보고 있다(대법원 1987.1.20. 선고 86므86 판결).

3) 재판상의 이혼

이혼에 관한 입법주의는 피고의 유책성과, 원고의 무책성을 요건으로 구체적 이혼원인을 제한적으로 인정하는 유책주의와 혼인의 파탄이라는 객관적 사실의 유무에 따라 이혼의 가부를 결정하는 파탄주의가 있다. 우리나라의 경우 파탄주의의 입장에 속하고 있다고 보는 것이 다수설이나 유책배우자의 이혼청구를 부정하는 소극적, 제한적 파탄주의를 취하고 있다.

즉 재판상 이혼이란 민법에서 정하고 있는 이혼사유가 발생해서 부부 일방이 이혼하기를 원하지만 다른 일방이 이혼에 불응하는 경우 이혼소송을 제기해서 법원의 판결에 따라 이혼하는 것을 말합니다(민 제840조).

이와 같이 부부의 일방은 법률상 정하여진 이혼원인에 이각하여 가장법원에 이혼의 심판을 청구 할 수 있다(가소법 제2조 나류4호). 이를 재상의 이혼 또는 재판이혼이라고 한다. 이 경우 조정이 선행된다.

4) 재판상 이혼의 유형

재판상 이혼은민법이 정하고 있는 이혼사유로 인하여 부부일방이 이혼하기를 원하지만 다른 일방은 이혼에 불응하는 경우 이루어지는 방법(절차)에 따라 조정이혼과 소송이혼으로 구분할 수 있다.

(1) 조정이혼

조정(調停)은 소송과 달리 자유로운 분위기에서 조정 당사자의 의견을 충분히 듣고 여러 사정을 참작해서 상호 타협과 양보에 의해 문제를 평화적으로 해결하는 제도이다. 우리나라는 이혼소송을 제기하기 전에 먼저 조정절차를 거치는, 이른바 조정전치주의(調停前置主義)를 채택하고 있다.

따라서 재판상 이혼을 하려면 이혼소송을 제기하기 전에 먼저 조정을 신청해야 하며, 조정신청 없이 바로 이혼소송을 제기한 경우에는 가정법원이 그 사건을 조정에 회한다[가사소송법제2조제1항, 제1호 나목4) 및 제50조]. 그러나 ① 공시송달(公示送達)에 의하지 않고는 부부 일방 또는 쌍방을 소환할 수 없거나 ② 이혼사건이 조정에 회부되더라도 조정이 성립될 수 없다고 인정되는 경우에는 조정절차 없이 바로 소송절차가 진행된다(가사소송법제50조제2항 단서).

이 조정단계에서 부부 사이에 이혼합의가 이루어지면 바로 이혼이 성립되며 (가사소송법제59조), 조정이 성립되지 않으면 소송으로 이행된다(가사소송법제49조 및 민사조정법제36조).

(2) 조정의 효과

부부가 조정단계에서 이혼의 합의를 이루면 곧 바로 이혼이 성립된다. 이 경우 협의이혼 과정에서의 숙려기간을 거치지 않는다.

부부가 조정단계에서 이혼의 합의를 이루지 못하는 경우 조정이 성립되지 않으며, 소송단계에서 이혼에 대하여 다투게 된다.

(3) 소송이혼(재판이혼)

다음의 경우에는 이혼소송을 통해 이혼 여부가 정해진다(가사소송법제49조, 제50조제2항 단서 및 민사조정법제36조).

① 공시송달에 의하지 않고는 당사자 일방 또는 쌍방을 소환할 수 없는 경우
② 조정에 회부되더라도 조정이 성립될 수 없다고 인정되는 경우

③「민사조정법」제26조에 따라 조정을 하지 않기로 하는 결정이 있는 경우

④「민사조정법」제27조에 따라 조정이 성립되지 않은 것으로 종결된 경우

⑤「민사조정법」제30조 또는 제32조에 따라 조정을 갈음하는 결정에 대해
   조서 정본이 송달된 날로부터 2주 이내에 이의신청이 있는 경우

5) 재판상 이혼사유

재판상의 이혼사유는 민법840조에 의하여 각호 사유마다 각 별개의 독립된
이혼사유를 구성하는 것이고, 이혼청구를 구하면서 각호 소정의 수개의 사유
를 주장하는 경우 법원은 그 중 하나를 받아들여 청구를 인용할 수 있다.

(1) 배우자에게 부정(不貞)한 행위

배우자의 부정행위란 혼인한 이후에 부부 일방이 자유로운 의사로 부부의
정조의무(貞操義務), 성적 순결의무를 충실히 하지 않은 일체의 행위를 말하는
것으로 성관계를 전제로 하는 간통보다 넓은 개념이다(대법원 1992. 11. 10. 선
고 92므68 판결). 그러므로 배우자로서 정조의무에 충실치 못한 일체의 행위를
포함한다.

부정행위인지 여부는 개개의 구체적인 사안에 따라 그 정도와 상황을 참작
해서 평가한다. 단 배우자의 부정한 행위에 대하여 상대 배우자가 사전에 동의
하거나 사후에 용서를 한 경우에는 이혼을 청구 하지 못한다.

(2) 재소기간

배우자의 부정행위를 안 날로부터 6개월, 그 부정행위가 있은 날로부터 2년
이 지나면 부정행위를 이유로 이혼을 청구하지 못한다.

또한, 배우자의 부정행위를 사전에 동의했거나 사후에 용서한 경우에는 이
혼을 청구하지 못한다(민841조).

(3) 배우자가 악의(惡意)로 다른 일방을 유기(遺棄)한 때

배우자의 악의의 유기란 배우자가 정당한 이유 없이 부부의 의무인 동거·부양·협조의무를 이행하지 않는 것을 말한다.

정당한 이유는 당사자가 부부공동생활을 유지할 의사가 있느냐의 여부를 가지고 판단하여야 한다.

판결에 의한 민법제840조제2호 소정의 배우자가 악의로 다른 일방을 유기한 때라 함은 배우자가 정당한 이유 없이 서로 동거, 부양, 협조하여야 할 부부로서의 의무를 포기하고 다른 일방을 버린 경우를 뜻한다. 또한 악의의 유기를 원인으로 하는 재판상 이혼청구권이 법률상 그 행사기간의 제한이 없는 형성권으로서 10년의 제척기간에 걸린다고 하더라도 피고가 부첩관계를 계속 유지함으로써 「민법」 제840조제2호에 해당하는 배우자가 악의로 다른 일방을 유기하는 것이 이혼청구 당시까지 존속되고 있는 경우에는 기간 경과에 의하여 이혼청구권이 소멸할 여지는 없다.

(4) 배우자 또는 그 직계존속으로부터 심히 부당한 대우를 받았을 때

배우자 또는 그 직계존속의 심히 부당한 대우란 혼인관계의 지속을 강요하는 것이 가혹하다고 여겨질 정도로 배우자 또는 직계존속으로부터 폭행, 학대 또는 모욕을 당하는 것을 말한다(대법원 2004. 2. 27. 선고 2003므1890 판결).

정신적·신체적 학대를 포함한다. 처가 남편이 직장인으로서의 본분을 다할 수 없게끔 하는 경우, 시부와 부로부터 핑계·이언·이행 등을 당하여 자살을 기혹한 사실이 있으며, 강제적으로 친정에 가출당한 경우 등은 부당한 대우에 해당한다.

(5) 자기의 직계존속이 배우자로부터 심히 부당한 대우를 받았을 때

자기의 직계존속에 대한 심히 부당한 대우란 혼인관계를 지속하는 것이 고통스러울 정도로 자기의 직계존속이 배우자에게 폭행, 학대 또는 모욕을 당하는 것을 말한다. 사위가 장모를 폭행하고 허위 고소한 경우 등이 이에 해당할 것이다.

(6) 배우자의 생사가 3년 이상 분명하지 않을 때

배우자의 생사불명이란 배우자가 살아있는지 여부를 전혀 증명할 수 없는 상태가 이혼 청구 당시까지 3년 이상 계속되는 것을 말한다.

실종선고와 구별 : 배우자의 생사불명으로 인한 이혼은 실종선고(민27조)에 의한 혼인해소와는 관계가 없다. 즉, 실종선고에 의해 혼인이 해소되면 배우자가 살아 돌아온 경우에 실종선고 취소를 통해 종전의 혼인이 부활하지만(민29조제1항), 생사불명을 이유로 이혼판결이 확정된 경우에는 배우자가 살아 돌아오더라도 종전의 혼인이 당연히 부활하는 것은 아니다.

(7) 그 밖에 혼인을 계속하기 어려운 중대한 사유가 있을 때

혼인을 계속하기 어려운 중대한 사유란 혼인의 본질인 원만한 부부공동생활관계가 회복할 수 없을 정도로 파탄되어 그 혼인생활의 계속을 강제하는 것이 일방 배우자에게 참을 수 없는 고통이 되는 것을 말한다(대법원 2005.12.23. 선고 2005므1689 판결). 혼인을 계속하기 어려운 중대한 사유가 있는지는 혼인파탄의 정도, 혼인계속의사의 유무, 혼인생활의 기간, 당사자의 책임유무, 당사자의 연령, 이혼 후의 생활보장이나 그 밖에 혼인관계의 여러가지 사정을 고려해서 판단된다(대법원 2000.9.5.선고 99므1886 판결).

6) 이혼의 효과

이혼에 의하여 부부사이의 권리 · 의무 즉 부양 · 협조 · 동거의무 등이 소된다. 다만 혼인 중에 하였던 일상가사 대리로 인한 책임 내지 연대보증 채무는 존족하며. 또한 배우자의 혈족(시누이, 시부모. 처제. 처남 등)사이에 생겼던 인척관계도 이혼에 의하여 모두 소멸된다.(민775조 제1항).

이혼 당사자들은 재혼도 할 수 있지만, 인척관계가 소멸되기 전 6촌 이내의 혈족의 배우자, 배우자의 6촌 이내의 혈족 및 배우자의 4촌 이내의 혈족의 배우자와는 재혼하지 못한다.

(1) 자에 대한 효과

부모의 이혼에 의하여 자녀의 신분에는 영향이 없다. 즉, 자녀의 부모는 바뀌지 않으며, 부 또는 모의 자녀에 대한 친족관계도 소멸하지 않는다.

혼인 중 임신하였다가 이혼한 후에 태어난 경우에도 '혼인 외의 출생자'가 아니라 '혼인중의 출생자'가 되고, 이혼한 자녀와 부모간의 혈족관계는 소멸하지 않는다.

따라서 이혼하고 모(母)의 손에 자녀가 양육되었다 하더라도 부(父)의 사망 시 상속인으로 부(父)의 재산을 상속할 권리(민1000조 제1항 제1호)가 있고, 마찬가지로 부자간의 부양의무(민974조 제1호)도 그대로 존속한다.

(2) 친권과 양육권

양육권은 미성년인 자녀를 부모의 보호 하에서 양육하고 교양할 권리를 의미하지만, 친권은 자녀의 신분과 재산에 관한 사항을 결정할 수 있는 권리이므로 양육권보다는 친권이 좀 더 포괄적인 개념이라고 할 수 있다.

이혼하는 경우에는 친권자와 양육자를 부모 중 일방 또는 쌍방으로 지정할 수 있고, 친권자와 양육자를 각각 달리 지정할 수도 있다. 친권자와 양육자가 달리 지정된 경우에는 친권의 효력은 양육권을 제외한 부분에만 미치게 된다.

(3) 양육권 및 양육권행사

양육이란 미성년인 자녀를 자신의 보호 하에 두고 키우면서 가르치는 것을 의미하며, 양육권이란 이러한 자녀의 양육에 필요한 사항을 결정할 수 있는 부모의 권리를 말한다. 부부가 혼인 중인 때에는 양육권을 공동으로 행사할 수 있지만, 이혼하는 경우에는 양육자지정이 필요하게 된다.

(4) 양육자의 지정

이혼을 하는 경우 부부가 합의해서 다음과 같은 자녀의 양육에 관한 사항을 결정해야 하고, 합의할 수 없거나 합의가 이루어지지 않는 경우에는 가정법원이 직권으로 또는 당사자의 청구에 따라 양육에 관한 사항을 결정한다(민837조제1항 및 제4항).

① 양육자의 결정

② 양육비용의 부담

③ 면접교섭권의 행사 여부 및 그 방법

양육에 관한 사항이 결정된 후에도 자녀의 복지를 위해 필요한 경우에는 직권 또는 부(父), 모(母), 자녀 및 검사의 청구에 따라 가정법원이 양육에 관한 사항을 변경할 수 있다.

(5) 면접교섭권이란

이혼 후 자녀를 직접 양육하지 않는 부모 일방과 자녀는 상호 면접 교섭할 수 있는 권리를 가진다(민837조의2제1항). 면접교섭에는 직접적인 만남, 서신교환, 전화통화, 선물교환, 일정기간의 체재(예를 들어 주말동안의 숙박) 등 다양한 방법이 활용될 수 있다. 또한 이혼 후 자녀를 직접 양육하지 않는 부모의 직계존속은 그 부모 일방이 사망하였거나 질병, 외국거주, 그 밖에 불가피한 사정으로 자녀를 만나볼 수 없는 경우 가정법원에 자녀와의 면접교섭을 청구할 수 있다(민837조의2제2항 전단).

이 경우 가정법원은 자녀의 의사(意思), 면접교섭을 청구한 사람과 자녀와의 관계, 청구의 동기, 그 밖의 사정을 참작해서 결정하게 된다.

(6) 면접교섭권의 제한 및 배제 심판청구

면접교섭권의 행사는 자녀의 복리를 우선적으로 고려해서 이루어져야 한다(민 912조). 따라서 자녀가 부모를 만나기 싫어하거나 부모가 친권상실사유에 해당하는 등 자녀의 복리를 위해 필요한 경우에는 당사자의 청구 또는 가정법원의 직권에 의해 면접교섭이 제한되거나 배제, 변경될 수 있다(민837조의2제3항).

또한 면접교섭의 행사방법과 범위에 대해서는 부부가 합의해서 정하고, 합의가 이루어지지 않으면 가정법원에 심판을 청구해서 정할 수 있다.

(7) 이혼에 의한 재산관계

협의상 또는 재판상 이혼한 자의 일방은 다른 일방에 대하여 재산분할을 청구할 수 있다. 재산분할에 관하여 협의가 되지 아니하거나 협의할 수 없는 때에는 법원은 당사자의 청구에 의하여 당사자 쌍방의 협력으로 이룩한 재산의 액수 기타 사정을 참작하여 분할의 액수와 방법을 정하며, 재산분할청구권은 이혼한 날로부터 2년을 경과한 때에는 소멸한다(민839조의 2).

이 재산분할청구권은 부부생활 중 자기가 재산형성에 협력한 몫을 되돌려 받는 것이며, 그 외에 이혼 후의 부양료의 성격도 가지고 있는 것이기 때문에, 이혼하게 된 데 잘못이 있는 유책 배우자에 대한 위자료 등 손해배상청구권과는 법적으로 별개의 것이다. 협의상 또는 재판상 이혼하는 경우에는, 이혼을 하지 않으면 안 되도록 만든데 잘못이 있는 배우자, 즉 유책배우자에게 그 불법행위로 인한 재산상·정신상의 손해배상을 청구할 수 있다(민750조, 제751조). 다만, 협의이혼의 경우에는 위자료 등 손해배상금이 이혼의사가 합치되기 위한 전제조건으로 되는 것이 보통이기 때문에 이혼 후에 별도의 손해배상청구권이 행사되는 경우는 현실적으로 드물 것이다.

재판상 손해배상을 청구하기 위하여 는 법원에 소송을 제기하여야 하며(가사소송 다류 사건), 그 손해 및 가해자를 안 날로부터 3년 또는 불법행위를 한 날로부터 10년이 지나면 시효로 인하여 소한다(민766조).

7) 이혼의 문제점

(1) 자녀에게 미치는 영향

부부싸움에서 이혼으로 연계되는 과정은 자녀의 정서에도 악영향을 미친다. 그러나 아이를 위해 이혼을 안 하다가 매일 부부 싸움하는 모습을 자녀에게 노출해서 자녀에게 더 큰 상처를 주는 경우도 많다. 예를 들어 "내가 너희들 때문에 참고 사는 줄 알아"라는 식으로 자신이 이혼 못하는 스트레스를 애들 탓으로 돌리는 것은 절대로 할 짓이 못된다. 왜냐하면 아이들은 죄가 없기 때문이다.

(2) 복잡해지는 가족관계

이혼한 당사자 들 끼리는 서로 남남이라고 생각해 버리면 그만이지만(특히 자녀가 있는 경우에는 이혼을 하고 나서도 왕래가 이어지기도 한다.), 두 사람의 이혼이 이미 만들어진 여러 사람들의 관계들(부모-자식, 시부모-며느리, 처부모-사위, 사돈 등)은 여전히 남아 있어 이를 정리하는 문제가 발생한다.

다만 법적으로는 이혼으로 인해 인척관계는 일거에 해소된다. 민법775조 제1항에 따라 이혼을 하게 되면 인척관계는 모두 종료된다 할 것이나. 단지 현실적으로 애매한 관계가 될 뿐이다.

Ⅲ. 친 권

1. 친권이란

친권(親權)이란 부모라는 신분에 의하여 미성년인 자(子)를 보호하고 교양할 권리와 의무의 총체를 말하는 것으로 친권의 내용으로는 자(子)의 신분에 관한 것으로는 보호·교양·주거지정·징계권 등이 있고, 자(子)의 재산에 관한 것으로는 재산관리권, 법률행위의 대리권, 동의권 및 취소권 등이 있다.

친권을 행사함에는 자의 복리를 우선적으로 고려해야 한다. 친권은 부모가 공동으로 행사하는 것이 원칙이며, 부모의 한쪽이 친권을 행사할 수 없을 때에는 다른 한쪽이 이를 행사한다(민909조 2·3항).

2. 친권의 내용

친권이란 자녀의 보호나 교양을 그 내용으로 하되(민913조). 부모의 편의가 아닌 자녀의 행복을 최우선으로 하는 부모의 권리이자 의무를 말하는 것이다.

민법은 친권자로 미성년자의 부모와 양자의 부모(양부모)에 한정하고 있다

(민909조1항). 친권은 부모가 혼인 중에는 공동으로 행사한다(민909조2항 본문). 그러나 부모의 의견이 일치하지 않는 경우에는 당사자의 청구에 의하여 가정법원이 정한다(같은 조2항 단서). 부모의 일방이 친권을 행사할 수 없는 경우에는 다른 일방이 친권을 행사한다(같은 조3항). 혼인 외의 자가 인지된 경우와 부모가 이혼한 경우에는 부모의 협의로 친권자를 정하고, 협의가 되지 않을 경우에는 당사자의 청구에 의하여 가정법원이 결정한다.

1) 자녀의 신분에 관한 친권

(1) 자녀를 보호하고 교양하여야 할 권리와 의무(민913조)

보호라 함은 자녀의 육체적 정신적 발달을 독려하고 이의 위해를 방위하는 정도의 소극적 행위이며, 교육이라고 함은 자녀의 신체적, 정신적 발달을 꾀하는 적극적 행위이다.

(2) 자녀가 머물러 거소할 장소를 지정할 수 있는 거소 지정권(민914조)

친권자의 거소 지정권은 보호 · 교양의 효과를 거두기 위하여 인정하는 것이다.

(3) 친권자의 징계권

친권자는 필요한 범위 내에서 자(子)를 보호 · 교양하기 위하여 징계할 수 있다(민915조). 징계는 친권자 자신이 하는 징계와 방법과 가정법원의 허가를 얻어 감화 또는 교정기관에 위탁하는 방법이 있다(민915조)

(4) 자녀에게 특정한 영업을 허락할 수 있는 영업허락권

재산관리 및 재산상 법률행위의 동의 · 대리 등, 자의 재산에 관한 권리와 의무가 있다(916조). 다만 친권자와 자의 이해가 상반하는 경우 및 자에 대한 무상수여자(無償授與者)가 친권자의 관리에 반대의사를 표시한 때에는 그 재산에 대한 관리권이 없다(민921 · 918)

(5) 자녀를 부당하게 억류하고 있는 자에 대한 자녀의 인도청구권

(6) 자녀의 특별한 행위(인지청구의 소 제기, 상속의 승인, 포기 등)에 관한 대리권

친권의 일시 정지, 친권의 일부 제한 또는 대리권·재산관리권의 상실 선고는 동의를 갈음하는 재판 또는 그 밖의 다른 조치에 의해서는 자녀의 복리를 충분히 보호할 수 없는 경우에만 할 수 있다(민법 제925조의2).

(7) 자녀의 특별한 행위(분가 등)에 관한 동의권

2) 자녀의 재산에 관한 친권

(1) 자녀가 취득한 자녀명의의 특유재산에 관한 관리권(민916조)

재산관리 및 재산상 법률행위의 동의·대리 등. 자의 재산에 관한 권리와 의무가 있다.

(2) 자녀의 재산에 관한 법률행위에 대한 대리권(민920조)

친권자는 재산행위라도 자(子)의 행위를 목적으로 하는 채무를 부담할 경우에는 자의 동의를 얻어야 한다(920조).

(3) 자녀가 스스로 하는 재산행위에 관한 동의권(민5조~8조)

친권자는 자녀의 재산상의 행위에 관하여 동의할 권한을 가진다. 즉 의사능력을 가진 미성년자라 하더라도 단순히 권리만을 얻거나 의무를 면하는 행위가 아닌 한 친권자의 동의를 얻지 않으면 유효한 재산상의 행위는 취소할 수 있다.

3. 친권의 소멸

미성년 자녀가 만 19세의 성년이 되면 친권은 소멸한다. 친권은 자연적 사실의 발생이나 친권자 자신의 의사 혹은 친권의 박탈에 의해서도 소멸한다.

친권의 구체적 소멸에 있어서는 친권은 친권자 또는 자의 사망, 자의 성년도달로 소멸한다. 또 분가·혼인·이혼·입양·파양·인지 또는 인지취소 등의 원인으로 친권자와 자의 가(家), 즉 호적이 다르게 될 때에도 소멸한다.

그 밖에 친권소멸원인으로 친권상실선고와 친권의 일부사퇴가 있다(924~927조).

1) 자연적 사실에 의한 소멸

친권자나 자가 사망하면 친권은 소멸한다. 그리고 자가 성년에 도달함으로써 소멸하며, 자의 입양, 파양, 인지, 인지의 취소 등에 의하여도 소멸한다.

2) 친권자의 의사에 의한 소멸

친권을 행사하는 자에게 정당한 사유가 있을 때에는 법원의 허가를 얻어 친권의 일부, 즉 법률행위의 대리권이나 재산관리권을 사퇴할 수 있다(민927조). 사퇴후에 사퇴의 사유가 소멸하면 가정법원의 허가를 얻어 다시 회복할 수 있다.

4. 친권의 상실

민법 제924조에서는 '가정법원은 부(父) 또는 모(母)가 친권을 남용해 자녀의 복리를 현저히 해치거나 그럴 우려가 있는 경우 자녀나 자녀의 친족, 검사, 지방자치단체장의 청구에 따라 친권의 상실이나 일시 정지를 선고할 수 있다'고 명시하고 있다. 이에 따라 친권 상실의 선고는 가정법원이 결정해 내린다.

친권 상실이 가능한 사유로는 자녀에 대한 부모의 가혹한 체벌이나 부적당한 관리로 자녀의 재산을 위태롭게 한 경우 등이 있다. 이외에도 상습도박 등 비행이 심각하거나 구치소 복역이나 행방불명 등으로 친권을 행사하기 힘든 경우도 친권 상실을 청구할 수 있다. 공동친권자인 부모가 모두 친권을 상실해 친권자가 없는 미성년자의 경우에는 후견인을 두어야 한다. 후견인은 부모를 대신해 친권을 행사하는 사람으로 민법에서는 그 수를 1명으로 규정한다. 따라서 친권은 자의 이익을 보호하기 위한 제도이므로, 친권자가 친권의 행사에 적당하지 못하거나 자의 이익을 해치는 때에는 그 친권의 전부 또는 일부를 박탈할 수 있다.

1) 친권의 전부상실

친권의 남용이나 두드러진 비행이나 기타 친권을 행사시킬 수 없는 중대한 사유가 있으면 친권의 전부를 박탈할 수 있다(민24조). 친권상실의 청구는 자의 친족이나 검사가 가정법원에 대해서 하는데, 상실의 선고가 내려지면 종래의 친권자는 친권을 상실하므로, 부가 친권을 상실할 경우 모가 친권자가 되고, 모가 없으면 후견이 개시된다. 또한 친권자가 자의 재산 관리를 소홀히 하여 재산 상태를 위태롭게 한 때에는 친권의 일부, 즉 법률행위의 대리권과 재산관리권을 박탈할 수 있다(925조).

2) 친권의 일부상실, 대리권·관리권의 상실선고

법정대리인은 친권자가 부적당한 관리로 자의 재산을 위태롭게 한 때에는 민법777조 규정에 의하여 친족의 청구에 의한 가정법원이 그 법률행위의 대리권과 재산관리권의 상실을 선고한다(민925조). 이 경우에도 우선 가정법원에 조정을 신청하여야 한다. 이 제도는 친권의 일부 상실이라 할 수 있다. 공동친권인 경우 친권자의 일방이 대리권과 재산관리권을 상실하였을 때에는 신분상에 관한 것은 공동으로 행사하고 대리권과 재산관리권은 다른 일방이 단독으로 행사하며, 단독친권자가 대리권과 재산관리권을 상실한 경우에는 후견이 개시되어 후견인이 재산을 관리하게 된다.

또한 가정법원은 법정대리인인 친권자가 부적당한 관리로 인하여 자녀의 재산을 위태롭게 한 경우에는 자녀의 친족, 검사 또는 지방자치단체의 장의 청구에 의하여 그 법률행위의 대리권과 재산관리권의 상실을 선고할 수 있다.

3) 대리권 · 관리권의 사퇴와 회복

친권을 행사하는 부(부) 또는 모(모)가 정당한 사유가 있는 때에는 가정법원의 허가를 얻어 친권의 일부인 법률행위대리권 · 재산관리권을 사퇴할 수 있다. 또한 대리권 · 관리권을 사퇴한 경우에는 친권의 일부상실의 경우와 마찬가지로 친권의 분리가 생겨나게 된다. 법률행위 대리권과 재산관리권을 사퇴한 후에 그 사퇴의 사유가 소멸하면 친권자는 가정법원의 허가를 얻어 사퇴한 권리를 회복할 수 있다(민927조2항).

5. 후견인

후견인이란 친권에 의하여 보호받을 수 없는 미성년자 · 피성년후견인 · 피한정후견인 등을 보호하기 위하여 마련한 민법상의 직무이다. 즉 민법은 미성년자에 대하여 친권자가 없거나, 친권자가 법률행위의 대리권 및 재산관리권을 행사할 수 없을 때, 금치산 또는 한정치산의 선고를 받은 때에는 그 선고를 받은 자에 대해서 후견인을 두어야 한다고 규정하고 있다. 후견기관으로는 후견의 사무 자체를 집행하는 후견인과 후견인을 감독하는 친족회 및 법원이 있다.

1) 미성년후견 개시

미성년후견은 친권자가 사망하거나 친권의 상실 또는 일시 정지, 일부 제한 선고에 따라 친권자가 친권의 전부 또는 일부를 행사할 수 없는 경우에 개시된다.

가정법원은 미성년자의 친권자가 부적당한 관리로 인해 자녀의 재산을 위태롭게 한 경우 법률행위의 대리권과 재산관리권을 상실시킬 수 있는데, 이와 같이 친권자가 법률행위의 대리권과 재산관리권에 한정하여 친권을 행사할 수 없는 경우에도 미성년후견이 개시된다(민925조 및 928조). 법정대리인인 친권자가 법원의 허가를 얻어 그 법률행위의 대리권과 재산관리권을 사퇴하는 경우에도 미성년후견이 게시된다.

(1) 미성년후견 개시방법

유언에 의한 지정 : 미성년자에게 친권을 행사하는 부모는 유언으로 미성년후견인을 지정할 수 있다. 다만, 법률행위의 대리권과 재산관리권이 없는 친권자는 유언으로 미성년후견인을 지정할 수 없다.

가정법원에 의한 선임 : 가정법원은 위에 따라 부모의 유언으로 미성년후견인이 지정된 경우라도 미성년자의 복리를 위해 필요하면 생존하는 부 또는 모, 미성년자의 청구에 따라 후견을 종료하고 생존하는 부 또는 모를 친권자로 지정할 수 있다.

(2) 미성년후견인의 수와 결격사유

미성년후견인의 수는 성년후견과 달리 한 명으로 제한된다.

다음의 어느 하나에 해당하는 자는 미성년후견인이 될 수 없다(민930조제3항 및 제937조).[법인·미성년자·피성년후견인·피한정후견인·피특정후견인·피임의후견인]

회생절차개시결정 또는 파산선고를 받은 자, 자격정지 이상의 형의 선고를 받고 그 형기(刑期) 중에 있는 사람, 법원에서 해임된 법정대리인, 법원에서 해임된 성년후견인, 한정후견인, 특정후견인, 임의후견인과 그 감독인, 행방이 불분명한 사람, 피후견인을 상대로 소송을 하였거나 하고 있는 사람, 피후견인을 상대로 소송을 하였거나 하고 있는 사람의 배우자와 직계혈족(다만, 피후견인의 직계비속은 제외).

2) 한정후견제도의 의의

'한정후견'은 질병, 장애, 노령, 그 밖의 사유로 인한 정신적 제약으로 사무를 처리할 능력이 부족한 성인이 가정법원의 결정으로 선임된 후견인을 통해 재산관리 및 일상생활에 관한 폭넓은 보호와 지원을 제공받는 제도이다.

(1) 한정후견인의 선임

가정법원의 한정후견개시심판이 있는 경우에는 그 심판을 받은 사람의 한정후견인을 두어야 하며, 한정후견인은 가정법원이 직권으로 선임한다(민959조의2항 제959조의3제1항). 가정법원은 한정후견인이 사망, 결격, 그 밖의 사유로 없게 된 경우에도 직권으로 또는 피한정후견인, 친족, 이해관계인, 검사, 지방자치단체의 장의 청구에 따라 한정후견인을 선임한다.

가정법원은 한정후견인이 선임된 경우에도 필요하다고 인정하면 직권으로 또는 피한정후견인, 친족, 이해관계인, 검사, 지방자치단체의 장이나 한정후견인의 청구에 따라 추가로 한정후견인을 선임할 수 있다.

(2) 한정후견인의 수와 결격사유

한정후견인은 피한정후견인의 신상과 재산에 관한 모든 사정을 고려하여 여러 명을 둘 수 있다.

다음의 어느 하나에 해당하는 자는 한정후견인이 될 수 없다(민937조 및 제959조의3제2항).

미성년자 · 피성년후견인 · 피한정후견인 · 피특정후견인 · 피임의후견인 · 회생절차개시결정 또는 파산선고를 받은 자 · 자격정지 이상의 형의 선고를 받고 그 형기(刑期) 중에 있는 사람, 법원에서 해임된 법정대리인, 법원에서 해임된 성년후견인, 한정후견인, 특정후견인, 임의후견인과 그 감독인, 행방이 불분명한 사람, 피후견인을 상대로 소송을 하였거나 하고 있는 사람, 피후견인을 상대로 소송을 하였거나 하고 있는 사람의 배우자와 직계혈족(다만, 피후견인의 직계비속은 제외)등이다.

3) 성년후견인 의의

'성년후견제도'는 장애·질병·노령 등으로 인해 사무처리 능력에 도움이 필요한 성인에게 가정법원의 결정 또는 후견계약으로 선임된 후견인이 재산관리 및 일상생활에 관한 폭넓은 보호와 지원을 제공하기 위한 제도이다.

(1) 성년후견인의 선임

가정법원의 성년후견개시심판이 있는 경우에는 그 심판을 받은 사람의 성년후견인을 두어야 하는데, 성년후견인은 가정법원이 직권으로 선임한다.

또한 가정법원은 성년후견인이 사망, 결격, 그 밖의 사유로 없게 된 경우에도 직권으로 또는 피성년후견인, 친족, 이해관계인, 검사, 지방자치단체의 장의 청구에 따라 성년후견인을 선임한다. 가정법원은 성년후견인이 선임된 경우에도 필요하다고 인정하면 직권으로 또는 피성년후견인, 친족, 이해관계인, 검사, 지방자치단체의 장이나 성년후견인의 청구에 따라 추가로 성년후견인을 선임할 수 있다.

(2) 성년후견인의 수와 결격사유

성년후견인은 피성년후견인의 신상과 재산에 관한 모든 사정을 고려하여 여러 명을 둘 수 있다.(민930조제2항).

다음의 어느 하나에 해당하는 자는 성년후견인이 될 수 없습니다.

미성년자·피성년후견인·피한정후견인·피특정후견인·피임의후견인·회

생절차개시결정 또는 파산선고를 받은 자

자격정지 이상의 형의 선고를 받고 그 형기(刑期) 중에 있는 사람, 법원에서 해임된 법정대리인, 법원에서 해임된 성년후견인, 한정후견인, 특정후견인, 임의후견인과 그 감독인, 행방이 불분명한 사람, 피후견인을 상대로 소송을 하였거나 하고 있는 사람, 피후견인을 상대로 소송을 하였거나 하고 있는 사람의 배우자와 직계혈족(다만, 피후견인의 직계비속은 제외)

4) 후견인의 종료

(1) 미성년후견인

다음의 어느 하나에 해당하는 경우에는 후견의 필요성이 소멸되어 미성년후견이 종료된다.

① 피후견인(미성년후견을 받는 미성년자를 말함, 이하 같음)의 사망
② 피후견인의 성년도달 또는 혼인에 의한 성년의제
③ 미성년자의 친권자에 대한 친권상실선고의 취소 등으로 친권자의 친권행사가 가능해진 경우
④ 미성년자가 인지 또는 입양되어 새로 친권자가 생긴 경우

후견인 사정에 의한 후견의 종료

다음의 어느 하나에 해당하는 경우에는 피후견인에 대한 후견의 필요성은 여전히 존재하지만 해당 후견인의 임무는 종료된다.

미성년후견인 사망 · 미성년후견인 사임 · 미성년후견인 변경 · 미성년후견인 경질

(2) 성년후견인의 종료

피성년후견인의 사망으로 인한 후견의 종료 : 성년후견은 피성년후견인(성년후견을 받는 사람을 말함. 이하 같음)의 사망으로 종료된다.

후견개시 원인의 소멸로 인한 후견의 종료 : 성년후견개시의 원인이 소멸된 경우 가정법원은 본인, 배우자, 4촌 이내의 친족, 성년후견인, 성년후견감독인,

검사 또는 지방자치단체의 장의 청구에 따라 성년후견종료의 심판을 하며 이에 따라 성년후견이 종료된다.

(3) 한정후견의 종료

피한정후견인의 사망으로 인한 후견의 종료 : 한정후견은 피한정후견인(한정후견을 받는 사람을 말함. 이하 같음)의 사망으로 종료된다.

후견개시 원인의 소멸로 인한 후견의 종료 : 한정후견개시의 원인이 소멸된 경우 가정법원은 본인, 배우자, 4촌 이내의 친족, 한정후견인, 한정후견감독인, 검사 또는 지방자치단체의 장의 청구에 따라 한정후견종료의 심판을 하며 이에 따라 한정후견이 종료됩니다.

IV. 상속과 유언의 법률문제

1. 상 속

상속이란 사람이 사망하였을 때 피상속인이 생전에 가지고 있던 재산상의 권리 · 의무가 법률상 당연히 일정한 범위의 혈족과 배우자에게 포괄적으로 승계되는 것을 말한다. 즉 상속 개념은 물건과 재산권의 사적 소유라는 관념의 일반적 수용에 의거하고 있다.

당사자의 의사와 상관없이 상속인으로 될 자의 범위와 순위를 법률로 규정에 따라 정하는 제도를 법정상속이라고 한다. 또한 피상속인의 자유의사에 의거하는 유언을 통하여 상속인이 결정되는 제도를 유언상속이라고 한다.

사망하여 그의 재산상의 지위가 승계당하는 자가 피상속인이고, 그의 지위를 승계하는 자가 상속인입니다

1) 상속의 개시

상속은 피상속인의 사망으로 인하여 개시된다(민99조). 상속개시의 시기는
(1) 상속인의 자격 및 범위, 순위를 결정하는 기준이 되고,
(2) 상속에 관한 권리의 행사기간의 기산점이 되며,
(3) 상속의 효력발생, 상속재산·상속분·유류분의 기준시기가 된다.

2) 사망 시기의 중요성

(1) 자연사망

피상속인이 실제로 사망한 시기에 상속이 개시된다. 사망신고에 의하여 가족관계등록부에 기록된 사망 시기는 확정력은 없으며 추정력이 인정될 뿐이므로 반증으로 뒤집을 수 있다.

(2) 인정사망

① 인정사망이란 수해, 화재나 그 밖의 재산으로 인하여 사망한 사람이 있는
   경우에 그것을 조사한 관공서의 사망통보에 의하여 가족관계등록부에 사
   망의 기록을 하는 것을 말한다(가족관계등록법 제87조).
② 인정사망의 경우 관공서가 인정한 시기에 상속이 개시된다. 인정사망도
   사망의 강한 추정력만 인정될 뿐이다.

(3) 실종선고

민법 제28조는 실종선고를 받은 자는 실종기간이 만료한 때에 사망한 것으로 본다고 규정하고 있다. 따라서 실종선고를 받은 자는 실종기간이 만료한 때 상속이 개시된다.

(4) 동시사망 추정

민법 제30조는 2인 이상이 동일한 위난으로 사망한 경우에는 동시에 사망한

것으로 추정한다고 규정하고 있다. 따라서 피상속인과 상속인이 동일한 위난으로 사망한 경우 그들은 동시에 사망한 것이 되어 피상속인이 사망한 때 상속인이 권리능력을 가지지 못하므로 그들 상호간에는 상속이 되지 않는다.

3) 상속인의 자격

상속인은 상속능력을 가지고 있어야 하고 상속결격자가 아니어야 한다. 상속결격자로는 민법은 사망한 자에 대한 부도덕한 행위 시 민법 제1004조에 의거 상속 자격을 박탈하는데 이때 고의성이 중요한 판단 기준이 되므로 고의가 아니라면 상속을 받을 수 있다.

(1) 그러나 고의로 치명적인 상해를 입혀서 사망에 이르게 할 경우 상속 자격이 상실되며 이런 부도덕한 행위 적발 시에는 재판 없이 자격 박탈이 이루어진다.

(2) 피상속인의 유언에 대한 부도덕 행위

작성이 끝난 유언서를 특정 목적을 위하여 위조, 변조할 경우 상속의 자격이 없다. 이것은 자격 박탈뿐 아니라 날조로 인해 유언서 자체의 효력을 잃게 만든다.

(3) 사기강박으로 피상속인의 양자 기타 상속에 관한 유언을 하게하거나, 유언 또는 유언의 철회를 방해하는 행위.

(4) 유언서를 위조·변조·은닉 또는 파기하는 행위를 한 자등으로 규정하고 있다.

(5) 단 민법 1000조 3항에 의하면 태아의 상속 순위에 관하여 이미 출생한 것으로 보고 상속을 받으실 수 있다.

4) 상속순위

(1) 상속의 1순위의 직계비속이란 자·손과 같이 본인으로부터 출산된 친족의 호칭을 말하는데 아들과 딸을 뜻한다. 피상속인의 직계비속(아들과 손자) 민법 984조 12호에 의거해 상속에 있어 상속권의 우위가 인정된다.

(2) 상속의 2순위인 직계존속은 부모나 조부모와 같이 자신을 출산하도록 한 친족을 말한다.(피상속인의 직계존속과 배우자)

(3) 피상속인의 형제·자매

(4) 피상속인의 4촌 이내의 방계혈족이다. 동순위의 상속인이 수인인 때에는 최근친을 선순위로 하고, 동등친의 상속인이 수인인 때에는 공동상속인이 된다. 이때 태아는 상속순위에 있어서 이미 출생한 것으로 본다.(민1000조)

(5) 피상속인의 직계비속도, 직계존속도 없는 때에는 피상속인의 형제자매에 우선하여 단독 상속한다(민1003조).

(6) 제4순위의 상속인이 없는 경우에는 상속재산은 국가에 귀속된다.

민법 제1000조(상속의 순위) ① 상속에 있어서는 다음 순위로 상속인이 된다.
1. 피상속인의 직계비속
2. 피상속인의 직계존속
3. 피상속인의 형제자매
4. 피상속인의 4촌 이내의 방계혈족

---

5) 상속분

상속분이란 상속재산에 의한 공동상속인 각자가 상속재산에 관하여 가지게 되는 권리와 의무의 비율을 말한다. 즉 상속인들이 갖게 되는 상속재산에 대한 본인의 몫이라고 보면 된다.

(1) 동순위의 상속인이 수인인 때에는 그 상속분은 균등으로 한다.

(2) 피상속인의 배우자의 상속분은 직계비속과 공동으로 상속하는 때에는 직계비속의 상속분의 5할을 가산하고, 직계존속과 공동으로 상속하는 때에는 직계존속의 상속분의 5할을 가산한다.

6) 대습상속

대습상속(代襲相續)은 법정상속권자가 피상속인의 사망 전에 사망하거나 상속결격자가 되어 상속할 수 없는 경우, 그의 직계비속(直系卑屬)이 대신 상속인이 되는 것을 말한다. 민법 상속편에 따르면, 상속인이 될 피상속인의 직계비속이나 형제자매가 상속개시 이전에 사망하거나 결격자가 된 경우에 그의 직계비속이 있으면 그 직계비속이 사망하거나 결격된 사람의 순위에 갈음하여 상속인이 되고(민1001조), 그 상속분은 사망 또는 결격된 사람의 상속분에 따른다(민1010조).

피상속인의 자녀가 상속개시 이전에 전부 사망하거나 결격된 경우에도 피상속인의 손·자녀는 제1000조에 따라 본위 상속하는 것이 아니라 제1001조에 따라 대습 상속한다.

◆ **사례**

1. 남편이 사망한 후 다른 남자와 재혼한 여자는 재혼으로 인하여 더 이상 사망한 전남편의 배우자가 아니기 때문에 옛 시아버지의 유산을 대습상속하지 못한다. 그러나 여자가 양육하는 전남편의 아들은 전남편의 몫을 대습상속 한다.
2. 대한항공 801편 추락 사고로 인하여 가족 동반 여행 중이던 재력가와 그 처, 자녀들, 손자들이 전부 사망해 결국 그 재력가의 재산이 모두 사위에게 상속되었다. 당시 법원은 민법 제1001조(대습상속)의 '상속개시 전'에는 딸이 아버지보다 먼저 사망한 경우뿐만 아니라 동시에 사망하거나 '동시에 사망하는 것으로 추정되는 경우'도 포함하는 것이라고 합목적적으로 해석했다.

---

(1) 대습상속 분 = 사망 또는 결격된 자의 상속분
(2) 사망 또는 결격된 자의 직계비속이 수인인 때 = (1)항에서 균분
(3) 대습상속 자의 배우자(제1003조) = 직계비속, 직계존속의 상속분의 5할 가산

2. 유 언

유언이란 유언자가 사망한 후에 일정한 법적효력을 발생하게 할 목적으로 일정한 사항에 관하여 일정한 방식에 의하여 생존 시의 최종적 의사표시로서 상대방이 없는 사후적 단독행위로 법적효력을 인정하는 제도이다.

유언은 반드시 유언자 본인의 독립한 의사에 따라 행해져야 하는 행위로, 상대방의 수락을 필요로 하지 않는 단독행위이다. 유언자는 자신의 의사에 따라 자유롭게 유언할 수 있고, 언제든지 이를 변경 또는 철회할 수 있다.

법적인 의미의 유언이란 유언자가 유언능력을 갖추고 법적 사항에 대해 엄격한 방식에 따라 하는 행위를 말한다. 특히 17세 이상의 의사능력이 있는 자에게 유언이 인정되며, 유언의 방식은 민법의 절차에 의하여 자필증서·녹음·공정증서·비밀증서·구수증서 5종의 형식에 따라 적법한 유언으로 인정하고 있다.

1) 자필증서에 의한 유언

'자필증서에 의한 유언'이란 유언자가 직접 자필로 유언장을 작성하는 것을 말한다. 자필증서에 의한 유언은 유언자가 그 전문과 연월일, 주소, 성명을 직접 쓰고(自書) 날인(捺印)해야 한다.

자필증서에 의한 유언장을 작성하기 위해서는 유언장 전문(全文)을 직접 써야(自書)한다. 따라서 타인이 대필한 경우에는, 비록 유언자가 구술하였다거나 승인한 것이라 하더라도 직접 쓴 것이 아니므로 자필증서에 의한 유언으로서의 효력이 없다.

타자기나 워드 프로세서 등의 문서작성 기구를 이용해서 작성된 것도 직접 쓴 것이 아니어서 자필증서에 의한 유언으로서의 효력이 없다.

자기의 손으로 직접 종이의 표면 등에 문자를 적어야 하므로 복사한 것도 자필증서에 의한 유언으로서의 효력이 없다.

유언의 성립시기를 명확하게 하기 위해서 유언자는 유언장의 작성일자를 직접 써야 한다. 유언의 성립 시기는 유언자가 유언능력 있는 상태에서 유언하였는지를 판단하는 기준시기가 되고, 여러 유언이 충돌하는 경우에 우선순위를 정하는 기준이 된다.

작성의 연·월·일을 모두 기재해야 한다.

2) 녹음에 의한 증서

유언은 유언자의 유언의 취지 등을 구술하여 이를 녹음함으로써 할 수 있다.

녹음에 의한 유언을 할 때에는 유언자가 유언의 취지, 그 성명과 연월일을 구술하고 이에 참여한 증인이 유언의 정확함과 그 성명을 구술한다. 녹음은 음향을 음반, 테이프, 필름 등에 기록하는 것을 말한다.

카세트테이프에 녹음하거나, 비디오 동영상을 촬영하는 것도 녹음에 해당한다. 유언자는 육성으로 유언의 취지, 그 성명과 연월일을 구술해야 합니다. 증인은 1명이면 되고, 녹음유언의 증인은 유언의 정확함과 그 성명을 구술해야 한다.

녹음기만 있으면 간편하게 할 수 있다는 장점이 있지만, 관리의 부주의로 인하여 쉽게 소멸될 수 있는 단점이 있다.

3) 공정증서에 의한 유언

민법상 공정증서에 의한 유언은 유언자가 증인 2인이 참여한 공증인이 면전에서 유언의 취지를 구수하고 공증인이 이를 필기 낭독하여 유언자와 증인이 그 정확함을 승인한 후 각자 서명 또는 기명날인하여야 한다.

즉, 공증인이 공정증서의 작성요령에 따라 유언장을 작성하는 것이 공정증서유언이다. 즉 '공정증서'란 일반적으로 공무원이 직무상 작성하는 공문서 중 권리·의무에 관한 사실을 증명하는 효력을 갖는 것을 말한다.

공정증서에 의한 유언은 다음과 같은 장점이 있다.

공정증서가 작성되면 이는 진정한 것으로 추정되므로(공증인법제3조 및 민사소송법 제356조) 다른 유언방식에 비해 분쟁해결이 쉬워진다.

다른 유언방식과는 달리 유언자의 사망 후 유언장의 존재를 입증하는 법원에의 검인절차를 밟지 않아도 된다(민1091조제2항).

4) 비밀증서에 의한 유언

비밀증서에 의한 유언은 자기의 성명 정도만 쓸 수 있는 사람이라면 누구나 가능한 것으로 반드시 유언자 자신의 자서일 필요는 없다.

이 방식은 진정으로 작성된 유언서가 존재한다는 것은 명확하게 해두지만, 유언내용은 유언이 효력을 발생할 때까지 비밀로 하길 원하는 경우에 이용할 수 있다. 비밀증서에 의한 유언은 유언자가 필자의 성명을 기입한 증서를 엄봉날인(嚴封捺印)하고 이를 2명 이상의 증인의 면전에 제출하여 자기의 유언서임을 표시한 후 그 봉서표면에 제출 연월일을 기재하고 유언자와 증인이 각자 서명 또는 기명날인해야 한다(민1069조제1항).

비밀증서로 작성된 유언봉서는 그 표면에 기재된 날로부터 5일 내에 공증인 또는 법원서기에게 제출하여 그 봉인 상에 확정 일자인을 받아야 한다(민1069조제2항).

즉, 자필증서와 달리 비밀증서에 의한 유언은 타인이 필기해도 된다. 증인에게 그 필기를 부탁해도 좋다. 만약 타인이 필기한 경우 유언장 맨 아래에 필기자 라고 쓰고 서명한다.

5) 구수증서에 의한 유언

유언자는 질병 그 밖에 급박한 사유가 있을 때 구수증서에 의한 유언을 할 수 있다. 구수증서에 의한 유언은 질병 그 밖에 급박한 사유로 인하여 다른 방식에 따라 유언할 수 없는 경우에 유언자가 2명 이상의 증인의 참여로 그 1명에게 유언의 취지를 구수하고 그 구수를 받은 사람이 이를 필기 낭독하여 유언자의 증인이 그 정확함을 승인한 후 각자 서명 또는 기명날인하는 것을 말한다(민1070조제1항).

구수증서에 의한 유언을 한 경우에는 그 증인 또는 이해관계인이 급박한 사유가 종료한 날로부터 7일 내에 법원에 그 검인을 신청해야 한다(민1070조 제2항). 또한 유언자가 피성년후견인인 경우에도 구수증서에 의한 유언을 하는 경우에는 예외적으로 의사가 심신회복의 상태를 유언서에 부기와 서명날인을 하지 않아도 된다.

> ◆ 판례
> 유언자가 질병 그 밖에 급박한 사유에 있는지 여부를 판단함에 있어서 자필증서, 녹음, 공정증서 및 비밀증서의 방식에 의한 유언이 객관적으로 가능한 경우는 구수증서에 의한 유언이 허용되는 급박한 사유가 있는 때가 아니므로 구수증서에 의한 유언을 할 수 없습니다(대법원 1999. 9. 3. 선고 98다17800 판결).

6) 유언의 철회

유언의 철회(撤回)란 유언의 효력이 확정적으로 발생하기 전, 즉 유언자가 사망하기 전에 유언자 자신이 이미 행한 유언을 없었던 것으로 하는 유언자의 일방적인 행위를 말한다.

유언의 철회는 자유이며 어떤 원인을 필요로 하지 않는다.

유언이 성립한 후에라도 유언자는 자신이 사망하기 전에 언제든지 유언의 일부 또는 전부를 철회할 수 있다(민1108조제1항). 유언자는 그 유언을 철회할 권리를 포기하지 못한다(민1108조제2항). 유언 철회의 자유는 유언자의 최종의 사를 존중하려는데 목적이 있다. 유언의 철회는 유언으로만 해야 하는 것은 아니고 생전행위(生前行爲)로도 할 수 있다.

7) 유언철회의 취소

유언의 철회가 유언으로 이루어진 경우 중요부분에 착오가 있었거나 사기·강박에 의한 것이라면 취소할 수 있습니다(민109조제1항 및 110조제1항 및 제2

항). 그러나 유언 철회의 의사표시의 취소는 선의의 제3자에게는 대항하지 못한다(민109조제2항 및 110조제3항). 유언의 철회가 생전행위를 통해 행해진 경우 생전행위를 한 사람이 제한능력자이거나 그 생전행위가 중요부분에 착오가 있었거나 사기·강박에 의한 것이라면 취소할 수 있다. 그러나 유언 철회의 의사표시의 취소는 선의의 제3자에게는 대항하지 못한다.

8) 유언의 효력

유언은 사후행위이기 때문에 유언자가 사망한 때부터 그 효력이 생긴다.

유언방식이 흠결된 유언은 무효이다. 만 17세 미달한자, 유언무능력자와 의사능력이 없는 자의 유언, 선량한 풍속 기차 사회질서에 위반되는 사항을 내용으로 하는 유언 등은 무효이다. 또한 사기·강박에 의한 유언, 유언 내용의 중요부분의 착오 등의 경우에는 취소할 수 있다.

3. 유류분

유류분이란 피상속인은 유언이나 증여를 통하여 자신의 재산을 자유로이 처분을 할 수 있으나, 일정한 범위에서 일정액을 상속인에게 유보하여야 하고, 한도를 넘는 유증이나 증여가 있다면 상속인은 이에 대한 반환을 할 수 있는 것이 바로 유류분제도라고 말할 수 있다.

민법은 유류분제도를 인정하고 있고, 법조문은 민법 제1112조부터 제1118조까지 유류분에 관하여 규정하고 있다. 유류분이란 개념을 이해하기 위해서 한 가지 주의해야 할 점은 민법 유류분 조문에는 유류분 제도에 관하여 규정을 하고 있으나, 유류분의 반환방법에 대한 규정은 없다는 점이다. 유류분권이란 상속이 개시된 후에 일정한 범위의 상속인이 피상속인의 재산의 일정한 비율을 취득할 수 있는 법률상의 지위를 말한다. 유류분을 확보할 수 있는 지위가 유류분권이다.

유류분은 고인이 가까운 유족에게 일정 한도를 유보해 두지 않고 모두 유증

했을 때, 유족이 재산 상속자로부터 반환청구 할 수 있도록 하는 제도다.

1) 유류분의 계산방법

민법 제 1112조에 의하여

(1) 피상속인의 직계비속은 그 법정상속분의 2분의1

(2) 피상속인의 배우자는 그 법정상속분의 2분의1

(3) 피상속인의 직계존속은 그 법정상속분의 3분의1

(4) 피상속인의 형제자매는 그 법정상속분의 3분의1

유류분 부족액＝{유류분 산정의 기초가 되는 재산액×당해 유류분권자의 유류분의 비율}－당해 유류분권자의 특별 수익액－당해 유류분권자의 손상속 분액

2) 유류분반환청구의 소멸시효

유류분청구권은 유류분이 침해된 사실을 안 때로 부터 1년, 유류분이 침해된 때로 부터 10년이 지나면 소멸시효가 완성된다. 그런데 유류분은 피상속인의 배우자와 자녀인 경우는 법정상속분의 1/2 지분이고, 피상속인의 형제인 경우에는 피상속인의 1/3 지분입니다. 즉, 유류분권은 법정상속권을 기준으로 하고 있다.

그런데 법정상속권은 피상속인이 사망하기 이전에는 단순한 기대권에 불과한 곳이고, 피상속인이 사망하여야 비로소 구체화되는 권리이다. 따라서 상속권은 피상속인의 사망과 동시에 발생하는 것이므로 피상속인의 생전에는 상속권이 발생하지 않는다. 그러므로 상속권의 1/2 지분 또는 1/3 지분인 유류분권은 피상속인의 생전에는 발생의 여지가 없다. 그렇다면 피상속인이 사망하기 이전에 발생하지 않은 유류분에 대한 침해의 여부도 따질 이유가 없는 것이다. 그러므로 결국 유류분 침해사실을 안 때는, 피상속인이 사망한 이후부터 시작되는 것이다.

사항색인

저자 약력

양재택

서울대학교 법과대학 졸업
사법연수원(14기)
법무부 공보관
서울중앙지방검찰청 부장검사
서울남부지방검찰청 차장검사
2008년 변호사 개업
KBS 자문변호사
서울대학교 총동창회 이사
건국대학교 재단이사

저 서

레몬같은 삶(서울셀렉션, 2018)

정진항

단국대학교 법학과(석사·박사)
한남대학교 법대 연구교수
과학기술법연구원 전임연구원
대전대학교·우송대학교 법률강사
인테오 연구소장
법무부 교정위원
여의도정책연구원 이사
한국경영법률학회 위원
vision21열린사회연구원장

저 서

법과 생활(보성사, 2010)
어음수표활용법(보성사, 2011)

법과 현대사회

초판발행	2018년 8월 30일
지은이	양재택 · 정진항
펴낸이	안종만
편 집	안희준
기획/마케팅	정연환
표지디자인	김연서
제 작	우인도 · 고철민
펴낸곳	(주) **박영사**
	서울특별시 종로구 새문안로3길 36, 1601
	등록 1959. 3. 11. 제300-1959-1호(倫)
전 화	02)733-6771
f a x	02)736-4818
e-mail	pys@pybook.co.kr
homepage	www.pybook.co.kr
ISBN	979-11-303-3237-6 93360

* 잘못된 책은 바꿔드립니다. 본서의 무단복제행위를 금합니다.
* 저자와 협의하여 인지첩부를 생략합니다.

정 가   22,000원